讀經生活化　　　讀經生活化　　　讀經生活化

Bible Reading　　Bible Reading　　Bible Reading

已出版書目

《聖經好好吃》
Eat This Book
畢德生（Eugene Peterson）著

《舊約會說話》
The New Generation in Contact with the Old Testament
程亦君 著

預計出版書目

讀經生活化系列

《讀經力量大》（暫譯）
Life with God: Reading the Bible for Spiritual Transformation
傅士德（Richard Foster）著

《默想神的話》（暫譯）
Meditating on the Word
潘霍華（Dietrich Bonhoeffer）著

《聖經故事靈修法》（暫譯）
Living the Story: Biblical Spirituality for Everyday Christians
史蒂文斯、邁可·格林（Paul Stevens、Michael Green）著

《活出神的話》（暫譯）
Living by the Book
韓君時（Howard Hendricks）著

畢德生聖經靈修學系列

《基督翱翔千百場合間》（暫譯）
Christ Plays in Ten Thousand Places

《耶穌的道路》（暫譯）
The Jesus Way

《直話不要直說》（暫譯）
Tell it Slant

《復活的操練》（暫譯）
Practice Resurrection

讀經生活化　　讀經生活化　　讀經生活化

程亦君

梅仙購於
98. 5. 24 廈住堂

翻開聖經，我們就進入了另外一個世界。

比起我們眼前的世界，
那是個更大的世界，因為我們會看見超越時空上帝的行動；
那是個更深的世界，因為裡面記載的事情，都發生在比靈魂還要深邃的地方；
那同樣是個更生動的世界，因為遇見上帝的人，沒有人不熱情澎湃；
那還是個更危險的世界，有法老的追兵，以及非利士的巨人；
那也是個更安全的世界，我們找到的是亙古的磐石，永恆的寶藏。

正因如此，讀經和生活總是息息相關。

每一回從聖經的世界出來，
我們眼界都會變得更寬廣、
靈性變得更深刻、
生命變得更熱情、
勇氣變得更十足、
行動變得更踏實，
種種的一切，都將影響我們的日常生活，改變我們的待人處世，
不管是婚姻也好、人際也好、工作也好，
均會大為不同。

「讀經生活化」書系，邀請讀者一同進入這樣的世界，
我們會翱翔、我們會盤旋、我們會闖入生命幽谷、我們也會攀上
更重要的是，我們將帶著一對強壯的翅膀，從聖經的世
在屬於我們的世界裡，繼續飛翔。

讀經生活化，生命力量大。

讀 經 生 活 化 ， 生 命 力 量 大 。

穿梭千年時空，擁抱舊約深情的上帝！

舊約會說話

The New Generation
in Contact with the
Old Testament

程亦君 /著

舊約會說話

原書名：《藏書票的祕密——這一代人與舊約的相遇》

作　　者／程亦君（Yi-Chun Cheng）
責任編輯／東紋尼
美術設計／廖藍儀

發 行 人／饒孝楫
出 版 者／校園書房出版社
發 行 所／231台北縣新店市民權路50號6樓
電　　話／(02)2918-2460
傳　　眞／(02)2918-2462
網　　址／http://www.campus.org.tw
郵政信箱／台北郵政13-144號信箱
劃撥帳號／19922014，校園書房出版社
網路書房／http://shop.campus.org.tw
訂購電話／(02)2918-2460 # 241~242
訂購傳眞／(02)2918-2248

2001年（民90）4月初版
2009年（民98）1月二版

The New Generation in Contact with the Old Testament
by Yi-Chun Cheng
Published by permission
© 2001, 2009 by Campus Evangelical Fellowship
P. O. Box 13-144, Taipei 106, Taiwan, R.O.C.
First Edition: April, 2001
Second Edition: Jan., 2009
Printed in Taiwan
All Rights Reserved

09 10 11 12 13 14 15 年度 ∣ 刷次 9 8 7 6 5 4 3 2 1

謹以此書

獻給

一生牧養我的天父上帝，

祂的公義和慈愛是真實、可信的。

目錄 Contents

第一部

天地的來歷

第二部

推動歷史的手

第三部

眞知灼見

第四部

復和與盼望

與舊約對話

推薦文一

上帝恩典灑滿一身

　　我們讀舊約讀不懂、讀到乏味、讀到昏昏欲睡，因為沒有人為我們讀，更因為沒有人將舊約的生活與現在的我接軌；我們不能靠近舊約的人物，他們也出不來到我們的世界。

　　讀完《舊約會說話》，我們得以進入舊約人物的現場，發現他們的信心故事正與我們現在的生活緊緊相扣。雅各自述家族的信仰經歷和他的祖父亞伯拉罕的信心之旅，使我們知道信仰怎麼傳承，以及不同的性格就以不同的方式經歷神；摩西談到上帝創造他的祖先亞當與夏娃，給他們自由意志，竟成了恩典也是咒詛的媒介，我們更親自見到摩西的聰明與處處謙遜；約書亞這位英雄中的英雄帶領以色列人進入安息，要幫百姓找到可以安身立命之處；甚至，大衛犯了致命之罪的記事，領略到上帝看人不是只看一時，而是看他的一生，一時犯罪無損於大衛在神眼中的地位，還是一位合神心意的人；以利亞這位「膨風水雞」消氣以後的沮喪……。難能可貴的，每一位舊約人物作者都引導出一個明確的信仰主題，是舊約人物的，也是我們現代基督徒的。

　　我更喜歡本書作者將過去、現在、歷史、神學交織闡述，特別是所羅門王那段故事。作者巧妙地對照集恩典與毀滅於一身的所羅門王，以及主角信輝離開上帝的爸爸，來解釋人們離開上帝的理由。她先重述舊約這段歷史，「最聰明的人也會變成愚昧人」，所羅門王愚昧於不遵守「君王不可為自己加增財富、馬匹和嬪妃，以免他們的心偏離耶和華」的命令。同時作者加

006　舊約會說話

上自己深刻的解釋:「上帝照樣要與每一個世代立約,要他們以個別的身分回應上帝的約。」有一位信心的父親,不等於有信心的子孫。再往內探究,作者以人性角度解釋這位最聰明的王失敗之因,乃因他無法體認,「錯綜複雜的人性中所煉淨的一種順服」。「爸爸年輕時是個熱心的基督徒,可是在我們小時候,看到教會一些人不好的見證,他便不想再去教會了。」作者藉著祖孫的對話,以基督教教義的角度解釋說:「你爸爸……我認為他是『自以為義』,他習慣以自我為中心來評斷別人,錯估了人性,他沒有認清所謂的基督徒只不過是『蒙恩的罪人』,信仰的生命是需要時間與精力去成長的。」舊約與現代人物的對比,以經解經解釋舊約,透過教義的解釋,直抵人性的剖析,給予人之所以離開上帝的整全洞悉,可見作者雖是以小說方式呈現,卻有串聯古今的深度與廣度。

讀完此書,環保鬥士約翰·繆爾(John Muir)的佳句不禁從心中浮現:「你要讓陽光灑在心上,而非身上;讓河流穿軀而過,而非從旁流過。」美好的故事、陽光、恩典、河流、悔改,都不應該讓其從身旁流過,而要使其穿過心扉,才會激盪出心靈的美好,並獲致恩典貫通全身的舒暢。舊約歷史是一部以色列人的大河歷史,舊約人物也是上帝與人相遇的救恩史,讓這股澎湃的洪流,再一次地穿過我們的身軀,我們跟著興奮、認罪、讚美、嘆息,閱讀成為信仰之旅,沒有捷徑、規則、複製,只有上帝帶領的恩典灑滿一身。

葉啟祥(台灣基督長老教會林森路教會牧師)

尋訪上帝的信心之旅

　　身為作者的先生，要為自己的太太寫序，想來想去只有一個原則，那就是「實話實說」。

　　當2001年亦君的《藏書票的祕密》一書出版後，我當時內心有一種奇怪的念頭，想到若是這本書能得到香港的「湯清文藝獎」（因為就我所知，目前港、台的基督教界只有這個鼓勵華人文字創作的獎項），相信對亦君而言，一定是一個極大的鼓勵。後來，這本書果真得到當年的「湯清文藝獎文藝創作年獎」，對我而言，不是用「高興」一詞能全然形容自己的心情，那應該像是一個天路客的旅程遇到分叉路口時，神對他說：「是的，就是這個方向，儘管往前走。」而這個聲音，其實不是向我說，而是向著亦君說的……。

　　我的妻子亦君是一個責任感與使命感極重的人，這成為她在每一件事情上的動力，但也是對自己一種不小的壓力。自從她大學畢業投入文字事奉工作（擔任雜誌編採與出版工作）後，她就一直執著於上帝給她的文字異象與負擔，爾後她神學院畢業，進入校園文字部編輯《今日校園》雜誌兩年多之後，在面臨出國進修與結婚的路口時，她選擇踏入婚姻，並且轉換人生的事奉跑道，從事第一線的學生牧養工作，多年來，雖然她也很享受帶領與培育青年學生的喜悅，但也一路陷入無法參與文字事奉的掙扎與徬徨中，在她從事學生工作的第一個階段，等候了七、八年之後，一道小曙光終於出現。

　　為了大學生的需要，她在第一階段的台中事奉時期，在校

園團契的大學事工中，由於有限的人力與經費，她獨力承擔一份小刊物《我們的校園》的編輯工作，在擔任主編的期間，為了幫助學生明白舊約聖經，她自己開始撰寫「舊約寶藏」的專欄，嘗試用一種輕鬆有趣的小說筆法來描述聖經的救恩歷史與神學脈絡，這就成為這本書《藏書票的祕密》的雛形，之後，這份刊物還是因為經費的原因而停刊，但也開啟了她計畫用安息年的時間，重新整理撰寫成書的契機。

《藏書票的祕密》大約花了半年的時間重新彙整改寫，這個過程就如同淘金客在尋訪寶藏的艱辛歷程。當亦君坐在書桌前，時而沉思、時而埋首敲打鍵盤時，我可以感受到那種不容打擾的專注，那是一個尋訪遙遠時空的朝聖，也是此時與上帝相遇的對話，她的「書房」成為一個上帝在其間的神聖空間。每當她離開那空間，進入凡俗生活的領域中，我聆聽她充滿敬畏感動的分享，並可與她一同領悟上帝在歷代的偉大工作，而感到心靈跳躍；但是也常感受到她毫無靈感、枯坐桌前、空手而歸的焦慮與無奈，我只好與她一起腦力激盪，參與在她所思索的魔幻情節中，充當一點軍師角色，在與她一同經歷書中一些精彩情節的創造過程中，自己也才感受到個人創意的有限性。而我的妻子就在這個看似幽暗之徑中，忍耐地邊走邊探詢，而上帝也果真在每一步路程中以火柱引領向前。

此書終於在2001年出版，她寫作的心願大大開展，她有說不完的寫作靈思，作為先生的我，總是耐心地聆聽妻子在創作天空翱翔的靈感與企圖心，但是一天天過去了，忙碌的事奉與各樣的責任，將她的心力消磨殆盡，那種期待寫作的渴望，時常就化成一波波的漣漪，最後消失在水面之上，作為先生的我，能深深體會她那種作為一個創作者的艱難與苦痛，只能不

停地鼓勵與安慰，一再告訴她，當她的書得獎那一天，我對上帝引導的體會：「神說：『我知道，我也預備，就是這一條路，繼續往前走吧！』」然後，我決定陪著她一同踏著蹣跚的步伐往前走。我相信這是一條天路，也是創作者的歷程，我相信「寫作」，是上帝要繼續使用她的一種託付。

因此，一本書的出版，它不是用「一本書的價格」能夠衡量的，它是一個旅程，是創作者與上帝摔角與降服的記號，也是向著未知之地，用信心踏出的一個腳印。這一股書寫的勇氣與熱情來自一個強烈的事奉心願，那就是要透過這本書帶領讀者進入聖經世界的尋祕之旅，得以使讀者窺見上帝話語與作為何等奧妙的美麗境界。

華人的信仰傳統一向重視「以主耶穌為中心的救贖論」，並「以保羅著作為架構的教義論」，加上對希伯來書所提「舊約是影兒，新約是實體」的解經認知，都讓我們的閱讀經驗始終是以「新約」為重心，對舊約的看重也始終圍繞在「先知末世預言」的興趣，以及耶穌基督的「預表解讀」上。這種無形中「重新約、輕舊約」的信仰意識，使得我們因著缺乏對舊約歷史與神學脈絡的認識，以致我們對新約的解經時常易流於表面，更加可惜的是，也因為忽略「猶太文化信仰傳統的歷史淵源」，使得我們在體驗信仰與描述福音傳統上，常缺乏一種「血肉感」，而多流於表面的教條表述。

亦君的這本書，期望透過奇幻小說的寫作手法與堅實的聖經基礎，描繪出上帝的偉大，與祂在歷史中的作為，幫助讀者建立信仰的骨幹，並且彩繪出晶瑩剔透的血肉肌膚，讓信仰流露出洋溢生命感的生動畫面。

這是一個平凡創作者的生命歷程，也是一個尋寶者探險的

豐收，期盼帶領讀者一起加入尋訪上帝的驚奇之旅。

　　作為一位作者的先生與讀者，我推薦你閱讀這本《舊約會說話》，讓它陪著你一同進入舊約中所蘊藏的聖經寶藏。

　　　　　　　陳正宏（校園福音團契畢業生事工負責人）

自　序

　　約十五年前左右，當我有幸投身在台灣那樣一個基督教文字工作還算蓬勃發展的階段，對華人文字工作的前景，充滿了理想和抱負，期待透過我們那一輩人的努力，使基督信仰經由文字、思想的傳達，讓這一代人的信仰觀呈現出深入和豐富的面貌。然而，光有理想是不夠的，基督教文字工作的經營是如此艱難，在幾年之間好幾份刊物紛紛停刊，與我同時的幾位文字工作同僑也面臨個人生涯的轉換期，我也由文字工作進入第一線的學生牧養工作。

　　多年來我沒有忘記當年文字工作的負擔，在現實生活中，我一直在尋索和反省當年的理想。從學生工作裡面，我體會到人內心的聲音和真正的需要：信仰怎樣可以在充滿挑戰的人生中成為我們的幫助？在許多教導學生讀聖經的機會裡面，使我對聖經在現代生活處境的詮釋和應用越來越感到興趣。

　　因此本書的寫作，也要從三年多前我主編的一份小刊物《我們的校園》說起。當時為了幫助基督徒大學生認識舊約聖經，我寫了一個專欄，打算以小說形式來介紹舊約，但又不想只是用現代語彙扁平地詮釋舊約，於是我嘗試用一個「立體」的觀點和角度，結合舊約信息與現代人生活處境來作詮釋，原本可說是無心插柳，沒想到為配合刊物的出刊，我居然寫成了一部連載小說！當我知道校園出版社計畫要出版此書時，確實給我許多鼓勵，因此我利用了「安息年」的休假期間，將原本寫就的篇幅重新擴充和改寫。

在重新寫作的過程中，可用「攀越一座座大山」來形容我所面對的挑戰和壓力：一方面要詮釋舊約的信息，一方面要發展現代人的故事，又要將兩者結合；同時，我覺得以人類的理解和語彙的有限，要準確詮釋上帝奇妙的作為和話語，實在不是一件容易的事，經歷無數失眠的夜晚，我數度從舊約經文中，因見上帝在歷世歷代中所鋪排的偉大救恩雀躍不已，不斷獻上由衷的敬拜和感恩。

我一直很喜歡舊約聖經，回首十多年前大學時代的那段日子，身邊沒有良師、靈友，心情鬱卒時，我默唸詩篇，不明白人生方向時，我就讀舊約人物。從中我發現那位創造世界的上帝是何等生動地參與在人類的生活之中，從祂對人深刻的關愛，使我在生活挫折時得著安慰和指引，是這一本人看為老掉牙的古老聖經陪我度過那個青澀、困頓的成長階段。這些年來，年歲漸長，人生的閱歷增多，越覺得舊約聖經的可貴。從它作為上帝子民生活的殷鑑和原型，許多舊約人物在他們所處身的世代中，也經歷時代的巨變、社會的醜惡，他們與我們一樣有著同樣的人性和掙扎，卻為我們指引了一條路，就是在錯綜複雜又有限的人生中，人如何認識上帝、如何知曉祂在我們身上的心意和引導；另方面，作為上帝救恩的歷史紀錄，我們從舊約中可以認識上帝救恩計畫的延續和發展。因此，舊約的時代雖然離我們很遠，作為上帝話語的啟示，舊約所傳達的信息，仍很貼近現代人生。

對舊約詮釋的興趣就這樣一直在生活中醞釀，我也希望透過現代處境的觀點來探討舊約信息在現代的應用，所以本書的故事主要是透過一個現代家庭與舊約人物的相遇來作發展。以這兩條線在當中交錯和參照，主線仍是以舊約的人物為主，從

創世記至瑪拉基書，以救恩歷史的神學角度詮釋上帝救恩計畫的發展，以及舊約人物如何參與在這偉大的救恩計畫之中、他們在生活和工作中如何認識、回應上帝；副線是那個現代家庭，他們從與舊約人物的相遇中發現上帝的話在現今時代的意義與應用性。從本書故事的發展中，我也想表達一個觀點：由舊約至新約，上帝的救恩歷史仍在我們的時代中延續著，我們這一代人也繼續參與在上帝救贖計畫的作為之中。

書中的主角王信輝雖為主述者，然而從他的外公、爸爸、媽媽、阿詮與小莉身上，多少呈現了現代人的一些生活面貌與困境。他們進入了舊約世界，經過「思考」並「經歷」聖經的話，而帶來生命的改變，我覺得這才是真正信仰的實際。另一方面，雖然書中的主角看來好像是年輕人，事實上我也要表達出不論小孩或成人都有自己的問題，都同樣有信仰和生命意義追尋的需要。

許多人以為舊約很難讀，要不然也會令人昏昏欲睡，因此我在本書中用莫測高深的「藏書票」幫助讀者打開舊約的世界。作為一個回到舊約世界的時光機器，「藏書票」代表著人之悟性的開始。事實上在上帝的啟示和光照中，我們可以憑著理性與感性來認識這位偉大造物主的蹤跡，祂並非莫測難尋，在人類歷史中，祂已向每一位謙卑渴慕真理的人，敞開祂自己。

從寫作本書中，我也想到我們所信的是一位超越時空的上帝，祂不但向古人顯現，也向現代人顯現；我們從古代人的經歷中得以認識這位偉大的神，祂同時又可以跳出古代人的經驗和時空範疇，對現代的我們說話。不論古人與今人，我們所共同經歷的都是同一位、也是獨一的上帝，因此我深信在上帝的「永恆」之中，我們可以和每一位舊約人物的心靈相遇。

我們這一代人是幸運的，因為從舊約至新約，我們看見耶穌基督照上帝所應許和計畫的，在歷史中道成肉身，成為我們的拯救。惟願本書所呈上的一點努力，使讀者可以認識上帝在人類歷史中的心意和作為，以使我們的信心可以成長。

　　本書的完成，我先要感謝梁潔瓊和畢維廉老師，在我就讀中華福音神學院期間，他們兩位在舊約方面的教導啟發我甚多。更要感謝的是外子正宏的鼓勵，在我繁重的工作和生活壓力中，若不是他的加油打氣，本書恐怕難以完成。最後也要感謝校園文字部的彭懷冰社長和吳鯤生主編，他們一直鼓勵華人基督徒的文字作品。

　　本書作為一部華人作者詮釋聖經文本的嘗試作品，我衷心盼望這一片待開發的華人基督徒文字禾場，有更多人投入深耕，使華人基督徒的信仰觀可以呈現出更豐富、深邃的面貌，以致基督的信仰可以根植在我們這一代人的生命與生活之中。

程亦君

二〇〇一年四月

本書主要登場人物介紹

王信輝：本書主角及主述者。大學生，個性單純、膽小。從小成長過程順利，雖然有著信仰，卻未曾有過深刻的經歷和生命的反省，直到發生失戀及媽媽離家出走的事件。

小莉：信輝的妹妹。如一般時下的高中女生，原本不愛思考嚴肅的事，對人生也未曾有深刻的體會。

阿詮：信輝的弟弟。個性較活潑、叛逆，不愛受拘束，卻比信輝勇於冒險，是個較多戲劇性轉變的人物。

外公：生活經驗豐富的老者，代表人生旅程中信仰的歷練和詮釋者。

媽媽：家庭主婦，對中年生活感到茫然和不滿，並決心用行動來尋回真實的自己。

爸爸：個性拘謹、不擅長與家人溝通，是家庭經濟的主要支撐者，象徵現代辛勤工作卻生活貧乏無味的上班族。

第 1 部

天地的來歷

新生命

EX-LIBRIS

 # 天色不常藍

對從前的我而言,「永恆」只是一個未來的時間概念,經歷一場奇遇之後,我發現永恆不只是「未來」也在於「過去」和「現在」,永恆是超越人類所能理解的時空概念。

故事要從發生在我身上的兩件事說起。

收到英英的信之前我做了一個奇怪的夢,記憶清晰:灰濛濛的天空,自底部竄起一種暗紅色,迅速染成一大片令人恐慌的紅;風搖曳著枯樹的枝椏宛如張開著的魔爪;飛鳥一溜煙而散,倉皇逃逸;四處傳來野獸們淒厲的嚎叫聲;我,驚懼地奔逃著,躲避緊追而來的一股惡勢力,一會躲藏於偏僻的茅草屋,一會奔逃至人群擁擠的車站,但行蹤總被識破,因為恐懼,我的心臟蹦蹦跳;左藏右逃地,駭然發現找不到回家的路,「救命啊!」我奮力大叫,並縱身一躍……

睜開雙眼,發現自己是躺在床上,而四周仍然是自己所熟悉的環境,「好險!好在只是一場夢!」心中的恐懼一掃而光。稀微晨光由窗戶透射進來,使我心中充滿了希望:「好棒!又是一天新的開始。」

但是後來我才知道,這場夢原來是一個世事無常的預兆,稍後我人生的改變是從這天開始。

那天早飯後打開電腦,英英寄來的信讓我心驚肉跳:

信輝:

我想了很久,覺得我們兩個不適合在一起,在一起只會增加彼

此的痛苦，不如早一點分手，給彼此寬廣的空間，以後我們還是可以成為很好的朋友，你說是不是？

「No！」我幾乎是嘶吼著，毫不思索地立即回覆：

英英：

　　妳說「不合適」是什麼意思？難道是嫌我不夠好嗎？妳老是說我重視功課勝過妳，可是兩年來我只和妳在一起，難道我花在妳身上的時間還不夠多嗎？請妳說清楚！

　　從來不知道什麼叫作怒氣填膺，此刻自己簡直像一個即將爆炸的氣球，一向樂天派的我，突然間好像面對世界末日，就像那個惡夢一樣，覺得自己開始被一股惡勢力悄悄追殺。

　　和英英交往兩年來，一同編織過許多夢想，例如，我們約好要一起考研究所、大學，畢業之後要一起去歐洲自助旅行等等，沒想到這些約定轉眼成空，使我懷疑人世間有否真正的海誓山盟，「到底我有什麼缺點？英英說要分手就分手？」我的心情跌到了谷底，覺得人生的灰暗莫過於如此。

　　「王信輝，我叫你去收拾客廳，叫了三次，你到底聽到了沒有？」媽媽大聲嘶吼著。

　　此刻我只想躲進屬於自己的角落，哀悼過去與英英交往的美好時光。「碰！」的一聲，我將自己關進臥房，悶頭大睡，不理會媽媽的喊叫聲。

　　當我還沈浸在自己痛苦的睡夢中，被一連串急促的敲門聲吵醒，「吵死人啦！」我舉起沈重的雙腿，不情願地打開房門。

　　「不得了！媽媽離家出走了！」妹妹小莉驚慌地拿著一張紙

給我看，她那高分貝的刺耳噪音，一下子就把我嚇醒。

「怎麼會呢？她早上不是還好好的嗎？」我無法置信地讀著小莉遞給我的媽媽所寫的紙條：

大鈞和孩子們：

　　我已經受夠你們和這個家了！我不想再做牛做馬！我要去尋找自己的天空！等到我想回家時就會回家，今後你們要學著照顧自己了。

　　真是禍不單行！對我而言，一天之內兩次風雲變色，唉！女人真是不好惹。不過萬萬沒想到媽媽會出這一招。

　　「怎麼辦？我們要趕快去把媽媽找回來呀！」小莉非常著急地說。

　　我和小莉趕緊打電話去媽媽所有可能會去的地方，卻都沒有她的行蹤，「難道她躲起來不理我們了？」小莉喪氣地說。我則後悔早上的行為，媽媽要我整理客廳，我卻因為心情不好故意充耳不聞。

　　那一天爸爸仍是應酬到很晚才回來，弟弟阿詮則比爸爸先一步到家。爸爸對媽媽離家出走的反應出奇地沈默，讓我們覺得訝異，「她想回來時就會回來！」他丟下一句話就逕自走入浴室，留下不知如何是好的我們。阿詮則翹著二郎腿，照樣悠哉地看電視，小莉生氣地關掉電視，瞪著他說：「二哥，媽媽離家出走你怎麼一點也不關心？」

　　對小莉凶猛地關掉電視的舉動，阿詮不耐煩地說：「關心？我當然關心！媽媽不在家誰替我們燒飯、洗衣服？我也在想辦法嘛！妳急什麼？」

「那你想出什麼辦法沒有？」我也沒好氣地對著阿詮說。

「女人啊，情緒發洩一下就沒事了，我敢保證媽媽明天一定就會回來。」阿詮拍著胸脯輕鬆地說。

這時爸爸走出浴室，又一言不發地走入臥房，看著爸爸和阿詮的舉動，我的心涼到谷底，什麼時候這個家變得如此冷漠？媽媽明天會回來嗎？媽媽為什麼要離家出走？難道真是我們所有人都讓她受夠了？她老是說我是個懶骨頭，要三催四請才會稍微動一下；而阿詮最讓媽媽操心，他不愛讀書卻喜歡在外頭鬼混；小莉呢？她可是家裡的「大小姐」，只要她在家，家裡的電話老是佔線；至於爸爸嘛，媽媽常說他是一個難以溝通的人，加上他的加班和應酬越來越多，他們兩個人在一起也說不到幾句話吧！

一天之內發生了兩件大事，從小到大都一帆風順的我，從未感到如此地心煩意亂。

外公和外婆趕來關切情況，外公和爸爸在書房談著，外婆則安撫我們，小莉紅著眼眶問外婆：「您知不知道媽媽為什麼要離家出走？從小到大，我每天放學後回家她一定都在呀！」

「小莉，你們都長大了，也該懂事一點，我相信你們媽媽是一個有責任感的人，她應該很快就會回來。」外婆安慰著說。

我開始動手收拾客廳桌上一堆的雜物，那是早上媽媽要我做的，想到自己的懶惰，心中感到愧疚，如果媽媽明天回來看到客廳整理好了一定會很高興。

外公和爸爸嘰哩咕嚕不知在談些什麼，依稀只聽到爸爸回應外公一句話：「我加班和應酬也是為著這個家！」不久他們就走出來，爸爸沈默地送走外公、外婆。面對著滿臉寫著大問號的我們，爸爸依然沈默。連一向什麼都不太在乎的阿詮也沈不

住氣地說：「真的有大事發生耶！」

躺在床上，思緒如浪潮一波波襲來，把英英提出分手和媽媽離家出走兩件事合起來，發現原來人類是非常複雜的動物，我和英英交往兩年，她的一顰一笑都深印在腦海裡，可是我能了解她的腦袋瓜裡在想些什麼嗎？她不是常罵我是個呆頭鵝嗎？而媽媽為什麼會離家出走？我發現自己也不了解她！媽媽除了和爸爸的關係越來越冷淡之外，她是不是也厭煩了我們三個好吃懶做的傢伙？到底什麼樣的人才值得被愛？媽媽為了這個家耗盡半生青春，現在她發現一切都是枉然的嗎？人到底應該為什麼而活？屬於媽媽的天空應該是什麼樣？英英的天空應該又是怎麼樣？我自己呢？又是一個什麼樣的人？可愛還是不可愛？誰會愛我？

這是我生平第一次認真思考人生存的根本問題，如果談戀愛不是生活的全部，我應該追求的人生是什麼？我目前努力求學又是為著什麼？人為何而生、為何而活？爸爸和媽媽當初不也因相愛而結婚，現在卻是「相敬如冰」？我躺在床上，輾轉難眠。

「他看這是好的！」一個宏亮的聲音忽然在我的耳中響起，清晰到令人毛骨悚然。我趕緊坐起來：「誰？誰在對我說話？」

「他看這是好的！」那神祕的聲音再次響起，我鼓起男子漢的勇氣，抓起手電筒四處照射，察看到底是誰侵入我的房間，四周漆黑無聲，我害怕地將頭藏進棉被窩裡，沒有再聽到什麼聲音，「萬一天塌了下來，我也只能這樣了……」，將心一橫，就迷迷糊糊睡著了。

神祕郵件

第二天，太陽照常升起，「萬歲！又是新的一天！」心中還是充滿了希望。早餐居然是小莉預備的，媽媽不在家小莉變得賢慧起來，「鈴……」電話聲響起，我們兄妹搶著接電話，結果是別人打錯電話。爸爸總算開腔了：「我今天會請假一天去找你們媽媽，你們就在家裡留意媽媽的電話。」他逕自對著空氣說話，沒有正眼看我們。

爸爸一出門，阿詮也一溜煙不見了，剩下我和小莉守在家裡。我打開電腦，連上網路，收到英英的回信，她說：「我爸爸說如果我們兩個人能夠很理性的『分手』，表示我們已經長大了，他看這樣的結束是好的！」簡短而堅決的幾個字，令我又傷心又生氣。

「什麼話？好啊！要分手就分手，誰希罕誰？」我壯士斷腕、不甘示弱地作了個決定，立刻回傳給她。「咦……？英英說**『她爸爸看這樣的結束是好的』**是什麼意思？難道這件事是她和她爸爸串通好的？」疑惑和憤怒不斷在心中攪動，我發了一個消息給好友李東，訴說我的不幸遭遇。

李東很快回傳他的消息，卻是莫名其妙的一句話：「說不定苦難的背後有上帝的祝福？這是你從前對我說過的話，說不一**定這一切事情的發生對你是好的！**」

李東的話令我心驚肉跳，因為從昨晚到現在，類似「**他看……是好的！**」的話不約而同地出現，彷彿在提醒我什麼事情，有什麼特別的事情即將發生？我的眼皮禁不住跳動，而李東的話一語驚醒夢中人，從前我對別人說：「苦難的背後有上帝的祝福」，那時是很輕鬆容易的，而今挫折和苦難臨到自己身

上，才深切地體會到「挫折與苦難」真是「不好」！

「苦難若存在這世界上，這世界怎會美好？難道上帝所創造的是一個不完美的世界嗎？」我在電腦網路上抒發疑問和苦悶，立刻有綽號叫「大俠」的回應我：「這世界本來就是人會死，活得也不快樂，人好像可以主宰自己的命運，又好像無法全然主宰，我是悲觀主義者。」另一個叫「月亮仙子」的回應道：「家家有本難唸的經，本來我家是個小康家庭，我爸買股票欠了一大屁股的債，現在他『跑路』了，我媽快精神崩潰，我想哭卻無淚，發現自己沒有悲觀的權利，因為日子還是一樣要過呀！」這世界有比我遭遇更慘的人，這是我第一次感同身受；另外一個叫「南瓜」的寫道：「我們家兩個孩子，我妹妹是腦性麻痺患者，從小我爸媽花在妹妹身上的時間比我多，雖然我不排斥這世界有一個造物主，可是我不明白上帝創造一個腦性麻痺的人有何目的？」

原來這世界許多人都有不同的困境，為什麼自己很少想到人生有這麼多深刻的問題呢？正要繼續與網友們討論這些人生的大問題，電腦畫面卻一動也不動。

「糟糕！當機了？」這時電腦突然自己關機熄掉，我正要重新開機時，聽到電腦主機又開始嘎嘎運轉，螢幕轉為明亮，出現了一行非常詭異的字：「**他看這是好的！**」嚇我一大跳，為何這句話又這樣出現？「到底是誰在惡作劇？」我全身發抖，想立即關掉電腦，螢幕卻很快地出現一行字：「脫去舊人穿上新人，你會有新眼光，請看新郵件。」

我的心臟蹦蹦跳，一種奇特的感覺湧上心頭，從好奇心所產生的勇氣，引領我去探索這個神祕事件。我立即打開自己的電子郵件信箱，發現的確有一封新郵件，是來自一位署名「同

在者」，信上又是：「**他看這是好的！**」那幾個字，但是卻附了一個網址：（*www.grace.kingdom.heaven*）到底葫蘆裡賣什麼膏藥？我疑惑地進入那個奇怪的網址，卻出現一行字：「**回到世界的起初，需鍵入七個字的密碼才能進入。**」這可奇怪了，我怎麼知道進入這個莫名其妙網址的密碼是什麼？只好想到什麼就胡亂湊合一下，「1234abc」、「4321cba」、「5678def」……。螢幕上沒有任何反應，我嘟囔著：「我怎麼會知道這個密碼是什麼？這到底是什麼網站？」轉念間，從「**回到世界的起初**」那句話使我有了靈感，想起聖經裡面好像有類似「**他看這都是好的**」那麼一句話，於是趕緊翻開聖經，果然在舊約創世記的第一章裡找到那句話，我思忖著那七個字的密碼會不會就是『創世記』（GENESIS）呢？我試著鍵入「GENESIS」七個字母，賓果！螢幕上果然開始有反應了，一幅圖案乍然出現在我眼前，我無比的訝異：「咦？這不就是那張……」緊接著又出現一行字：「**只要找到與此相符的條件，就是開啟過去與未來的鑰匙，人生的答案盡在其中，你將煥然一新。**」

　　我瞪著電腦螢幕，真是丈二金剛摸不著頭腦，「這到底是怎麼一回事？什麼叫作『**找到與此相符的條件**』？」接二連三的神祕指示，自己似乎將要遭遇一件不可思議的事情，「『**將煥然一新**』又是什麼意思？」，我一邊思索一邊端詳螢幕上的圖案，腦海中浮現一件重要的事，耳中卻傳來小莉吼叫聲：「哥！瞧瞧你已經上網多久了？媽媽回來會扣你的零用錢！」我只好趕緊關上電腦，先去巴結小莉一下。

 藏書票裡的世界

守候了一天，直到晚上仍然沒有任何媽媽的消息，爸爸看來又疲倦又失望，竟然躺在沙發椅上睡著了，既然是等候，我想先去處理一件事，我快跑去李東家，想向他要回一件東西。

「沒想到那張小玩意是有用處的！」我邊跑邊想著，「希望李東願意還給我，唉！我竟然蠢到把寶貝送給人！」

事情是這樣的，十四歲生日的時候，外公送我一本聖經，在那本聖經的封底扉頁上貼著一張有點泛黃卻非常精緻的畫片，外公說那是一種版畫作品，貼在書頁裡面就叫作「藏書票」，它上面刻著「EX-LIBRIS」，外公說那是拉丁文「我的圖書館」的意思，有些文人雅士喜歡自製藏書票貼在自己的藏書裡，象徵愛書人的一種品味。當我問起那張藏書票的來源，外公笑而不答，只輕描淡寫地說它的來頭意義深長，貼在我的聖經裡送給我，用意是要我珍惜、好好讀聖經。我想起當時外公還說了一句：「這張藏書票所用的紙張很特別喔！是用蒲草紙做的。」

「什麼叫作蒲草紙？是很久很久以前你們用的那種很粗糙的衛生紙嗎？」那時我呆呆地問。

外公瞪我一眼：「小傻瓜！蒲草紙是一種很特別的紙，是用蒲草直接壓製、曬乾而成的，我們國家可沒有生產這種紙，古埃及人常用這種紙來保存他們的文獻，這種紙張的好處是寫在上面的文字或圖案，可保存很久而不會毀壞，據說古代聖經的抄寫也常用這種千年不易毀壞的紙來保存、記錄的。」

唉！我有眼而不識泰山，不久之前才用那張藏書票與李東交換了一枚我認為很珍貴的郵票，而今想起那張藏書票與我在電腦上看到的神祕圖案完全一模一樣。

李東揚起眉毛，拿著那張藏書票端詳著說：「這張藏書票舊舊的，看起來一副不太值錢的樣子，它真有比我換給你的郵票珍貴嗎？你要考慮清楚，不要再後悔喔？」知道我的來意後李東有些悻悻然，因為他很喜歡那張畫工精巧的小版畫，「告訴我必須還給你的理由吧！」

我當然不能據實說明發生在我身上的神祕事件，只能說：「那是我外公給我的傳家寶，我一時糊塗才跟你交換，看在好友的份上，請還給我吧！」

聽到是「傳家之寶」，李東只好萬分不捨將藏書票還給我，看來李東比我還識貨呢！想到自己有點像聖經裡面一個叫「以掃」的人，他因為貪愛口腹之慾，把自己尊貴的長子名分賣了。雖然自己小時候就跟著外公去教會，聽過一些聖經故事，長大後自己也讀了一點聖經，但是對聖經中所蘊含的一些較深刻的事卻體會得很少。可能因為從小我就是個「乖乖牌」吧，成長過程也一直都很順利，許多事情我似乎很少問「為什麼」，對我而言一切都像是理所當然的，可說是有信仰的知識卻欠缺生命經歷，我其實很羨慕那些有著「江洋大盜」悔改式信仰經歷的人。

挪亞方舟開門

回到家，悄悄地溜進臥房，我小心翼翼拿出那張藏書票仔細端詳一番，默默陪著我成長的這一小張舊紙，竟然藏著一個

未解開的謎？它是一張黑白版畫，上面刻的是一片海洋，海上有一艘船，天邊有一道彩虹，彩虹之上寫著三個字「**新生命**」。

「接下來我該怎麼做呢？不是已經找到那個神祕郵件裡面的圖案了嗎？」我打開電腦，發現又有一封新郵件，來信者署名仍是「同在者」，信上仍然只有一句話：「**一個新的天地，只要挪亞開門。**」

我真傻了眼，「只要挪亞開門」又是什麼意思？

當我再度注視著藏書票，發覺它好像變大了一些，「怎會有這種事？」全身的雞皮疙瘩都冒出來了，說服自己可能是眼睛疲勞的幻覺，但是不可思議地，眼前藏書票的圖案面積竟然越來越擴大，特別是裡面的那艘船，整個房間如地震侵襲般開始晃動；我嚇得兩腿發軟、四肢發麻，那艘船仍不斷地在膨脹……，臥房的空間越來越小……，我被擠到牆角，呼吸急促，簡直快喘不過氣來，那艘船快速地變成一艘好大好大的船，逼近我眼前來，使我毫無容身之地……。當我緊閉雙眼以為大難臨頭、生命不保時，周圍的晃動卻逐漸平息下來，四周悄然無聲。

我偷偷地睜開眼睛，在我眼前竟然矗立著一艘此生從未見過的大船，我鼓起勇氣躡手躡腳地靠近船身，瞬間整個船身傳來一陣劇烈的響聲，船的上方出現一道門，在咯咯的響聲中那道門自動開啟，我的心臟繃繃跳，不容我遲延，那道門內發出一股強勁的吸力將我吸了進去，我奮力叫著：「救命啊！」可是整個人和聲音被劇烈的聲響掩蓋住，好像被吸入一個黑黝黝的漩渦裡，又好像穿越一個非常深邃的隧道，我的身體像火箭般高速飛行，覺得自己的呼吸快停止，心中恐怖到了極點。

最後，感覺自己的身體重重地掉進一個地方，噗通一聲，

有水流進我的嘴裡，立刻意識到自己的處境：「救命啊！我落海了！我不太會游泳啊！」剎那間覺得自己前天所作的那個惡夢是真的！多不甘心自己如此英年早逝！全身緊張地僵硬起來，手腳不斷地掙扎著……。

就在我覺得小命即將嗚呼時，奇蹟發生了！我的腳竟然觸到了水底，出於本能地站立了起來，緊繃的神經立刻放鬆下來，「哈！原來只是個淺灘嘛！真是太緊張了！」不由得哈哈大笑，但是由於太過刺激，兩腿還是發軟無力。

蹣跚地走向岸邊，發現自己置身在一個全然陌生的世界，「我現在到底在哪裡？」一股新的恐懼再度湧上心頭，內心深處最深刻的孤單侵襲著我。

「要怎麼樣才能回家呢？」心中百般焦急，回頭看那艘大木船仍停留在不遠的岸邊，我快速奔跑過去，心想也許那艘船還可以載我回家，然而我越跑，船身卻離我越遠，一陣濃霧襲來遮住了視線，我再度驚懼起來，等候濃霧逐漸散去，蒼茫大海中已失去了那船的蹤影。我懷疑那艘船可能只是幻影，就在我感到無助、甚至想哭的時候，天邊浮上了一道彩虹，出奇的壯觀、美麗，是從未見過的，我驚奇地歡呼起來，彩虹的出現令我心中生發某種希望，激發起一股求生意志，我發現……眼前的景象不就是那張藏書票的畫面嗎？

「難道我真的進入了那張藏書票裡面的世界？」我想起電腦裡面那個奇怪網址裡頭的一句話：「**只要找到與此相符的條件，就是開啟過去、未來的鑰匙，人生的答案盡在其中，你將煥然一新。**」看來我有奇遇了，可是到底是誰領我來此地？有何目的呢？

在沙灘上撿到一個圓形物，看起來好像指南針之類的東

西，握在手中沉甸甸地，說不定我得過好一陣子像《魯賓遜漂流記》書中的生活，有了這個古董指南針令我勇氣大增，至少在這個陌生的世界裡有一個東西可以指引我方向，或許它可以幫助我找到回家的路。

舊約的世界

我走入一片蒼翠的樹林，樹上的鳥兒好似在迎接我，吱吱喳喳唱著非常動聽的歌，我居然可以聽懂牠們的歌聲：「挪亞方舟逐漸飄遠，逐漸飄遠；洪水氾濫時，我們和挪亞一家因方舟得救，讚美上主！讚美上主；上主立彩虹為記，不再滅絕大地，世人哪！要聽！上主施行毀滅，心裡憂傷，因人心所想，盡皆是惡；挪亞在上主眼前是個義人，雖有挪亞建築方舟警告世人，他們仍是不聽！上主立彩虹為記，不再滅絕大地……」。喔！原來鳥兒們在訴說挪亞方舟的故事，我為自己居然可以聽得懂鳥語興奮不已，心情開朗起來，生發出一股冒險犯難的雄心：「想不到自己是跑到舊約聖經的古代世界來了！說不定回去之後可以寫一篇『阿輝冒險記』！」

走著走著，有另一群鳥從天外匆忙飛落在枝頭上，爭相走告一件事：「挪亞方舟後，世人終究違背上主恩惠，建造通天塔……，他們是為要宣揚人類智慧之名！快去看他們的結局。」樹林中的鳥兒紛紛振翅而飛，我好奇地緊隨著鳥兒們飛行的方向。

「唉呀！好高的一座塔！可能比現代摩天大樓還高！」我仰著頭直往上看，嘖嘖稱奇，那是個十分巨大的方形塔，四面有高大的石階，我心裡納悶著：「上古時代的人沒有現代科技，如

何能建造出這麼雄偉的建築？」

　　我看到有許許多多的人圍在塔的周圍好像在進行某種儀式，他們齊聲吶喊：「來吧！我們聯合建造一座城、一座塔，塔頂要通天，為要傳揚我們人類的威名，建立我們的國度，免得我們分散在地上！」

　　就在群眾吶喊方興未艾中，好好的天空瞬間開始飛沙走石，一陣陣閃電從天而降，我趕緊躲至一個洞裡面。轟隆轟隆的巨響和強烈的震動不停傳來，我緊閉著雙眼和耳朵，仍聽見群眾頑強抵抗的吶喊聲。之後人們的聲音雖逐漸停息，大地的顫動仍未停止，我整個人縮成一團，深怕一塊大石頭壓下來把我砸死。當大地好不容易恢復了平靜，我的眼睛睜開時，眼前哪裡還有什麼塔？原本高聳的塔一剎間被震為平地，整個大地出現了巨大的裂縫，我發現自己的腳居然正站在一個懸崖邊，嚇得趕緊跑向平坦之地，也看見原本合力建築通天塔的人們，一言不合地扭打起來，雖然也有人努力地在做溝通，可是就像雞同鴨講般對方就是聽不懂他在說些什麼，好像有一道無形的牆阻礙了人們之間心意的傳達，人與人之間不再溝通無礙，開始彼此疏離，漸漸分道揚鑣、各自遷移，不再互相往來。

　　眼前的這一幅景象也令我吃了一驚，這不就是我們家常上演的戲碼？爸媽從早期戀愛時的心心相印，至今彼此再也聽不懂對方的話；而阿詮常聽不進爸媽的話，爸媽也不願聽他的話；我和小莉算是比較聽大人的話，可是在家不是忙著跟別人講電話，就是上電腦網路與別人哈啦，無暇聽家人說話。語言是人與人之間溝通的主要工具，可是竟也造成人與人之間的隔閡，是語言本身的有限，還是人心靈的問題？

　　鳥兒們催促我離開，唱著：「人類不願聽上主的話，上主就

使人聽不懂彼此的話，變亂世人的言語，人們再也不能聯合違逆上主；人背逆的故事到此尚未終止，看哪！有一人將要被上主召喚，他因著信心被上主稱為義人，從他的選擇，要開展一個人類蒙拯救的故事……」

目送鳥兒們漸行飛遠的身影，我順著指南針的方向朝著北方行走。

從小周遭的長輩們都笑我膽小，聽媽媽說我四歲的時候，常常怕黑不敢一個人上廁所，都要媽媽陪在身邊。沒想到此刻我是一個人孤獨地走上這段冒險旅程，心裡面真是充滿了不安和恐懼，「到底是誰帶我來這裡？有何目的？」我對天吶喊著，生命中頭一次感到人的存在是如此的孤獨，你必須單獨面對某種非你不可的處境，而就在我感到天地如此浩瀚蒼茫的時刻時，惟一可以依恃作伴的，竟是一個古老的指南針，這指南針好像有一種靈性，在我迷路的時候，它總是知道如何把我拉回正路。

一對父子的考驗

當我又熱又渴的走近一座山腳邊，一大群鳥兒急速飛過來，在我頭上形成一小片烏雲，不知牠們是不是我先前遇到的鳥兒，令人感到親切，聽到牠們再度嘰嘰喳喳說：「有大事發生！有大事發生！一個愛和順服的考驗？就看這次！」

接著，由遠而近，有兩個人迎面走來，前面是一個老者，後面是背著一綑柴的年輕人，看來像一對父子，他們沈默地走過我身邊，鳥兒們又唱道：「人類到底會不會通過考驗，就看這次！就看這次！」到底將要發生什麼事情？我好奇地尾隨在那

對父子的身後想看個究竟。

走在前面的老者，似乎滿腹心事，步伐顯得有些沈重，最後還是跟在後頭的小伙子打破沈默，他輕聲問道：「父親，請看我們要獻祭用的火和柴都有了，可是要被獻為祭的羊羔在哪裡呢？」

作父親的回過頭對小伙子溫柔一笑：「我兒，神必會為我們預備羊羔！」那慈父的容顏令人難忘。

他們走到一個地方，作父親的停下來，示意他的兒子目的地到了，於是他們合力堆起一堆石頭，在最上面放置木柴，那父親注視著他們堆好的石壇，他轉身以傷痛的聲音對著兒子說道：「我兒，我們分別的時候到了，上主已指示我，要把你獻為祭給祂！」

那作兒子的聽到父親的話，先是一臉驚愕，不久他就柔順地跪下雙膝，交出他的雙手，示意讓他的父親捆綁，父親看見兒子的舉動，淚水簌簌地奔流下來，但還是噙著淚水，一圈圈地捆綁兒子。最後，他從腰帶間抽出刀來，似乎下了很大的決心，他閉起眼睛，用力往兒子身上刺去。

眼前這一幕是如此慘絕，看到那把刀即將刺下去時，我忍不住慘叫了一聲「啊！不要！」，忽然眼前白光一閃，那把刀飛了出去，落在一堆樹叢中，上空傳來一個急促有力的聲音，呼喚著：「亞伯拉罕，亞伯拉罕！」

那作父親的驚魂未定，他抬頭回答：「我在這裡！」

「你不可對這孩子下手，一點不可害他，現在我知道你是真正敬畏上主的了，因為你沒有留下兒子，就是你獨生的兒子，不獻給我！」那個聲音變得溫柔又慈藹。

「咩……」，曠野之地不知哪兒來的羊叫聲，循著聲音，我

看到不遠處竟然有隻羊兩角被扣在樹叢中掙扎地叫著。那父親雙手顫抖地鬆開兒子身上的繩索，緊緊擁抱著兒子，喜極而泣地說：「我兒，看哪！原來慈憐的上主已經為我們預備羊羔要代替你！」

這動人的一幕，震撼我心，鳥兒們又唱起來：「亞伯拉罕獻愛子，心如刀割！甘心獻上，何等順服！上主的慈憐，必有預備！亞伯拉罕相信上主，他就被算為義人，他的子孫必多如天上的星、海邊的沙！他們必得著仇敵的城門！亞伯拉罕信神，這就算為他的義……。」

我不太明白鳥兒所唱的和眼前這整個事件，好幾個問題困擾著我：「作父親的如何捨得殺自己的愛子獻為祭？而上帝既然愛人類，為何要用這種方式來試驗人對祂的順服和全然奉獻？什麼叫做亞伯拉罕信神就算為他的義？又與他的後代子孫有什麼關係？」我坐在一塊大石頭上發愣，那對父子什麼時候離開的我都不知道，直到鳥兒們再度催促我前行。

雅各之石

我再度行經一處枝葉濃密的樹林，如同綠色隧道，走至出口處，眼前的景色是平生所未見，有別於我所生長世界的農業景觀，這裡到處是白白的沙漠和穿著五顏六色趕著駱駝的人們，以及一棵棵看起來像棕櫚樹的植物，喔！瞧瞧我還發現了什麼？是在現代都市裡非常少見的「井」！趕路的人們和駱駝都喝井裡的水，在炎熱的太陽底下，我不客氣地學像當地人大口大口喝水的樣子，啊！真是清涼甘甜，暑氣全消！絕不輸給我一向愛喝的「可口可樂」飲料。

喝完水我用手拭去嘴邊的水滴，發現井邊刻著幾個字：「寬闊之水」。我想這口井一定有個特別典故，於是詢問趕駱駝的人，為什麼這口井要叫作寬闊之水，有一個鬍子稀疏的老伯，他呵呵笑著：「寬闊之井，就是提醒我們要過一個寬闊的人生，就像『喜笑之子』一樣。」這位阿伯說了等於沒說。

「那麼『喜笑之子』是誰？」我追問。此時有個瘦黑的男子走近我，遞給我一件衣服，他的眼睛篤定有神，他說：「喝了寬闊之水，再穿上這件新衣服，你就能明白一切事物的深意！」我低頭一看，才發現自己的衣服竟然又髒又舊，就不推辭穿上那件新衣服，那件衣服是乳白色的袍子，繡著金色的線條，穿起來很合身，就像專為我量身訂做的一樣，穿上之後感覺全身散發著一種青草的清新香味，非常舒服。

那個送我衣服的男子拍拍我的肩頭說：「往前走，找到雅各之石！」他催促我繼續向前行。當我走了幾步，忍不住好奇回

頭看時，已不見那人的蹤影，只剩下仍在飲水的駱駝商隊和烈陽下白色的沙漠，「為什麼這個神祕人要給我衣服穿呢？他到底有什麼用意？唉！這真是一趟莫明其妙的旅程！」我心裡不斷嘀咕著。

穿上那件新衣服後，感到精神為之一振，爬山涉水再不以為苦，並且視力清晰許多，一路上有令人訴說不盡的奇觀美景，使我讚嘆造物主偉大的鬼斧神工。「他看這是好的！」那句話再度浮現在心裡面，令我在驚奇中有一種說不出的喜樂，大自然如此的美麗，其後的造物主是何等高超奇妙，「他看一切都甚好！」不就是出於上帝這位偉大造物主的喜悅和良善？

我邊走邊想：「如果英英在此，一定不會再笑我是個呆頭鵝了！」心中覺得奇怪，為何自己從前老是只看到事物的表象，而看不見事物的內在，比如英英最愛月亮滿月時的樣子，常說它像一面光潔無瑕的神祕鏡子，但我老是糾正她說那不過是星球反射的光芒，諸如此類的不同觀點常令我們鬧得不愉快。

太陽快下山時，我找到一處大石頭堆疊而成的山洞，作為暫時的棲身之所，沈沈入睡。當我睡醒卻還睡眼惺忪時，聽到一陣奇怪的腳步聲，立即鼓起精神挨近洞口察看，有個走路一拐一拐的人，「咻！」地快步經過我面前，我機警追上去，那人也警覺到背後有人跟蹤，立即停下腳步擺好迎陣的架勢，身手看來十分矯健。不待我走近，他奮力搶進上來，兩手一捽將我捽倒在地，「唉呦！」我慘叫一聲，發現他竟然是一位老翁。

「喂！你是何許人也？竟然跟蹤我？」老翁劈口就問。

「我……我……不是壞人，我在尋找……尋找『雅各之石』……」我忍著痛說，老翁的嚴厲令我結結巴巴，我之所以跟蹤他，其實只是對他走路看來一拐一拐地，卻又健步如飛感到

好奇罷了。

「雅各之石？」老翁一副驚訝的樣子，他從上到下打量我：「小伙子，你從哪來？你要做什麼？」

我趕緊解釋：「我……我的世界跟你的世界不一樣，我也不知道怎麼會來這裡？有個人送我一件衣服並叫我來找『雅各之石』，莫非……」，這人的瘸腿給了我一些聯想。

「難道你是從吾珥來的米所波大米人？」老翁想起什麼似地說，「吾珥是一個很遙遠的地方，我聽我父親談起過那是一個很繁華的城市，我的祖父就是從那裡來的，我從來沒有看過米所波大米人長什麼樣子……，這麼說來，你算是我的老鄉囉！」

「我……我不是……」，看來這位老翁無法明白我是從另一個世界來的意思，我只好將錯就錯啦，就當自己是個什麼米所波大米人好了，我轉口說：「是的，我是從很遙遠的地方來的……。」

「既然這樣，那你可找對人了！」老翁好像真以為我是他的同鄉，一副越看我越順眼的樣子，「你不是在找『雅各之石』嗎？看！就在那裡。」

原以為我要找的是一塊大石頭，沒想到那是由許多石頭堆起來的柱子，在如此荒郊野外，看不出這個石柱有什麼特別，我失望地問道：「這裡到處都是石頭，這石柱有什麼不一樣？」

老翁收起笑容說：「對別人是沒有什麼特別，對我可是有重大的意義，這些石頭就是我堆起的，在這裡，是我頭一次向我祖父和父親的神祈禱，我堆起這個石柱就是為了紀念我人生中第一次與神相遇，所以我把這地方叫作『伯特利』。」

我恍然大悟，原來不是來找什麼石頭，那位眼睛發亮的神祕男子是指引我來尋訪雅各。雅各就是以撒之子，而以撒又是

亞伯拉罕的兒子。

「我想起來了！聖經記載你在這個地方曾經做了一個夢，夢見一個梯子，有天使從上面下來……。」

雅各轉為吃驚地說：「你……你怎麼知道？難道你是從米所波大米來的算命家？神要我祖父亞伯拉罕離開米所波大米，就是因為那裡的風俗敗壞，到處都是像你這種玩占卜的！」

「不！不！您別誤會，我可是善良人士……」，雅各一定無法理解我是怎麼透過聖經的故事而知道他的，我解釋說：「因為您鼎鼎大名，一路上都傳說著您的故事。」

「是這樣嗎？」雅各的臉部肌肉放鬆許多，「那你還聽到什麼故事？」

「這個嘛……，我還聽說您與上帝摔跤，本來可以得勝的，卻因為大腿窩被摸了一把就變成了瘸子……」

「嘿！連這個你也知道！」雅各的語氣更和緩了：「我從前不過是一個無名小子，在我舅父的手下辛勤工作，是神的祝福使我如今擁有不少的家業，地方上的人士都不敢小看我的勢力……」，雅各稍稍停頓了一下又說：「年輕時的我，認為是自己憑著聰明得到一切，如今經過一番事情的歷練後，才明白一切原來都是上主的賞賜和祝福。現在我回到這裡，就是再一次向祂獻上感恩，我想一切都是神對我祖父、父親所應許的恩典臨到我身上吧。」

亞作拉罕的選擇

「為什麼你們這個家族那樣特別，都有上帝的祝福？」我搔頭問，想到自己的家族，從外公到我這一代，也算是有信仰傳

承的家庭。

「這個嘛！」雅各也搔著頭說：「我祖父亞伯拉罕原來是『米所波大米』地方一個叫作『吾珥』城的人，有一天上主的話臨到他，要他離開家鄉吾珥、本族和父家，去到上主所指示的地方，也就是迦南地，祖父亞伯拉罕是憑著對神的信任走上一個未知且遙遠的旅程，對一個中年人來說那樣的選擇並不容易，等於是要他放棄所熟悉和原足以安身立命的產業……。」還沒說完，雅各話鋒一轉，露出笑容：「記得小時候，我最喜歡聽有關祖父亞伯拉罕來到迦南地的冒險故事，像他因為飢荒到埃及，我的祖母撒拉差點成為埃及王的妻子；以及他只率領三百多人就殺敗迦南地的四大強敵；還有他怎麼接待天使、為淫亂的所多瑪城祈求，使他的姪子羅得獲救等等……。哈哈！差　點這個世界就沒有我的存在呢！」

我聽得津津有味，拍腿應和：「喔！是啊！如果你祖母撒拉作了埃及王的妻子，那就不會生出你來了！」

「對了！非常奇妙地，祖父在旅程中雖然曾經走岔了路，可是上主的引導和保守使他最終能走回原路，使他對上主的認識越來越深，後來他每到一處都不忘築壇求告上主的同在和引導，讓他不至於再走錯路，對他而言，在危機四伏又人生地不熟的迦南地真需要神的同在，才能繼續往前走啊！」

「是啊！這個地方對我來說也很陌生，我根本不知道自己到底在哪裡！」我望著手中的古老指南針說。「那麼亞伯拉罕是一個有信心的人囉！」

雅各回答：「據我父親說，祖父曾做了一個錯誤的決定，那件事與我父親以撒的出生有關，我祖父母從年輕時代就不能生育，當上主的呼召臨到祖父亞伯拉罕，要他離開自己的家鄉和

本家，到未知的迦南地去，上主也主動應許他將有後代並且他的後代將會成為大族、大國，當時他覺得上主的應許非常不可思議，因為他們夫妻一直沒有兒女，但上主既然這樣吩咐，他心中就充滿了期待。上主為了保證『有後嗣』這件事，竟然與我祖父立約，並且又加上另一個應許：祂要將迦南地賜給亞伯拉罕的後裔；在上主的再三保證下，我祖父滿心期待未來的遠景，可是一年年過去，上主的應許遲遲未兌現，在等候應許實現的漫長日子裡，有一天，祖母撒拉實在等得不耐煩了，催促祖父要用人的辦法來解決問題，他們就按照當地人的習俗娶了祖母的侍女夏甲，生下以實瑪利，沒想到夏甲生育後的驕傲，威脅到撒拉作為主母的地位，引起家庭爭端。後來上主再次對祖父重申祂的應許：『不是夏甲，而是撒拉要給你生兒子！』，這件事太奇妙，因為撒拉和亞伯拉罕那時都將近百歲，已經沒有生育能力了，那時上主說：『在我豈有難成的事，從撒拉所生的才是我所應許要承繼亞伯拉罕產業的子嗣。』果真照上主所應許的，後來祖母撒拉竟然懷孕，一年後生下我父親以撒……，這件事你說奇妙不奇妙！嗯……至於我祖父亞伯拉罕算不算是個有信心的人……」，雅各想了一下說：「人不都有信心，但是有單純的信心是很重要的，信心也必須在現實的生活和艱難中受考驗，才能成長。」

我想起先前所看到的父親獻兒子的那一幕，問道：「亞伯拉罕好不容易在等待上帝的應許多年後，年老時才得到兒子以撒，並且以撒是被指定要繼承他所有家業的惟一兒子，亞伯拉罕怎麼肯順服上帝的命令獻以撒為祭呢？」

「咦？這是你從哪裡聽來的？」雅各質疑道。

「因為你們的家族實在太有名了，一路上都有傳聞哩。」我

是在踏上這個神祕世界的路途上，看到那幅真實的景象。

「我聽父親說過那件事是這樣子的，當亞伯拉罕遵從上主的吩咐離開家鄉吾珥，在迦南地的生活中，不斷經歷那位呼召他出來的神，越來越認識祂是一位什麼樣的神，特別是從上主審判惡貫滿盈的所多瑪城事件中，祖父認識到上主的公義本性，以及祂對生命的看重，祖父一定是了解到上主不喜歡人所做的一切邪惡的事情，何況是當時的『獻人祭』風俗，因此他相信上主的命令一定有其涵義，況且從我父親的出生，祖父已經認識到上主是一位『信實』的神，因此當上主的命令臨到的時候，他可以有信心的對我父親說：『我兒，神必自己預備燔祭的羔羊！』可是當他們父子倆一同上摩利亞山，直到最後那一刻，若上主沒有預備獻祭的羊羔，照一般人的想法，其實很難明白祖父最後是如何勝過自己內心的掙扎，而願意毫無保留地將自己所深愛的兒子作為燔祭獻給上主，如今只知道當他願意選擇順服的那一刻，上主的行動和預備立刻臨到，使他們父子倆都同時經歷到上主的信實和良善，不然的話，這世界就不會有我的存在，上主應許我祖父要有後嗣的這件事，就會全然落空。」

我腦海中又浮現那父親獻兒子的一幕，特別是那作兒子的，竟然主動伸出手來讓父親捆綁，對父親信任與順服的舉止中透露著對死亡的坦然，令人印象深刻。我繼續問：「以撒要被獻為祭的時候並不是一個手無縛雞之力的小孩子，為什麼他沒有抗拒？」

我的問題好像不太容易回答，雅各過了一會兒才說：「這個問題我也曾問過父親以撒，他從小便知道自己的出生是非常特別的，是出自上主的應許和事先預告，因此他從小就對上主有

一種信心，相信上主必有祂的原因和計畫，並且他知道父親亞伯拉罕非常愛他，若不是為著一個特別的理由，父親是不會傷害他的，所以當他面臨可能死亡的情況，他能坦然以對，是出於對上主和對他父親的信任；那也是他頭一次親身經歷到祖父亞伯拉罕口中所謂的『信實的神』。」

「真是無法理解！」我想到當以撒主動伸出手來讓亞伯拉罕捆綁時，那個舉動竟然是一個父子相愛的畫面。但是上帝為什麼要用這樣異於尋常的事，來試驗亞伯拉罕父子？

「咩！」有一隻山羊忽然從岩石上方跳出來，快速地從我們身邊逃逸，「對了！是那隻羊！」我大叫著追趕過去，可是不論我撲往東或撲往西，那隻羊總是機靈地逃出我的魔掌，雅各看我如此大驚小怪並且行動滑稽，以為我從來沒看過羊，哈哈大笑起來，等我氣喘吁吁地回到原地，他仍大笑不止，我只好強自鎮定：「那隻羊很重要呢！」

「哪隻羊？這裡到處都是羊哩！」雅各調侃著說，只差沒說我是「城巴佬」。

那隻羊的出現，給了我一個理解上帝為何要亞伯拉罕獻以撒的亮光：「重要的是上帝所預備要替代以撒的祭品」。上帝所預備的那隻羊代替了以撒被獻為祭，可說是使亞伯拉罕的信心置之死地而後生，那應該是亞伯拉罕一生學習對上帝信賴的高峰，也讓他再一次瞥見上帝偉大的良善和信實，光是這一點就和一般民間信仰的異教之神有著天淵之別。沒想到自己居然能有這麼偉大的想法，一時顫抖不已。

蒙恩的家族

為了讓雅各止住發笑，我只好再問個問題：「在我來的路上，看到有一口井寫著『寬闊之水』，請問那和『喜笑之子』有什麼關係？」

雅各強忍著笑說：「我父親一向話不多，為人安靜，看來好像沒什麼脾氣，其實有著一個超出常人的胸襟，他常常能挖到好的井，可是別人總喜歡佔便宜來搶他的井，他不愛與人爭競，每次都把好不容易挖到的井白白讓給別人，僕人們笑他是個傻瓜，他總不以為意，因為他看重的是上主的同在和祝福，勝過那些眼前的利益。後來他又挖到一口好井，別人不來搶了，他就將那口井取名作『利河伯』，意思就是『寬闊之水』，主要是紀念上主的同在和祝福。」

「原來如此！原來以撒可以『寬闊』，就是因為他看重上帝的同在勝過一切！」我恍然大悟。

雅各語氣轉為凝重：「我父親重視上主的同在和祝福這件事，過了多年，當我有了一些人生經歷，才能全然體會。我的個性與父親的平靜自得相反，以前只要想得到什麼，我就會用盡一切辦法努力去爭取，從未認識到自己有多少能耐，直到遇見一個真正的對手……。」

「哦？請問你的對手是你舅舅拉班嗎？」自從穿上那件新衣服之後，覺得自己變聰明了。

雅各臉色一變，沈默了半餉才說：「我舅舅的老謀深算固然不下於我，我也在他手下嚐到許多苦頭，在我一生不斷競爭的過程中，我所遭遇的最大對手應該是上主。特別是在我回家鄉旅途中的雅博渡口，我竟然與祂摔跤，當我使出全身蠻力想

要撐到最後一刻，決勝的關鍵來到，祂只在我的大腿窩輕輕摸了一下，我立即全身失去了重心，那一刻我才意識到自己的有限，而決意降服在上主的面前，向祂哭泣懇求祝福，使我能得著兄長以掃的接納，平安返回迦南地的父親家。唉！儘管我一生自以為聰明，生命成熟的道路卻是沒有捷徑的，我一生的經歷可以驗證這句話。當我在『伯特利』第一次遇見上主，那時對祂的認識何等膚淺，認為我只是需要一位能保佑我出入平安、賜我衣食豐富的神；而今當我再一次回到伯特利這裡，我的眼睛被磨亮了，認識到：像我祖父亞伯拉罕一樣，上主在我身上也有一個榮耀的呼召，而這個呼召是我不配得的，真的是從人的軟弱中，才能對照出上主的恩典啊！我也認識到我祖父、父親的神，祂的確是一位『信實』的神！」

雅各這段話深入我心，從小我就乖乖地跟著外公上教會，也號稱是基督徒，這時從雅各的話中才明白「信仰」不是遺傳來的，信仰是需要個人親身去經歷，面對面與上帝建立直接關係的。

「你知不知道你的子孫後來在應許之地真的成為一個大族和國家？」我記得聖經中有記載上帝對亞伯拉罕這個家庭的應許後來實現了。

「喔！是嗎？那真是一件令人興奮的事，從我祖父亞伯拉罕以來，上主一再應許和保證這件事，惟恐我們忘記。」雅各慎重地說：「可是我也記得一件事，那就是上主曾對我祖父說，他的後裔必寄居在別人的土地上四百年，又要服事那地的人，那地的人會苦待他們，上主之後要帶領他們，帶著許多財物從那地出來。」

「我知道那是你的兒子約瑟……」，話一出口，就有一陣風

吹向我。

「我的兒子約瑟？你怎麼知道他？他失蹤很久了哪！難道你知道他的下落？」雅各抓著我焦急追問。

不由自主的，我的身體節節退後，一陣強勁的大風使得雅各不得不鬆開他的手，我感覺身體逐漸往上騰，飛沙走石令我無法睜開眼睛，我用手遮著臉擋住風，在試著張開眼睛的瞬間，我看見雅各追逐的身影越來越小，「這是怎麼回事？」我又緊張又害怕，整個人天旋地轉，風在我耳邊呼嘯著。

就在我整個人失去重心，身體不由自主地旋轉，我看到一些連續的影像：有個人原本身穿囚衣卻被換上華美的衣服，有冠冕戴在他的頭上，眾人向他下拜，他被宣稱是王的宰相，要治理全地；接著我看見老雅各率領著眾子，來向那人下拜，那人牽著老雅各，並率領老雅各的眾多兒孫們進入一個富庶之地；接著，那人拿掉頭冠和老雅各的兒子們抱頭痛哭，哭聲震驚千里，我聽到他口中清楚地說：「現在你們不要因為把我賣到這裡自憂自恨，這是上主差我在你們以先來，為要存留餘種，在世上又要大施拯救，保全你們的生命……，不要害怕！我豈能代替上主呢？從前你們的意思是要害我，但上主的意思原是好的，要保存許多人的性命，成就今日的光景……。」那人忽然轉而面向我，我看見那是一張何等寧靜高貴的容顏！「約瑟！」有人叫著他的名字，他轉過頭去，向弟兄們信誓旦旦說上主必帶領他們由埃及回應許之地，並殷切交代當那天來臨時，切記要將他的骸骨從埃及帶上去。

當一連串影像從我眼前飛快閃過去，印象最深刻的仍是那張高貴的容顏，有個蒼勁有力的聲音在我耳邊響起：「孩子，上主能逆轉人的困苦遭遇成為祂的工作，人在其中受塑造，目的

是使上主將來的計畫成全，人所能作的，就是在困境中不失去盼望，依靠上主而得勝……。」

「誰？是誰在對我說話？」我又驚又怕，想著想著，那張臉越來越模糊，之後就不知道自己到底是身在何處了。

屈服於上帝的奧祕

　　「注視上帝」（也就是，默想 Kabōd〔上帝的榮耀〕）的效力是深邃且深遠的。譬如，在禱告的生活中，敬拜具有顯著的地位。為上帝確實同在的宏偉而心懷感恩，是從被 Kabōd 觸摸而誕生的；而這份心懷會促使人為自己所處地位自豪，心靈落入像以賽亞那無法言述的謙卑中，並且在扣人心弦的驚奇中，讚嘆上帝無與倫比的榮美。在這樣的相遇之後，基督徒會複述海紹爾（Abraham Joshua Heschel）在臨死時對朋友說的話：「山

曼寧
Brennan Manning

姆，我一生從來沒有要求上帝賜給我成功、智慧、能力、聲譽。我求祂讓我看見神的奇妙作為，而祂照我所求的賜給我。」當遇見上帝神聖的威嚴時，不管是在轉瞬之間，或是朦朧模糊之際，人不會願意開口說話，也不會願意分享，因為人類的語言根本無法傳達，這只能由非理性的直觀才能領會。智力屈服於奧祕。屬靈的閱讀、默想、對經文的深思熟慮臣服於沉默的敬畏。敬拜即是承認上帝莫測高深的宏偉，以及領悟到敬拜者的渺小。（曼寧著，《毫不留情的信任》，85～86頁）

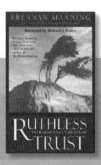

天地初開的奧祕

那陣突如其來的大風，將我捲入一個黑濛濛的漩渦裡，我恐懼地吶喊，被耳邊轟隆隆的響聲淹沒，最後也失去了知覺。不知時間過去多久，一陣清脆的鳥聲和蟲鳴喚醒我，我的眼皮慢慢張開，感覺周遭如此寧靜，藍天上有朵朵白雲，陽光照著我全身暖洋洋，真是舒服啊！我發現自己仍不是在自家的床上，還在一處不知名的地方。

「今天是星期幾了？」用力想了一下，想不出到底是星期幾，不知道自己到底睡了多久，是不是腦袋很久沒用，變得不太靈光了。

「那麼我是誰？」

「王信輝」，我仍記得自己的名字，證明自己還活著。

我發現幾隻大螞蟻在身上爬，是否我這回是來到螞蟻國，那我就是螞蟻國的「巨人格列佛」了。我觀察螞蟻的一舉一動，牠們從我的口袋爬進爬出，好像在搜索什麼寶物又失望而返，真是有趣極了，我仔細觀察螞蟻的頭和腳，牠們沒有像人一樣的眼睛，卻可以靈敏的感應事物，真是上帝所創造的傑作！

「真是抱歉！我身上一片餅乾也沒有！」我對著螞蟻說，一面摸著身上的口袋，卻震驚地發現指南針不見了，連忙四處尋找，卻沒有發現它的影兒。

「有可能是被捲進大風時掉落了！」，「沒有指南針我該怎麼辦呢？」一股悵然湧上心頭，這個世界於我何等陌生不可測，

而我的家在遙遠的天邊，我是一個極其孤單的客旅。

正當我一籌莫展的時候，一大群飛鳥嘎嘎飛來，在我頭上形成一小片烏雲，牠們吱吱喳喳吵鬧著，我暫時不寂寞了。費了一點功夫將牠們所唱的歌拼湊起來：「雅各的眾子就在埃及生養眾多，四百年過去，他們繁茂強盛，成了一個大族，使埃及人感到人多勢眾的威脅，於是埃及人開始嚴嚴轄制、苦待他們，強迫他們為法老做苦工，雅各子孫的哀聲達於上主耳中，祂就記念與亞伯拉罕、以撒、雅各所立的約，上主要興起一位祂的僕人，要帶領他們出埃及，看哪！……將要來！」

鳥兒們的最後一句話我沒聽清楚，牠們好像是說有某某人要來，到底是誰要來我也搞不清楚，反正這群鳥兒們一出現，翻譯牠們的鳥言鳥語就夠我忙的了。一方面，透過這些鳥兒捎來的信息，我詫異時光的飛逝，一覺醒來，竟然連約瑟的時代都過了，真是千年才如昨日一樣。

微風輕哨，除了鳥語外，還有樹林間的枝椏被風吹動的沙沙聲響，鳥群中不知為何引起一陣騷動，牠們拍拍翅膀很快飛向前方的一處叢林，消失無蹤。這時，叢林裡傳來「悉嗖嗖」的聲音，好像是某種動物的腳步聲，「難道是獅子、老虎來了？」我用盡吃奶力氣趕緊爬上樹，靜觀其變，叢林裡的聲音由遠而近越來越重，我想一定是一頭大象，樹叢間強烈地搖動，竟然是……有個蒙面人從樹叢中走了出來。

那人逐漸向我逼近，我全身的寒毛直豎，準備給敵人迎頭一擊。

那人直驅我所在的樹下，卸下連身的帽子，我發現竟是一位滿頭白髮的老人。他抬頭對著我說：「小子，不要怕，下來吧！我等你很久了！」

我發現他有著一對炯炯有神的眼睛，勾起我某種印象，好像在哪裡曾經看過，「對了，好像是那個送我衣服的人的眼睛！」我仔細端詳，無法判定是否是同一個人，那人在我腦海中的樣子已經模糊了，他似乎比較年輕，眼前這一位卻是一位老人。

「呵呵呵！」老人對我笑著，使我逐漸放下全身的戒備，從樹上溜下來。

「為什麼你等我很久了呢？」我不解地問。

近看之下，這位老者的臉上滿佈皺紋，收起笑容時有一種威嚴，「小子，時間不多了，我可是專門來指點你迷津的。」

「那麼敢問您是……？」我戰兢兢地問。

老者沒有直接回答我，轉身舉起手中的杖，用力擊打一旁的大石頭，石頭立即裂開，冒出一股泉水來，「哇！」我歡呼眼前的奇觀，而這個舉動告訴我，站在我眼前的這人，可能就是舊約聖經中偉大的摩西先生。

「來，渴了吧？嚐一嚐我們這裡的甘泉！」老摩西以手杖輕敲著地說。

我貪心地掬起一大捧泉水，咕嚕咕嚕喝個夠，沁涼的感覺令人精神大振，眼睛也明亮起來。心中盤算著：「哇！如果他真是摩西，豈不是千古難逢的機會，我可以當面問他那些惱人的聖經問題！」

智者摩西

我一股腦告訴摩西來到這個奇幻世界的所見所聞，如何從巴別塔到遇見雅各等等。摩西一副胸有成竹地點點頭：「我知

道，你所看見的只是浩瀚宇宙中，一個人類歷史的小縮影。」

「那麼您一定知道是誰領我來這裡？」

「這個嘛……」摩西露出神祕的表情：「若不是那啟示人的，就沒有人可以到這裡來！」

摩西的話令我似懂非懂，我問：「那我到這裡來要做什麼？」

摩西面帶微笑，吐出那一句神祕又令人印象深刻的話：「**祂看這是好的！**」

「對了！就是這句話把我弄來這裡的！」我滿腹牢騷地說。

「小子，我知道你很想回家！但這趟旅程可是千載難逢的機會，創造世界的上主對人類和萬物有一個美好的計畫，你能來此一遊，絕不是偶然的，難道你不想知道你究竟為何而生、為何而活？難道你只要像一隻小螞蟻般庸庸碌碌地活著？」

摩西的話激起我之前的種種困惑，使我生發出一股鬥志，決定要窮究事情的真相。

「如果您真是摩西，敢問您是怎麼寫下創世記的？您怎麼確定這個世界真的是上帝創造的？」

摩西知道他的激將法成功了，對著我的發問呵呵笑著，拉著我選了一個陰涼的樹蔭坐下，好似準備要把創世以來的奧祕為我講解明白。

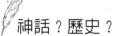 神話？歷史？

「在許多民族的文化裡，流傳著許多不同的神話，你的民族也有自己的神話吧？」摩西問。

「嗯，是有不少關於上古的神話呢！像『夸父追日』、『精衛

填海』、『女媧補天』等，都是我的民族的神話。」

「我們知道『神話』之所以是神話，因為它們大都是一種經過人們幻想出來的文學或藝術加工品，表達了人類祖先企圖征服自然界的一種願望和生活經驗。」

「難道『創世記』不也是你們希伯來人的神話嗎？」我瞪大眼睛不客氣問。

「你所言差矣！我們希伯來人是非常注重具體生活經驗的民族，在我所寫的創世記裡面，你有沒有想過？從人類始祖亞當開始就不斷在流傳人類源流的家譜，我們希伯來人承接當中的一個支流，成為我們民族的『歷史記錄』，它可是有別於其他民族的神話。就好比說你知道女媧補天只是『神話』，那是因為你知道它根本不是歷史記錄。」

我注意到老摩西說話的樣子，好像一位通達事理的學者，差點忘了他曾在埃及的王宮中長大，飽讀了當時埃及一切發達的學問。

摩西繼續說：「在我以前的時代，近東地區也有類似諸神鬥爭，以致產生『天地初開』的傳說，但若是諸神鬥爭而帶來的創造，世界的形成是不穩定的，世界的秩序及意義隨時有被取代及破壞的可能。我在創世記第一章開宗明義地指出『起初上主創造天地』，如果世界不是由獨一真神所造、所管理，祂也沒有賦予世界有一種共同的法則、真理可以依循，你想這個世界會成為什麼樣子？」

「可是……，在我的世界中，有許多人並不相信有『獨一真神』和『絕對』的觀念，他們認為在這世界上，一切都是『相對』和『多元』的，他們強調要彼此尊重。」我想到自己所處的世界所流行的現代思想觀念，有時候真的很難與同學辯論信

仰的觀念。

摩西說：「小子，那你們時代的人，是憑什麼相信一切是『相對』的觀念？」

我搔搔頭：「我也搞不懂，總之他們就是提出一大堆理論，我看只有那些所謂的哲學家才懂吧！」

摩西接著說：「我們希伯來人相信上主既然按照祂的『形象』創造了人類，上主給人有思考的能力，就是透過思想的過程來探索絕對的真理，我想這就是人類與其他的動物最不一樣的地方……。」

「嗯，就是嘛！我們現代人也常說人類是萬物之靈！」我忍不住插嘴。

「你們能說出這樣的話很有智慧。」摩西接續剛剛被我打斷的話：「你想想看，如果我們的思考力不是要去探索絕對的真理，如果任何事情都是相對的話，那我們的思考不就沒有意義嗎？人類就不需要為『相對』的事情爭得面紅耳赤，你說是吧！」

「對啊！對啊！我常常和同學，甚至和弟弟、妹妹為許多事情爭得面紅耳赤，真是好笑！」

摩西又說：「你們那些聰明人斬釘截鐵地拒絕『絕對』真理的存在，下結論強調一切都是相對的，請問這結論本身是不是就變成一種『絕對』？這豈不就是自相矛盾？」

我真是對摩西的智慧佩服得五體投地，聚精會神地聽他說話。

「不用說在你的時代會流行這樣的思想，在我的時代，每個民族也有他們自己的神，以埃及人來說，他們以自己的神為傲，而我們希伯來人相信真神只有一位，並不是單純出於一種

思想的哲理，而是親身的經驗，當上主——耶和華神——以大能的手領我們出埃及的時候，讓我們見識到祂凌駕世界一切的權柄之上，並掌管整個宇宙。」摩西的語調宏亮有力，「當我們親眼目睹耶和華神怎樣救贖我們出埃及，再思想到祂的創造，就會發現上主對人類有獨特的關注，人類的被造，其中有上主的美好計畫和目的。」

「是呀！我也一直認為人類的存在一定有意義的。」記得中學時代上生物課時，老師說生命的起源是由無生物形成有生物，有生物再經由碰撞形成不同的生物；我曾挺身問老師：「既然由碰撞形成生物的機會是均等的，人類怎麼會成為萬物之靈？天和地是如何分開？為什麼太陽和地球不會撞在一起而各有其軌道？」老師被我問得支支吾吾。在我當時年幼單純的思想中，雖然相信這世界是由一位神所造，卻從未思考過這位創造的神到底與我有何關係、我的被造與出生有何目的。

這時心中又浮現一個想法：「我記得聖經的創世記，開宗明義說這個世界是上帝用『說話』所創造，比如『上帝說：要有光，就有了光』，如果真是這樣，上帝僅僅透過祂『話語的能力』就創造了這世界，那不就象徵了祂無可比擬、絕對的大能和創造的主權？」

摩西點點頭：「好小子！會舉一反三了！哈哈，不要得意！要知道如果不是上主的自我啟示，以我們人類有限的智慧，如何能知道關於神的事？上主向我的祖先啟示祂自己，又保守祂的話語經過代代相傳而沒有失誤，使我能記錄許多上主創造的事跡，我不過是忠實地傳遞上主的話，使後人可以認識祂。」老摩西立即謙恭地跪在地上敬拜，我也趕緊跪下。

愛與憂傷

抬頭看看四周圍的大地，我發現有一處玫瑰花叢，紅黃藍靛紫不同的顏色，形成一個瑰麗的花園，招引來許多漂亮的蜂蝶，我驚訝於這個奇幻世界的美麗，對比地聯想到我所生存的現代世界，原本也是好山好水，然而人類的貪婪破壞了大自然的生態，人與人之間也因為各樣的原因失去了和諧。

「我有一個重要的問題！上帝的創造既然是好的，人類為何會墮落？如果當初上帝沒有創造那棵分別善惡的樹，亞當和夏娃不就沒有偷吃禁果的問題？」

老摩西一臉肅穆說：「亞當和夏娃的墮落，並不是『吃』的問題，更不是那棵善惡樹惹的禍，人類始祖之所以被蛇引誘，那是因為人心裡面的慾望，人渴望像神一樣。亞當和夏娃是上主最精緻的創造，你想一想，亞當為各樣的生物命名，他是一個有著卓越智慧的人，但是他並不滿足自己的本分，為了想要像神一樣，選擇了違背上主的命令，接下來我們就看見人類原本美好的生命光景一路滑落，亞當的兒子該隱，因為嫉妒而殺了親兄弟亞伯，接續下去的人類歷史，我們看見人類自以為是的價值判斷，為世界帶來災難……。」

「你意思是說人類犯罪，是因為不再『以上帝為中心』而『以自己為中心』所造成？為什麼人以自己為中心就是『罪』呢？」我問。

「人身為被造者，有其受造的目的和本分，如果逾越了這目的和本分必然造成錯亂，況且人自以為中心，也就是說人人心中都自有一把尺，人人用不同的尺來衡量事物，公說公有理、婆說婆有理，無法回歸真理的中心，這必然造成混亂。這就好

比說一個家庭裡，兒女如果不聽從父母的話，事事要以自己的意見為意見，那不就造成家庭失和嗎？」

「可是父母的話也不一定都正確呀！」想到自己的家庭問題，爸媽之間和我們孩子間，不也是常以自我為中心，自己有自己的意見？因此一家人總是吵鬧不休。

「是的，人世間沒有一個完美的人，這世界有好人也有壞人，我們總是習慣從外表，也就是從一種相對的角度去判斷別人，所以我們的看法總是有限和不完全的，我們需要從一個絕對的標準來看人內在的動機，才能認識別人和自我，這個絕對標準就是來自於上主。」

摩西話還沒說完，我的注意力馬上轉到另一個問題：「上帝為什麼要給人類自由意志？不然人類就會乖乖聽上帝的話。」

「傻小子！『自由意志』並不是不好的，它是上主賜給人類的一個寶貴禮物，上主創造美麗的世界是為了與人類分享，祂也賦予人管理這世界的責任，一個傀儡無法體會上主的心意，上主賜給人類自由意志，正確來說應該是人必須運用自由意志去選擇順服上主與否；就如同你會真心愛一個人，絕對不是被逼迫的，而是出於你自己的意願和選擇；況且那棵分別善惡的樹，對亞當、夏娃而言，可以說是一個試金石，上主早知道結果會是怎樣，因此祂也因著人類錯用祂所賜的自由意志而憂傷哩！」

「是啊！如果上帝是全知的，祂老早就知道人會犯罪，所以祂也早就預備了拯救的辦法。」剎那間，我想到新約聖經中記載耶穌基督的誕生，原來是上帝早就預備的。

「你啊！孺子可教也！唉！耶和華神看見人類在地上罪惡極大，終日所思想的盡都是惡，祂就後悔造人在地上，心中憂

傷。」

摩西說完話，我們兩個都沈默，似乎都同感於上帝的憂傷，這時樹林間傳來悅耳的鳥叫聲，劃破沈默的空氣，牠們提醒著：「上主永不失敗，讓我們為祂的權能和不止息的恩典歡呼吧！」

永不後悔的恩典

「是的，上主永不失敗！亞當的兒子該隱自以為是的價值判斷，使他殺了親兄弟亞伯，之後上主另外給亞當興起敬虔的後代，上主拯救人類的工作，從祂創造人類時就已經展開了，祂一直在尋找那些願意愛祂、順服祂的人。」摩西的眼睛再度明亮起來，「所以當上主因為人類的罪惡，不得不用洪水毀滅一切生物時，祂仍然因著愛的緣故，找到義人挪亞，藉著挪亞建造方舟來喚醒世人，使人有機會悔改以存留生命。」

我想起那一張使我進入這神祕世界的藏書票，上面的圖案如此聽來應該就是「挪亞方舟」的故事，因此這段故事我特別注意聽。

「上主雖然因為人類的罪惡而憤怒，但祂仍然在等候，總希望人類能夠回轉，挪亞所造的方舟可以說是審判和救恩的記號，那時的人都覺得挪亞瘋了，因為從來沒有經歷過大洪水，他們根本不相信上帝藉著挪亞建造方舟所傳的義道，因此最後被洪水所淹滅是罪有應得的。」

「上帝在降洪水過後，為什麼又立彩虹為記號呢？是不是祂對用洪水毀滅人類感到後悔？」

「你有沒有發現，上主很喜歡與人立約，祂以彩虹與挪亞

立約，代表祂對自己所造的充滿了感情，立約是祂對自己的約束，也是祂對人類恩典的表達，否則我們在祂的震怒之下如何存活？我相信大毀滅對上主而言是十分痛苦、不得已的……。」

我想到初來此地時所遇見的巴別塔事件，又追問：「如果人類的墮落是自以為義，大洪水過後，健忘歷史教訓的人類還是想要自己作王，所以才有巴別塔的事件……」，我的思想又轉到亞伯拉罕的故事：「哦！我明白了，因為人類的驕傲和自以為義，所以上帝要另起爐灶，選擇了亞伯拉罕和他的後代！」我對自己的腦袋如此靈光，感到興奮。

摩西卻瞪著我說：「嗯，巴別塔事件和亞伯拉罕的出現，應該是個對比，可是你只知其一不知其二，亞伯拉罕經過多少調教，才能成為一個對上主有信心的人，唉！」，摩西嘆了一口氣又道：「人類如果沒有真正認識上主，何來的信心？亞伯拉罕在芸芸眾生中，之所以出現在人類蒙拯救的歷史舞臺上，全然不是因為他有信心，而是上主先揀選了他，並且教導他。」

「我想亞伯拉罕一定也是像我這樣的『孺子可教』也，上帝才會在他身上花那麼多的工夫吧！」

看到我如此真誠的臉，老摩西會心一笑：「我們的信心雖然不是天成的，但至少可以有一顆願意謙卑順服的心，亞伯拉罕在等候應許之子的漫長歲月裡，上帝一步步的教導、熬煉他，以至於成熟，在摩利亞山上奉獻以撒是他一生信心的高峰。」

「啊！我明白了，從某個方面來說，亞伯拉罕學習信心的功課，也是不能失敗的，因為他是人類學習『信心之路』的一個典範，上帝在萬族萬民中一直在尋找這樣的人。雖然我不是以色列人，可是因為與亞伯拉罕一樣願意回應上帝的恩典，所以從信心的學習方面來說，我也是在效法亞伯拉罕的信心，我可

算是他的信心後裔吧？」

心中的一股暖流油然生起，為著上帝的智慧與恩典，感到雀躍，也為著自己的微小不配，對上帝的恩典感到敬畏。從亞伯拉罕到以撒、雅各、約瑟、摩西及其子孫，上帝何等生動地參與在他們的人生中，上帝雖然沒有應許他們天色常藍，卻是一路與他們同在並教導他們，從某個角度而言他們不能失敗，因為在上帝的計畫裡，是要透過他們將救恩傳到萬族萬民！

我感到自己的信心從未如此地高昂過，但是一方面卻想到：「現在的自己是否仍在一個未睡醒的夢境裡？如果夢醒後，我如此的信心足不足以應付現實的困境？」一想到自己的失戀和媽媽的離家出走，「哇！」覺得悲從中來，我大哭了起來。

摩西看到我大哭的舉動，他嚇了一跳：「小子，你怎麼啦？男子漢怎麼說哭就哭？」

「我……我……」哽咽地說不出話來。

摩西拍拍我的肩膀說：「什麼樣的大風大浪我沒看過？我可是親眼看到上主使海水在我眼前分開喔！」

「可是你的經驗並不代表我同樣可以去經歷啊！」我含著眼淚質疑說。

「傻小子，你忘了！從亞伯拉罕到如今，或者說從有人類開始，我們所經歷的是同一位神啊！既然是同一位神，祂從前怎麼作事，現在也怎麼作事呀！」

「是這樣嗎？」我擦著眼淚仍懷疑著，「難道上帝可以幫助我解決失戀和家裡的問題？」

老摩西拍著胸脯說：「沒問題啦！難道你不記得上主也幫助過以撒找到一個合適的妻子？至於家庭問題嘛……，『創世記』的故事裡有很多例子哩！比如以撒、雅各的家庭等等，人的墮

落造成這個不完美的世界，也形成許多不完美的家庭，可是儘管人生有許多苦痛和缺憾，因為上主的同在，使我們可以勝過這個世界的苦難和罪惡，使我們可以用忍耐來期待美好的未來。約瑟就是一個很好的例證，因為上主的眷顧和同在，使他能寬恕弟兄們的惡行。」

「上帝真的也能幫助我嗎？」摩西的一番話重新點燃我的信心火苗。

「是的，我確信。」他堅定地點點頭。

焚而不毀的荊棘

面對眼前這位諄諄教誨的老者，竟是心儀已久的偉大摩西，我興奮地忘記自己想要回家，當意識到自己的肚子開始咕嚕叫的時候，發現火紅的太陽已經下山了。

「你肚子餓了吧？」

我不好意思地點點頭，因為肚子叫得太大聲覺得有一點失禮。

老摩西慈祥地笑著，高舉兩手拍了兩下，四周響起一種非常典雅的樂音，由遠而近，一位老者帶著一個小孩迎著我走來，老者的衣著先吸引我，那是一件非常精緻的衣服，可以用「端莊宏偉」四個字來形容那衣服，近看下那件衣服遍佈藍色、紫色、紅色的繡線，非常華麗高貴，現代的裁縫師應該製作不出那樣的衣服吧。我不禁驚叫出來：「敢問您就是大祭司亞倫先生？」

「啊！我就是。」亞倫似乎很驚訝我一下子就認出他。

他禮貌地向我這個毛頭小子作了一個揖，真令人承擔不起，「為什麼這些人越是偉大就越謙卑？」

跟在亞倫旁邊的小孩，遞給我一個籃子，亞倫先生說：「請享用曠野美味！」

籃子裡面的東西看起來像白白的小饅頭，我餓極了便毫不客氣地拿著吃，「哇！真是人間美味！」小饅頭充滿了蜂蜜和牛奶的滋味，心中稀奇這麼好吃的東西是誰做的。

大家看我吃得津津有味，忍不住笑呵呵，老亞倫說：「你真

是幸運的人，你可知你吃的是什麼？」

在一旁的小孩，唸了一個腦筋急轉彎的題目要我猜：「不種也不收，多收的也沒有餘，少收的也沒有缺，樣子像芫荽子，顏色是白的，滋味如同摻蜜的薄餅？」

這時就是在考驗我平常讀聖經的功力了，腦袋轉了幾個彎：「難道是……『嗎哪』？」

「賓果！答對了！」小孩在我周圍跑來跑去，興高采烈地不斷出謎語要我猜。亞倫和摩西交談著，不知過了多久，老摩西枕著石頭睡著了。

「英雄也會垂垂老矣！」亞倫看著摩西，然後對我嘆口氣說，似乎也同感於自己的年歲。

我填飽了肚子，好問的精神也恢復過來：「亞倫先生，恕我冒昧問，你是摩西的哥哥，上帝卻要你成為弟弟的助手，會不會很不是滋味？」

「這個問題嘛……」，他沈思了一下，「孩子，你問得可真直接啊！坦白說我曾經是有過那樣的心情，特別有一次我與姊姊米利暗，聯合起來挑戰上主賦予摩西的權柄，那一次我真正學到教訓。」他意味深長地又說：「當我活到了一大把年紀，才能明白上主的旨意，像我這樣一個微小的人，上主竟然揀選我作大祭司，在祂的聖所裡事奉，並且我的姊姊也成為女先知，可以這樣說，不僅是摩西，上主揀選我們整個家族來事奉祂。」

「那為什麼摩西成為你們的頭頭呢？」

亞倫先生似乎陷入回憶中：「說來話長，上主不會隨隨便便找個人來做事情，何況要率領以色列人出埃及是個何等艱鉅的任務，摩西是特別的，從他出生開始，上主已經在預備他承擔將來偉大的任務。」

「嗯，那是一個特別的時代，自然會有特別的人物出現囉！」

聽到我太快下斷語，亞倫先生拍著我的肩膀：「年輕人，不要急，要耐心聽老人家說話，你以為一個特別的時代是自然產生的嗎？絕對不是！『出埃及』這件事，在我們的時代是一件不得了的大事，那可是創造世界的神親自介入人類的歷史而發生的。」

「願聞其詳」，為了讓自己耐心聽老人說話，我選擇了一塊舒坦的地方坐了下來。

亞倫娓娓道來：「我的族人之所以能逃出埃及，是上主實現對我們祖先亞伯拉罕的應許，透過約瑟在埃及的遭遇和預備，使雅各一家在面臨迦南地大飢荒的時候，可以遷到富庶的埃及，不僅保留整個家族的性命，也生養眾多繁衍成大族，但畢竟埃及不是我們永遠的家鄉，當不認識約瑟的新王朝興起，我的同胞就在埃及王手下受苦，埃及法老為了抑制我們希伯來人口的快速增長，命令收生婆殺害我們所有的男嬰，還好收生婆敬畏上主過於法老，沒有聽從法老的命令，摩西便是在這個背景下出生的。」

摩西的使命

從小我熟悉聖經中有關摩西的故事，只是不明白以色列人在埃及，生活在水深火熱中，上帝為什麼要等到摩西八十歲時，才呼召他出來領導以色列人出埃及。

亞倫叫童子遞給他一些水，喝完後繼續說：「上主預備一個合適承擔大使命的人，是最煞費苦心的，為了躲避法老的毒

手，摩西出生時，上主使他恰好被法老的女兒收養，摩西便在埃及王宮中長大，正是所謂『最危險的也是最安全的地方』，在埃及王宮四十年，摩西學習了一切學問。他的個性有一個優點，從不趨炎附勢，雖然在埃及王宮長大，他還是選擇認同自己的同胞，可是就因為這樣，法老王感到芒刺在背，想要除去他，因此摩西逃到米甸的曠野裡去住了四十年。」

「摩西在曠野四十年能做些什麼呢？」

亞倫反問我：「如果一個人本來生活在一個很舒服的地方，現在必須生活在一個單調、困苦的地方，你想會怎樣？」

「那就要跟大自然搏鬥，鍛鍊自己擁有鋼鐵般的意志！」我脫口而出並從地上跳起來，因為堅硬的土地使我坐得屁股發痛，我真想念家裡舒服的沙發。

看到我滑稽的舉動，老亞倫笑了：「沒錯，孩子！四十年曠野生活的訓練，上主是要嚴格訓練摩西的個性和意志力、耐力，使他可以承擔艱難的任務。不像我……，唉！」

老人家突然間嘆息，我猜想他是回顧自己的過往而有感而發吧，我知道金牛犢的事件差點斷送他的事奉生命。

亞倫以低沈的語調說：「嗯，有一件重要的事，可以看出摩西的人格，我們在西乃山下曾經做了一件錯事，記得那次摩西下山，看到百姓製造和敬拜金牛犢，用金牛犢來代表帶領我們出埃及的上主——耶和華神，摩西怒不可抑地摔碎我們與上主立約的兩塊法版，放火燒了金牛犢，他為百姓的行為感到十分痛心，卻仍然為百姓的過犯向上主祈求，摩西對上主祈求說：『這些百姓在敬拜上犯了大罪，倘若祢肯赦免他們的罪……如果不肯，求祢從拯救的名冊上塗抹我的名字吧！』從他的禱告中我才明白，他在神和人中間扮演著一個非常重要的角色，他是

一位無私無我的領袖。」

這時傳來一陣雄偉歌聲：「耶和華啊，眾神之中誰能像祢，誰能像祢，獨行奇事，可敬可畏……」，原來是摩西在高歌，他已經從小盹中醒來，亞倫也立刻加入合唱，寂靜的四周多了一種歡騰氣氛。

亞倫似乎被摩西的歌聲激勵不少，語氣激昂：「我說出埃及事件是上主主動介入人類的歷史中，上主揀選了原本不能生育的亞伯拉罕，使他不僅有後代，又使他的後代在埃及成為一個大族，當以色列人被埃及人苦待，上主知道是帶領以色列人離開埃及的時候了，摩西也已經被訓練好要成為一個大使命的領導者。」

摩西帶我走向一個空曠的野地，他指著一處巨大的荊棘叢，他注視了許久，我實在無法理解，聖經中所記載的乾燥的荊棘被焚燒怎能不毀壞，我想那燃燒的荊棘是摩西生命中一個鮮明的記號吧。

摩西說：「當我觀看焚而不毀的荊棘時，沒想到上主親自對我說話，使我的人生有一個全然的轉變。我清楚記得那次的經歷，上主在火焰中的聲音是那樣聖潔不可侵犯，卻又充滿了慈愛，我聽見祂說：『我的百姓在埃及所受的痛苦，我已經看見、聽見了，我下來是要救他們脫離埃及人的手，領他們出到那美好寬闊的流奶與蜜之地，故此我要打發你去見法老，使你可以將我的百姓以色列人從埃及領出來。』」

亞倫興奮地附和：「對了，就是那次上主親自向摩西介紹自己，我們才知道祂就是從我們祖先亞伯拉罕以來，一直向我們顯現的神，祂自稱是『我是我所是』，意思是說祂就是一切，祂不是被創造的，而是自有又永遠存在的。」

「好深奧喔！」我皺著眉頭。

看我愣頭愣腦的，摩西補充說明：「上主為了讓我們人類可以認識、辨識祂，啟示我們祂的名字是『耶和華』，這是祂與人立約的名字，表明祂是一位守約施慈愛的神，我們可以憑著祂具體的作為來信靠祂。本來我認為自己不足以承擔祂的託付，但上主一再向我宣示『祂是耶和華』，祂是守約的神，祂已聽見百姓在埃及的苦情，祂絕不背棄與我們祖宗所立的約，要用大能的手拯救亞伯拉罕的後代離開埃及，所以上主差遣我帶領祂的百姓出埃及，祂保證必與我同在。」

奇妙的一夜

想到當年摩西和亞倫去與埃及王法老談判的時候，他們算是上帝的特使。但是我的問題來了：「那麼上帝用十個災禍來懲罰埃及人，這樣的手段是不是有一點殘酷？」

摩西耐心回答：「是這樣的，在我和亞倫去見法老之前，我相信上主早已知道法老的心會剛硬，法老絕不會輕易釋放以色列人出去，以上主的大能，只要一次的懲罰就能讓法老乖乖就範，而祂卻寧可忍耐地用十次災禍來與法老王談判，你認為是什麼原因？」

「嗯，難道是上帝用十次的警告和提醒，希望法老回心轉意接受上帝的旨意。」我思索著回答。

「是的，在一次又一次的災禍裡，法老卻一再拒絕聽從上主的話，一直硬著心，所以上主只好『任憑』他剛硬了。而法老的反應，上主一開始就告訴我們了，雖然如此，祂還是給法老王那麼多次的回應機會。」亞倫先生斬釘截鐵地見證說。

談話至此，令我對人性的頑固和愚昧感到可恥，我想在最後一次埃及人所面對長子死亡的災禍裡，整個埃及一定是哀鴻遍野，法老王在無奈之餘，才讓以色列人離開，人類真是不見棺材不掉淚。

　　亞倫激動地說：「對埃及人來說，那致命的最後一夜，卻也是我們以色列人蒙拯救和釋放的一夜，那天晚上，我們照著耶和華神所吩咐的，將沒有殘廢或疾病的一歲公綿羊或山羊的血，塗在門框上，以逃避神使者的攻擊，那一夜，我們感到有一種奇妙的平安充滿在家中；很快地，埃及人就催促我們離開，我不能忘記當時除了婦人、孩子外，我們男丁共有六十萬人，浩浩蕩蕩的像一支軍隊從埃及出來，雖然十分匆忙，但每個人都激動地留著淚，互相說：『自由了！自由了！』。」

　　我一時也感染了亞倫的情緒，恨不得自己也能出生在那個偉大的時代。

　　可能是為了讓我更明白逾越節的意義，摩西按捺住內心的奔騰，沈穩地說：「上主把逾越節訂為一年之首，是要我們不忘記祂以大能的手，帶領以色列人出埃及，也象徵著祂在人類歷史中救贖工作的開始，不僅對我們民族，對全世界的人也是意義重大的。」

　　望著這兩位老人家，當時的情景似乎歷歷在目，對我這個現代人而言，如何去理解當時上帝所行的一切神蹟？「逾越節」對我這個非以色列民族的人有何意義？

　　在沈默一段時間後，跟在亞倫身旁的小孩不知從何處牽來一隻小羊，看著可愛的小羊，我心裡響起一句話：「看哪，上帝的羔羊，那背負世人罪孽的。」

　　我想起那是約翰福音裡的一句話，我心中豁然開朗，亞伯

拉罕獻上以撒時，上帝所預備的那隻替代的羔羊，和以色列人出埃及逾越節羔羊的血，不都老早就預先表明耶穌基督在十架上為我們所流的血嗎？因為耶穌的代替和贖罪，使我得到平安，使我這原本不義的，在上帝面前被稱為義人，也讓我得著能力不再追隨這個世界裡的敗壞風俗和行為。

　　「原來我自己成為基督徒，所經歷的就是『出埃及』的神蹟！」我興奮地喊叫著，我的叫聲劃破寧靜的曠野。

 曠野旅程

在寂靜的曠野裡，我聽到一種類似海濤拍岸的聲音，覺得相當奇怪，心中又害怕起來，處在這個不熟悉的地方，真是令人缺乏安全感。

老摩西似乎發現我的焦慮，對我招手：「小子，你有沒有聽到什麼聲音？」

「好像是海浪的聲音。」

「這就對了！是時候了，你想不想到處走走？」

聽到有好玩的事，我立刻生龍活虎起來，連忙應聲：「好啊，去哪玩？」

看到我滿臉期待的樣子，老人家覺得十分有趣，不忘叮嚀說：「待會你可要多聽、多想、少說。」

「那有什麼問題呢？」我心裡暗自嘀咕著，巴不得老人家快快動身。

摩西一隻手緊拉著我，另一隻手舉起手杖，怪怪！隨即有一股力量使我們的身體騰空起來，我的身體往上升高，哇！我居然飛了起來！地面上的景物越縮越小，眼中的視野越來越遼闊，我又驚又怕地飛翔在熙來攘往的雲朵之上，一片汪洋大海就呈現在我們眼前。

忽然，雲層間颳起了一陣巨風，若不是摩西那強勁的手，我大概會跌個粉身碎骨。低頭看，底下那一片汪洋大海，在那一陣巨風掃蕩過後，海的中央居然出現一長條的乾地，當中有著萬頭躦動的牛、羊及人群奔馳的隊伍，原來我眼前所重現的

是當年以色列人出埃及的奇景。

「哇！快逃！後面有大隊追兵來了！」我注視著奔逃的隊伍，心中驚呼，很快地，最後一群奔跑的人與畜的腳才踏上岸邊，海水立刻收起它的兩翼，迅速淹沒中間的乾地，也淹沒蜂擁而上的大隊追兵。

目睹一連串驚險畫面，我還沒回過神來，耳邊馬上響起一陣萬人大合唱，雄壯直通雲霄：「我要向耶和華歌唱，因為祂大大戰勝，將馬和騎馬的投在海中；耶和華上主是我的力量，我的詩歌，也成了我的拯救！」

在雄偉的歌聲中，我看見那一大隊的人群、畜生，隨著雲朵形成的雲柱起行，那樣的奇觀如何形容呢？就好比現代的儀隊表演，那濃密的雲柱就是隊伍最前面的指揮棒，棒子舉起，隊伍就前進，棒子垂下，隊伍就停止。

當天色漸漸暗沈，有火光在曠野熊熊燃起，圍繞著那一大群隊伍，火光照亮四周卻不炙熱，那情景如同現代城市，當夜幕低垂時街燈就一盞一盞亮起。而曠野中的那團團火光，也使野獸不敢侵犯人們，人們就在溫暖的火光中，安然入眠。

想到自己置身於這個奇特世界的不安全感，那一大群人離開自己熟悉的地方，往一個未知地去，應該也是充滿了許多不確定感吧，因此那具體可見的、引導他們行走的雲柱、火柱，對他們的安全感而言是非常重要的，使他們在毫無遮蔽的曠野中，不會迷失方向，也不致遭遇危險。我想起那個失落的指南針，也曾引導我走了一段路！有可能它的「階段任務」已達成，所以就消失了吧？這真是一趟奇妙的旅行。

我緊挨著摩西沿著西南方向滑行，我看到雲層下方有一座冒煙的山，不知是不是火山？有一件事使我納悶，因為發現有

一條近路原本可以使以色列人很快抵達迦南地，上帝為什麼要以色列人在曠野繞行那麼遠的路？

忍不住心中的疑問，於是我開口問道：「上帝為什麼要以色列人走那麼遠的路？為什麼不讓他們走捷徑？」不料才一開口，飛行的速度立刻緩慢下來，身體直往下降落，離心力的作用差點使我心臟停止跳動，而最後我的雙腳竟然可以穩穩著地。

當我還驚魂未定，摩西瞪著我說：「不是要你多看少開口嗎？」，他示意要我坐下，這位老者又要開講了：「你剛剛看見的是以色列人過紅海到曠野的情形，上主的作為很偉大，是不是？」我興奮地點點頭。

摩西接著說：「我們以色列人過了紅海後，回埃及的路已經被切斷，我們以色列人得到前所未有的自由，我們本來可以從北方的非利士人的境地進入迦南地的，但是非利士人的道路雖近，他們可是軍事強大的民族，而我們以色列人只是一群剛逃出埃及人掌控的烏合之眾，根本無力面對非利士人的勢力，因此，一方面是基於安全理由，上主不帶領我們往那裡走，另一方面，上主帶領我們繞行南下的遠路是有深意的，因為祂要教導和訓練祂的百姓，也要和他們建立一個新的關係，使我們可以真正認識祂。唉！屬靈的路是沒有捷徑的。」

「屬靈的路沒有捷徑，是真的嗎？」記得雅各也說過同樣的話，「難道上帝要以色列人走曠野的路，是為著考驗他們？」

摩西想了一下：「嗯⋯⋯不單單是考驗，我想也是為了訓練。」

人活著不是單靠食物

「願聞其詳。」我真有點一知半解。

「你聽過『人活著不是單靠食物』這句話吧！」

「記得，記得！那是記載在新約的福音書中，耶穌說過的一句話。」我發現自己的記性還不錯哩！

「咦？你說什麼？什麼是福音書？耶穌……這名字好像在哪裡聽過？」摩西十分詫異的表情，但是顯然聽不懂我的話。

我連忙改口說：「喔！『人活著不是單靠食物』到底是什麼意思？」我想身為舊約聖經的人物，摩西八成不知道耶穌是誰，趕緊轉移話題。

摩西讚許說：「好小子，你有很好的求知慾！我們剛剛談到哪裡了？哦！是屬靈的路為什麼沒有捷徑是不是？坦白說，我們以色列人的遭遇可說是後代之人的警戒，儘管上主用大能的手帶領我們出埃及，一到曠野，人性的醜惡馬上就顯露出來。你看！人是多麼健忘，才剛剛經歷大海分開的奇蹟，在曠野裡沒喝、沒吃的，立刻怨聲載道，責怪上主不該帶他們出埃及。『人活著不是單靠食物』這句話的意思，是我體會到在無所依靠的曠野裡，上主要我們學習單單依靠祂，以祂的信實為糧，但是我的同胞心裡所企求的只是神的供應，卻不敬畏和信賴那位了解人需要的創造主。」

「原來上帝是要透過曠野生活，來操練以色列人對祂的認識和信心。」想到自己處身在危機四伏的曠野中，只要有任何風吹草動，心裡面馬上就有一種不安，總想抓住一些什麼，真是徹底暴露出自己原來是個膽小鬼，不由得對自己說：「唉！人真是軟弱啊！」

又想起在飛行的時候，經過一座「火山」，當我耳中響起陣陣轟雷，就在一道閃電裂天而降的時候，摩西巧妙地拉著我避過，那時我看見整座山在冒煙，活像一個剛燒開的茶壺，在沸騰中顫動著，好不嚇人！可是山的另一角落，在一個非常巨大的岩石庇護底下，我看到有一群人非常安穩自得地吃喝快樂。怪怪！真是一幅不搭調的景象，怎麼一回事？

面對我的疑難，摩西露出詭異的表情說：「你可以猜猜看那是怎麼一回事？」

「這個嘛……」我只好動一動自己的腦袋了，想了半天，還是沒想出來。

摩西看出這問題把我考倒了，哈哈大笑：「那座山是上主耶和華神所顯現的山，你所看到的冒煙和閃電，表示上主降臨時無比的威嚴聖潔和不可侵犯，可是人卻可以在上主面前吃喝快樂，表示祂樂意與人同在，向人施恩，使人可以親近祂。難怪你想不出來，因為你從未親身經歷過那樣偉大的一幕！」

不一會兒，摩西的笑容卻戛然止住，他突然沈痛地說：「可是我的同胞們經歷過那景象又怎麼樣呢？他們親眼看過上主耶和華神的榮耀和顯現又怎麼樣呢？」

此時寂靜的四周，一陣吵鬧的喧嚷聲由遠而近，豎起耳朵聽，不由得汗毛豎立，「金牛犢！金牛犢！是我們偉大的神！」、「來吧！我們將妻子、兒女耳上的金環拿來，把我們器具上所有的金子都拿來，我們要造一個金牛犢！它就是帶領我們出埃及的神！」

在不遠處的火光中，一個影像越來越清晰，我看見有許多人圍著一隻金牛像，嘩啦啦地好像在舉行一場嘉年華會，又唱又跳，熱鬧得不得了，一種玄祕的氣氛籠罩著現場，所有膜拜

金牛像的人幾近瘋狂，連正在燃燒的柴火也隨之瘋狂起舞。

「啊！好恐怖的景象！他們是不是瘋了！」我驚駭地說。

「是啊！你現在所聽到和看到的，就是當我在西乃山上四十晝夜領受上主所指示的律法，尚未下山時，以色列百姓所做的事，當我下山看到那幅狂熱的偶像崇拜景象，當時也是驚駭得不得了！沒想到我的同胞們不久前才親眼看過上主的榮光，而當我遲遲未下山，他們以為我遭遇不測，在進退維谷時，他們就憑著自己的意思造了一個金牛像，以為那金牛像就是象徵領導他們出埃及的神！有了那個金牛像就有神同在的安全感，他們可以繼續向前行。唉……人真是又驕傲又愚昧！殊不知上主耶和華神創造這宇宙，沒有任何受造物的形象可以代表與比擬偉大的造物主！」摩西對著我嘆氣，轉過頭去背對我沈默不語，我也不敢吭聲。

過了一會兒，他轉過身來，表情嚴肅地說：「耶和華神曾經召我上西乃山，對我說：『我向埃及人所行的事，你們都看見了，且看見我如鷹一樣將你們背在翅膀上，帶來歸我。如今你們若實在聽見我的話，遵守我的約，就要在萬民中作屬我的子民，因為全地都是我的。你們要歸我作祭司的國度，為聖潔的國民。』當我將神的約宣讀給百姓聽時，是百姓親口回覆說：『上主耶和華所吩咐的，我們必遵行！』沒想到他們那麼快就忘記上主的吩咐，以自己製造的金牛犢為神，終究是想要自己作主，這證明了人性是多麼的不可靠！」

看到摩西那麼嚴肅，我戰戰兢兢地問：「人性既然不可靠，上帝為什麼還要頒佈十誡等所謂的律法要人遵守？」

「小子，你要知道，出問題的是人本身，而不是上主的律法和誡命，十誡是作為上主百姓的生活法則，相對於我們時代的

其他各種文化風俗，它指出上主耶和華神眼中『愛和公義』的標準，人若照著遵行，便可以蒙上主悅納；上主的律法是指示人與人、人與大自然之間『愛和公義』的相處之道，它牽涉到個人、社會以及整個世界的層面，使人的生活行為不隨從當代的邪惡風俗，而能活出屬於上主百姓的良善生命。況且就是因為十誡律法的頒佈，使我們以色列人不再是一群烏合之眾，正式成為上主的國度子民，同時藉著律法，使我們了解身為上主的聖潔子民的獨特責任，如果我們願意遵守，便可以過著喜樂的生命。」

「那是不是上帝的律法太嚴格了！以致以色列人很難遵守？」

摩西想了一下：「嚴不嚴格？應該先說明上主的律法對我們以色列人的意義，首先，它讓人認識我們所信的神與其他民族的神有什麼不同，十誡的律法啟示出耶和華神是聖潔和完全的，顯明出祂真神的性格，真神是不會因為人無法遵行祂的律法而降低標準的；其次是讓我們以色列人與其他民族的國民有所不同，我們在埃及生活了四百多年，接受了不少埃及文化風俗的影響……，而的確有些文化風俗有其墮落的一面，耶和華神頒佈律法，簡單說是導正、更新我們的生活、思想習慣，一方面也是一種新生活與新生命的指導，使我們進入迦南地之後，可以活出屬於上主聖潔百姓的生活。」

「你可不可以簡單介紹一下律法的內涵？」想到舊約聖經中所謂的律法篇幅有很多，使人覺得舊約聖經的內容很無聊。

摩西大概是看到我一副戰戰兢兢的樣子，他微笑說：「你別以為律法的條文好像很多，令人望而生畏，其實它們都是從十誡衍生出來的，它們的核心思想，是首先制訂人當如何以正確

的態度敬拜上主，再者是提到人和人之間應當如何合宜相處。你剛才說上主的律法好像很嚴格是不是？可是當你仔細去看那些細則，你會發現那是一個身為正確的人所必須行的，比如律法中強調人要在社會中行公義，作生意的不可有詭詐的法碼和手段，以及要照顧孤兒寡婦等弱勢者的指示，你會發現耶和華神是如此看重人的生活倫理和道德，反映出祂才是一位真神，祂關心所創造這宇宙的一切生物。」

「哦，這麼說來，我在新約聖經中讀到那麼一句話，意思說律法其實可以歸納成兩件事，第一是要愛神，第二是愛人，既然這麼簡單，為什麼律法會發展出那麼多看起來很繁瑣的條例？」這個問題我一直想不懂。

「啊！你說什麼？……嗯，你說得好……」，沒想到我的回答讓摩西十分驚奇：「小子，你一定是另有高人指點吧？」

我暗自竊喜自己多少讀了點聖經，可以小小唬弄一下，覺得活在現代的人很幸運，不必像舊約時代的人一樣，死記那些繁瑣的條例過生活。

摩西搔搔頭，邊想邊說：「總結來說，愛神、愛人應該是十誡律法的總綱和精神內涵，可是對剛出埃及的我們以色列人來說，律法延展出那麼多條例，並且說明得那麼詳盡，是有必要性的，我想上主的目的是要建立一個新國家與新社會，好使以色列成為世上的模範國度。」

我自以為聰明，食髓知味地說：「我曾聽過一個說法，意思是舊約時代的律法好像一個小孩的老師，目的是教導小孩的言行舉止使他成熟，換句話說律法只是暫時的。」這個說法其實是我從新約聖經中看到的。

誰知摩西聽到這句話，驚訝地說：「呀！小子，你從哪裡來

的新觀念？真是長江後浪推前浪！」

「豈敢！豈敢！這樣的觀念不是我發明的！是你之後一個偉大人物說的！」我趕緊誠實地表白。

摩西看著我懇切地說：「唉！對人性而言，律法的規條必然也有其偏限，如果人不能具體認識到上主的恩典和慈愛，以至於衷心敬愛神而行出律法的要求，而單單只從表面遵守律法的要求，這樣的行為，就會流於一種假冒為善的危機！」

我終於明白了摩西的意思，因為他的警告真的在後來的歷史中應驗了，在摩西之後的新約聖經時代，耶穌和他的使徒們，莫不在向傳統的猶太人大聲疾呼，要他們從固守律法的條文中醒悟過來，因為他們一味謹守外在的律法規條，內心中卻沒有真實地愛上帝、愛人的心。哦！原來上帝所喜悅的不是人空有其表的外在信仰行為，而是從內心中因為真正的敬神才能生發真誠的善行。想到這裡，我整個人禁不住顫抖起來，因為發現自己平常並沒有好好閱讀聖經，而從來沒有像此時般令我對聖經有一番深刻的領悟，我低頭看著自己身上的新衣，心想：「難道真是它使我變聰明了？」

「從遵守律法這件事來說，對有一些所謂的好人而言，會造成一種痛苦，因為想要追求完全，卻發現自己永遠就差那麼一截！」我腦海中浮起一位高中老師的印象，他上課時常常滿口孔子、孟子等聖賢的仁義道德，可是上課時卻時常莫名其妙地發脾氣；唉！就連我自己也是如此，常說基督徒要有愛心，可是連自己的弟弟阿詮，我都愛不下去。

摩西深有同感說：「是呀！以人的有限和不完全，雖然也想要遵行律法，卻常有力有未逮的痛苦，我自己也曾發生了一個嚴重的錯誤，在米利巴那個地方，我在盛怒之下，沒有聽上主

的吩咐，擅自擊打磐石出水，使我得罪了上主；所以如果沒有上主的憐憫及赦免，人是無法達到聖潔的要求的！這方面我就得說到『會幕』的重要性了，會幕代表著上主對人的恩典，祂了解人無法完全達到律法的要求，所以就透過會幕中的各種獻祭制度，為人開一條恩典的路，使人透過獻祭與悔罪，可以蒙接納與赦免，『會幕』的制度，也象徵著一位人所看不見的真神，願意與有限和不聖潔的百姓同在。」

將他們名字繫在心上

　　說到「會幕」，在我的想像中實在是神奇，上帝居然用這種方式，使當時的人具體可見祂的同在，可是每當我讀「出埃及記」、「利未記」，記載會幕的製造和各樣繁瑣的敬拜條例，我便腦袋開始昏沈，覺得相當無趣，幸好在我的時代，不用再透過那些繁複的敬拜規定來敬拜上帝。

　　「小子，你對『會幕』有沒有好好研究過？」

　　「我……我……」唉呀！正好問到我的痛處，我無法掩藏自己的心虛，都怪聖經記載得太枯燥了。

　　摩西看我的窘樣，沒有取笑我，反而和顏悅色地說：「你一定對如何建造會幕的細節興趣缺缺，不過對我們以色列人而言卻很重要，因為使我們體認到，以人類的渺小和有限，怎能知道如何敬拜真神？除非真神告訴我們應當如何正確地敬拜。我相信那些記載，對後世而言一定是有用意的，值得你們好好研究。」

　　「您意思是說……，『會幕』使人知道如何敬拜上帝？」我聯想到自己生長的地方，遍佈四處的神祇廟宇，許多善男信

女，不也虔誠地在敬拜他們的神，廟裡有各樣牲禮供物和鼎盛的香火，但他們到底知不知道自己所敬拜的是怎樣的神明？

「是啊！你想想看，如果真神是那麼超越、聖潔和完全，以人類的所知有限，如何能明白真神的蹤跡？人哪知道用什麼合宜的方式來敬拜？若用自以為是的方式敬拜，可以滿足真神的要求嗎？」摩西的話，真是道破那些穿梭各樣神祇廟宇中的善男信女的徒勞和迷惘。

摩西又接著說：「會幕的建造和裡面的各種敬拜、儀式條例，都是耶和華神自己親自設計，啟示給人類知道，不是人類憑自己智慧想出來的，透過會幕中的敬拜，代表著上主主動為人類開了一條親近祂的道路。」

摩西立即在地上畫一個會幕構造圖，好讓我明白那一條親近上帝的路是如何設計的。

透過摩西的說明，我明白原來整個會幕的結構，可簡單分為三部分，最外圍的是「外院」，裡面則是「聖所」和「至聖所」，這兩個空間是透個一層幔子相連。從外院的門進入，首先遇到銅祭壇，是人向上帝獻禮物的地方，表示人體認到自己是不完全的、有罪的，願意獻上祭物為自己犧牲的代價來贖罪，祈求上帝的赦免與接納；接著是一個銅製的洗濯盆，盛裝水是使人得潔淨用的，提醒人認罪之後要有內在的更新；再來是進入聖所的院門，進入後在右邊有一個陳設餅桌，上面有食物，表示上帝作為人的創造主，是人生命糧食的真正供應者；進入聖所院門的左邊是一座金燈台，有七盞燈，表明上帝對人的光照和啟示；然後往前走，在靠近至聖所的正中間有一個金香爐，表明上帝悅納人的禱告；最後要通過一層幔子，進到會幕中最核心的至聖所，裡面有神聖的「約櫃」，約櫃上面是施恩

座，是上帝記念祂與子民的約，向人施恩的地方，施恩座上常有榮光照耀，表明上帝的顯現和垂聽。

「哇！真是精妙啊！」聽了摩西的介紹，我不禁發出讚嘆。

我想起先前跟著摩西飛行時，看到那一大群萬頭鑽動的隊伍，跟著雲柱、火柱起行，正中間有一個發光的四方形東西，原來那就是會幕。當隊伍靜止休息時我看到許多男女、老少，不是帶著羊就是牛、還有鴿子，甚至麵粉之類的東西，在會幕門口排著隊，有穿著一種特別衣服的人，在會幕門口，接受百姓所帶來的牲畜、麵粉等祭物，最後有一個穿著更華美衣服的人走出來。

「啊！」我驚叫起來。

「發生了什麼事？」摩西顯然也被我嚇了一跳。

「那些牛、羊、鴿子進入會幕裡面是不是就被宰殺了？」

「小子，這有什麼好大驚小怪！在會幕中最主要的事奉就是獻祭！那些牛、羊、鴿子等都是警惕人犯罪的代價，人們透過那些祭物來與上主和好，並且每種祭物都是人酌量自己的能力而獻上的。我剛剛不是說進去會幕後首先是銅祭壇嗎？在會幕中事奉的祭司們把百姓所獻的牲畜宰殺，把血彈在祭壇上並灑在壇的周圍，然後把剩下的內臟、油脂等都焚燒獻給上主。」

「那不是很可惜嗎？」我在心裡悄悄想著，不敢講出來。

摩西看到我的表情：「你是不是覺得很可惜？」他嚴肅地說，「你認為那些牲畜尚且值得珍惜，何況是人的生命！那些牲畜是代替人類的罪而死啊！使我們知道『罪』的嚴重性，是需要付出生命的代價的，透過那些牲畜的死，使人得潔淨並且蒙恩，可以朝見神的面，多少有著警惕人的作用。況且⋯⋯」，摩西停頓了一下又說：「你要知道，這些獻祭的儀式雖然看來

複雜，事實上它比其他民族的獻祭要簡單多了，耶和華神禁止我們在獻祭時像外族人那樣行邪術、占卜，更禁止我們獻人為祭，因為祂是厭惡一切邪惡行為的神，人必須以聖潔來敬拜祂！」

「不錯，人必須在聖潔中，敬拜耶和華！」一個宏亮的聲音插進來，轉頭一看，亞倫先生又出現了，我高興地靠過去，亞倫卻伸出手示意我不要太靠近他。

「小子，你有沒有注意我身上所穿的？」

覺得自己被潑了一盆冷水，悻悻然回答：「當然有，很特別呀！」

「我所穿的這一件由肩膀到腰部的短罩袍叫作以弗得，是用金線、藍、紫、朱紅色線和撚的細麻作成的，聯繫前後兩片以弗得的是兩條精緻的肩帶，你看肩帶上不是有兩顆紅寶石嗎？你數數看，上面刻了幾個名字？」

老亞倫的服裝秀引起我的興趣，我數了一數紅寶石上的名字：「兩個寶石分別刻有六個名字，一共是十二個名字。」

「這就對了，這件精緻的以弗得象徵著大祭司的尊貴，肩帶上的紅寶石刻著以色列十二支派的名字，表示大祭司把神的子民承擔在肩上；還有我前面這塊長方形的胸牌，鑲有十二塊紅寶石，每塊上面也刻著以色列十二支派的名字，進一步表示以色列百姓的名字被紀念於大祭司心中；而我的頭冠有一塊用精金打造的牌子，上面刻有『歸耶和華為聖』幾個大字，表示大祭司要擔當百姓的不完全，用自己榮耀華美的衣服覆蔽他們，好使他們在上主面前被悅納。當百姓獻完祭之後，作大祭司的我就進入聖所開始工作，再一次替百姓獻祭贖罪。」

哇！頭一次感覺到舊約中那些枯燥的文字，居然在我面前

「活」過來，原來亞倫是為了向我解說他的工作，真是不好意思，錯怪了他！

　　老亞倫似乎也理解我滿臉的歉意，強調說：「透過會幕和各樣敬拜的條例，顯出上主樂意與人親近，而百姓理當以聖潔的態度回應上主的恩惠。」

　　原來在飛行中我所看見的，那個最後從會幕中走出來的人就是作為大祭司的亞倫，當他走出會幕的時候，全身發光，他為百姓祝福時，就有烈火出現燒盡所有祭物，百姓見狀，忍不住歡聲雷動，肅然起敬，臉俯伏於地敬拜上帝。

　　摩西看我想得入神，再次強調：「在會幕裡面有許多獻祭的工作和敬拜的規條，目的是要透過正確的敬拜，讓人過一個聖潔的生活，透過獻祭，人可以與上主和好，而大祭司代表百姓進入聖所擔當人的罪，是上主與人之間的中保。會幕中的每一個細節和條例都是非常重要，人需要以上主所認為合宜的方式來敬拜祂，才能滿足祂的聖潔本性。」

　　此時在我心中充滿了對上帝的敬畏，人何其渺小，若不是上帝樂意啟示自己，讓世人可以親近祂，人從何處可以尋覓真神的蹤跡呢？若不是上帝啟示世人當如何敬拜，有限的人類也是不知當以何種合宜的態度敬拜。透過此次經歷，也使我深深思想舊約中的會幕和各樣敬拜的條例，每一樣的設計都有著巧思，原來都在預先表示新約時代耶穌基督的救恩工作。並且亞倫作大祭司，從新約時代耶穌的事工而言，耶穌也像亞倫一樣，成為我們的大祭司，成為我們與上帝之間的橋樑，為我們贖罪、代求；並且亞倫身上所穿的服飾，象徵要將上帝的子民緊緊在心上，耶穌以真神的本質之所以成為「人子」，他是為著世人來到這世上，使人可以因他而被拯救。

「真是奇妙！原來耶穌基督的救贖工作，在你們的時代就已經有所預告鋪排了。喔！真的如新約聖經中所提到的，是在『創世以前』就已經預備了耶穌基督的救恩。哇！真是不可思議！」我對著兩位老人家興奮說著，心中為著上帝在歷史中一步步安排祂的救贖計畫讚嘆不已。

接班人

「喔！是嗎？小子，你有這樣的領悟也算不虛此行了。來吧，我們的時間不多了！」摩西立即拉著我的手，並伸出他手中的杖，我的身體再度騰空起來。

這次我們似乎是往東北方飛行，往下看，仍是先前那幾十萬扶老攜幼的人群，以及牛、羊穿梭其間的龐大隊伍，他們跟著會幕上頭的雲彩起行或停止。

不知時間過了多久，摩西用他的手杖指一指雲層的下方，我猜測他的意思是指下面是最後一程了。

奇怪！來到這裡，引導那一大群隊伍的雲柱、火柱不見了，原本整齊的隊伍好像一串被打散的珍珠，稀稀落落地散在各處。接著我們飛越過一座山，我看見老亞倫脫下他身上的聖服，交給一個較年輕的人穿上，然後他就倒臥在那座山上，安然睡著了。

我不明白所看到的，卻不敢像上次那樣隨便發言，好不容易等我們的腳再度穩穩落在地面上，一群人已在等候我們。「來了，來了！」許多人來迎接摩西，當中我看到一個壯年人，容貌非常特別，有著一種剛毅的面容，他站到眾人的中間，摩西為他按手禱告，接著眾人圍著他歡呼，他似乎是取代摩西成為

眾人的領袖。唉呀！我猜他一定就是接續摩西工作的約書亞。

我聽到群眾們大大稱讚約書亞：「這人很不簡單呢！當他還是摩西的年輕助手，就展現了過人的領導力，率領我們與強大的亞瑪力人爭戰，大獲全勝！他是摩西身邊最得力的幫手。」

摩西從擁擠的群眾中向我走來，與他相處的這段時間裡，頭一次發現他的老態龍鍾，他慈祥地對我說：「年輕人！我們以色列人在曠野的行程，你大概都看到了，當約書亞取代我的任務時，我們在曠野漂流的日子就要結束了，我即將要在這地方安息，在約書亞的帶領下百姓們將進入上主所應許的迦南地，你還有什麼不明白的？」

我急著問：「為什麼上帝不讓你進去迦南地？你不就是為這個任務而生？」

摩西的面容有著一種無法形容的光輝，他平靜地回答：「孩子，我和亞倫都屬於出埃及的第一代人，我們這一代人，在曠野裡三番兩次地試探、得罪上主，我和亞倫牽連在其中，都不免無過。當我們在巴蘭曠野，派十二探子去窺探迦南地，回來卻有十個人報凶信，出埃及的第一代以色列人雖然經歷數次上主的奇妙作為，卻至終不信任祂的帶領和預備，就無法享受上主所賞賜的迦南美地，而必要在曠野漂流一直到老死為止，唉！我們原本在加低斯，離迦南地已近在咫尺，卻在曠野多漂流了三十八年之久，只能遠觀而不得進入！」

「難怪我們在飛行的時候，我發現有一段時間以色列隊伍中的雲柱和火柱都消失了，是否那就是以色列人在曠野漂流的日子？」

「嗯！是的，在那段日子，上主耶和華神與我們『疏遠』了，耶和華不在我們當中，我們就像孤兒，那一段行程的流離

漂泊，我們失去了方向和目標，可說只有徒勞而已；但是上主全然放棄祂的子民嗎？信實的神必不放棄！這使我們認識到耶和華是公義也是信實的神，祂對於我們這一代的不信行為雖然有審判，但是祂的應許仍要兌現，那是在我們的第二代身上要完成的。」摩西充滿確信地說。

「這麼說來，上帝所應許的迦南美地，是必須信任上帝的人才能進去囉？」

「一點也沒錯！」這回說話的是約書亞，他的聲音堅定有力宛如他剛毅的面容，他說：「就如摩西提到的，上主在曠野引導我們這四十年，是要苦煉、試驗我們，知道我們心內如何，肯守祂的誡命不肯？使我們知道人活著不是單靠食物，而是靠上帝口裡所出的一切話。」

「人活著不是單靠食物……」，我咀嚼著這句話，心中浮現先前與摩西關於這句話的討論。

這時，摩西拄著他的杖，爬上一塊大石頭，站在上面，對群眾大聲疾呼：「我們在曠野四十年來，衣服沒有穿破、腳也沒有腫，實在是耶和華神極大的作為和恩惠！以色列啊，現在耶和華向你所要的是什麼呢？只要你敬畏耶和華你的神，遵行祂的道，愛祂，盡心、盡性事奉祂。……我今日呼天喚地，向你作見證，我將生死禍福陳明在你面前，所以你要揀選生命，使你和你的後裔都得存活，且愛耶和華你的神，聽從祂的話，專靠祂，因為祂是你的生命，你的日子長久也在乎祂……。」摩西十分用力地宣講，講得十分激動而滿臉通紅。

揀選生命

摩西的演說在群眾熱烈的回應中結束,他從大石頭上下來,拍著約書亞的肩膀:「你當剛強壯膽,因為你要和百姓一同進入耶和華神所賜的應許之地,耶和華必在你前面行,必不撇下你,也不丟棄你,你不要懼怕和驚惶!」

摩西對約書亞說完,轉身對著我說:「孩子,你也要揀選生命!我的時候到了……」,感覺他意猶未盡,他的手臂卻強舉起手杖,對著我揮揮手,他整個人立刻往上飛騰,越昇越高。我來不及反應這突來的狀況,焦急喊叫:「喂!摩西先生!等等我!」可是他的身影很快隱沒在煙雲之中。

我頹然跌坐在地上,自言自語:「什麼叫作『揀選生命』?我還不懂,您就馬上開溜!」

沒想到從天外傳來鏗鏘有力的聲音:「喂!小子,不要說我壞話!你還不明白嗎?『揀選生命』就是要選擇愛你的上主、依靠祂、事奉祂,因為祂就是我們的生命!」

「哦,是的,我要揀選生命!」我喃喃自語,瞬間所有的景象從眼前飛快消逝,團團幽暗籠罩著我,有一種令人窒息的壓迫感,但是有一道微弱的光線射進來,沒想到那光線越擴越大、越來越亮,使我無法睜開眼睛。而就在由亮變暗的一瞬間,我用力睜開眼睛,發現摩西的那個古代世界不見了,我竟然就坐在自己的電腦桌前,四周的景物皆是我所熟悉的。

外公送我的那本聖經正攤開在桌上,我看見它恰好攤在申命記最後一章:「摩西從摩押平原登尼波山,……耶和華把基列全地直到……都指給他看。耶和華對他說:『這就是我向亞伯拉罕、以撒、雅各起誓應許之地……。現在我使你的眼睛看

見了，你卻不得過到那裡去。』於是耶和華的僕人死在摩押地……，耶和華將他埋葬在摩押地……，以後以色列中再沒有興起先知像摩西的。他是耶和華面對面所認識的。」

我也發現那張奇怪的藏書票掉落在地上，「奇怪，這一切是怎麼回事？難道我是作夢嗎？」我看著自己身上所穿的衣服，仍是原來的，而牆上的時鐘指著是晚上十一點，「我大概是作了個白日夢吧！」可是為何夢裡的事物與經歷在腦海裡歷歷如繪，我還清楚記得摩西消失在煙雲中時，他那對炯炯有神的眼睛，以及那些我聽得懂的鳥言鳥語，「我應該確實去過那個地方？這到底是怎麼一回事？」我也記得自己說了很多從來沒說過的長篇大論！

我拾起地上的藏書票，此刻看來它只是平凡的一張紙片，靜靜地躺在我的手上。

心中有種強烈的感動，我自言自語：「是的，我相信！」，閉上眼睛，腦海中摩西的形象依然鮮明，宛如還在對我說話：「孩子，記住『上主看祂所創造的一切都是好的！』，因為祂是生命的主！」；而在我腦海中的亞倫先生呢？他身上的衣服發光，非常華美榮耀，他也對著我說：「我已完成階段性的任務，因為救贖主已為世人開了一條又新又活的路，從會幕幔子經過。」至於那位面如堅石的約書亞，我看到他舉起寶劍，一副信心滿滿地正要帶領以色列百姓進入應許之地，戰鼓已隆隆……

我甩一甩頭，做一做體操，仍是揮不去腦中清晰的影像，越來越肯定那是一段似夢卻非夢的冒險歷程，「我真的有這樣的奇遇嗎？」心中著實覺得不可思議，「不管是不是真的發生過，就當作是自己的一個祕密吧。」我對著自己說。

健康的權柄

對於兒子行為方面的驟變，羅伯特是最感到大惑不解的人。「我自己的父親是一個軍事作風的父親，」他告訴我。「我總覺得他待我極為嚴峻，懲罰的方法遠遠超過我朋友的父母好幾倍，這讓我覺得父親對我從來都不曾滿意過。就是這個原因，我對自己發誓，如果有一天我有一個兒子，我不會是他父親。我會作他的朋友。但是，比利現在已懶得跟我說話。」

湯森德
John Townsend

是羅伯特自己反應過來，原來他的成長背景正是比利大部分問題的起因。羅伯特一心一意想要幫助比利免受當年父親權威主義下的苦頭，結果他在「管理」家庭這件事上表現得非常消極。所有規範行為的規則和標準，在羅伯特眼中都是「墨守法規」。當比利耍孩子脾氣時，他的父母甚至會因為教訓得「太嚴格」，而向他道歉。

於是，比利缺乏一個權威模範可作內化的學習，他的身邊缺少一個掌控大局的人，好教導他如何喜歡健康的權柄。他的情形就像當年的以色列：「*那時以色列中沒有王，各人任意而行*」（士師記十七章6節）。結果是，比利無法對權柄作恰到好處的順服。（湯森德著，《與愛捉迷藏》，155～156頁）

與愛捉迷藏

應許之地

媽媽不在家的日子，才發覺她對於這個家的重要性，起碼我們不用一連三天吃泡麵；小莉開始學著洗衣服，但是她煩躁起來時會忿忿不平抗議：「為什麼只有女生要洗衣服？你們男生也應該學著洗衣服！」光是洗衣服這件事，我覺得媽媽很偉大，她為我們洗了十幾、二十年的衣服，很少聽到她抱怨。

爸爸這幾天都很準時下班，除了打幾個電話找媽媽外，大多時間都注意著股市新聞，以他不多言的性格，我們很少與他相談甚歡。我們推測可能是他們倆吵架，媽媽才會離家出走吧？爸爸雖然眼目緊盯著電視，一有電話鈴聲響起，他也會緊張地跳起來。

家裡面籠罩著一股低氣壓，阿詮這幾天也乖乖在家，顯然也無心讀書，只會上電腦玩他的GAME。

而我呢？除了對媽媽的想念外，還牽掛著自己的成績，前幾天也就是期末考的最後一天，同學吆喝著一起去進補，在熱氣奔騰的火鍋桌上，有人忍不住談論起這次期末考的情況，不談則已，一談之下，火鍋的熱烈氣氛消溶了一半，我想自己恐怕有兩科要被當掉。「唉！」心中的所有煩惱糾結，好友李東笑我變成一個緊鎖著眉頭的小老頭。

在家的時候，小莉總愛跑來煩我，「這幾天我作夢都會夢到媽媽呢！」她趴在書桌旁的椅背上說。

「那妳夢到什麼？」我一邊翻書一邊回應。

「有一次我夢到她被綁架，歹徒來向我們要贖金；又有一次

我夢到她流落街頭，沒錢買車票回家；還有一次我居然夢到她死了！」小莉吐了一下舌頭。

「這太離譜了吧！」我不置可否。

「我不懂媽媽為什麼不告訴我們她到底去了哪裡？至少也打電話回來報平安嘛！」

「所謂女人心海底針，你們女人家的事情最難搞！」我瞪小莉一眼。

「你想媽媽會不會是失蹤了？」

「我想應該不會。」經過那次的神祕事件後，我對於媽媽的事，有一種奇特的信心，相信她會平安回來。

「萬一她真的失蹤了呢？」小莉眼中斗大的淚珠流了下來。

「她一定會回來嘛！」我對小莉大聲吼著，心裡頭真是煩啊！

我決定去外公家一趟，看有沒有媽媽的消息。外公家是我們孩子的天堂，在那裡等候著我們的永遠是老人家的慈祥。我相信媽媽一定會和外公聯絡的。

外公家的燈是亮的，卻沒有看到外公，我走進他的書房，也沒看到他在裡面，外公的書房對我們孩子而言有一種吸引力，因為沒經過允許是不能擅入的，外公最受不了我們這些孩子在他的書房翻箱倒櫃，越是這樣，我們對他的書房越是好奇，他常追著我們問他的東西跑到那裡去了。隨著一年一年長大，活潑好動的弟妹們對外公的書房逐漸失了興趣，只有我仍喜歡溜進他的書房，外公知道我愛看書，常會故意在他的桌上留一、兩本新書給我看。

這天外公的書桌顯得相當凌亂，桌上攤著他的老舊聖經和放大鏡，顯然外公是匆忙走開的。「咦？外公正在讀『約書亞

記』嗎?」他的聖經正好攤開在約書亞記,他用紅、藍、黑等不同顏色,在上面寫滿密密麻麻的小字,真是比我還用功!

我讀著外公桌上所攤開的那頁聖經:

約書亞清早起來,和以色列眾人都離開什亭,來到約但河,就住在那裡,等候過河……。耶和華對約書亞說:「從今日起,我必使你在以色列眾人眼前尊大,使他們知道我怎樣與摩西同在,也必照樣與你同在。你要吩咐抬約櫃的祭司說:『你們到了約但河的水邊上,就要在約旦河水裡站住。』……百姓離開帳棚要過約旦河的時候,抬約櫃的祭司乃在百姓的前頭。他們到了約但河,腳一入水,那從上往下流的水便在極遠之地、撒拉但旁的亞當城那裡停住,立起成壘;那往亞拉巴的海,就是鹽海,下流的水全然斷絕。於是百姓在耶利哥的對面過去了。抬耶和華約櫃的祭司在約旦河中的乾地上站定,以色列眾人都從乾地上過去,直到國民盡都過了約旦河。

讀完兩、三頁後我翻開另幾頁,赫然發現外公的聖經中也有一張藏書票!那張藏書票靜靜地躺在書頁裡!它與我的藏書票相同,都是黑白的版畫作品,它們的形狀也相似,在垂直的兩邊切痕不太工整。外公的這張藏書票的圖案,正中間是一條河,河水流動的線條刻得非常精細,可以想像那是一條奔流湍急的大河,在河的中央有一堆圓圓的東西,共有十二個。在圖案上頭有一行小字:「**至於我和我家必定事奉耶和華**」。

「這張藏書票也會發生事情嗎?」我既好奇又害怕,想把它放在一個離我較遠的地方,可是放在哪裡好呢?外公的書桌這麼亂,萬一他找不著這張藏書票呢?倉皇間,「砰!」的一聲,

外公桌上的茶杯被我不小心打翻了，茶水流溢出來弄濕了桌面，我趕緊拿紙巾擦拭，發現藏書票也被茶水噴濕了，「糟糕！如果被外公發現，我就倒大楣了！」

可是任憑我一再擦拭，那張藏書票好像越擦越濕，真是奇怪！我發現似乎有水從裡面冒出來，整個畫面因水的渲染而變得模糊，水一滴滴不斷流下來，浸濕了桌上的東西，我抓起一堆紙巾、抹布，還是阻擋不了水的攻勢，水越流越多，竟然淹過我的雙腳，迅速漲至我的上半身，「救命啊！」我大喊大叫，這股莫名其妙的水實在來勢洶洶，真是令人恐懼極了，我全身抽搐，感覺周圍的水開始在流動，一股突如其來的強勁衝力將我沖刷而去，外公的書房在我眼前逐漸消失無蹤。我即將成為激流勇士？還是激流亡魂？

「至於我和我家必定事奉耶和華」，不知怎麼地我心裡一直出現這句話，一股推力使我的身體在激流中載浮載沈，耳朵、鼻子淹進不少水，嗆得不得了。「碰！」一聲我好像撞到了大石塊……當我悠悠醒轉時，聽見「咚咚咚！」的鼓聲，發現是一堆石頭救了我，使我沒有被水流沖走，又發現岸邊一棵樹的枝椏離我很近，於是拼了小命抓住那根樹枝，奮力爬上岸。當我整個人攤在岸邊氣喘吁吁，望著激流中那一堆救命的石頭，「一、二、三、四」發現他們竟然是由十二塊石頭堆集而成的，而且堆集的技巧精良，以至於在激流的沖刷中屹立不搖。

「咦？眼前這一幅畫面不就是外公那張藏書票的畫面！」我大吃一驚，不知自己怎麼又跑進那個奇幻的世界，「原來外公那張藏書票裡的十二個圓圓東西是石頭！」真沒想到一張薄薄的藏書票竟然藏著玄機。

「咚咚咚！」鼓聲再度在我的耳邊響起，好像宣告著某種勝

利，「一、二、三、四……」，我再度數著河裡面的那堆石頭，一股靈感湧進心中，感到無比歡樂：「好酷！約書亞果真帶領以色列十二支派渡過約旦河進入迦南地了！」

戰鼓中的重逢

我想起上次來到這個奇幻世界，與摩西離別的最後一幕，他正吩咐約書亞要剛強壯膽，因為約書亞所要承接的使命是艱鉅的，他要帶領新的一代進入上帝的應許之地。而我記得聖經記載作為應許之地的迦南，有許多強大的民族和城池，約書亞會如何完成他的使命呢？

「我是否來晚了？我有沒有錯過什麼精彩鏡頭？」我飛奔著，卻不知自己跑向什麼方向。

一路上經過許多地方，人們的耳語流竄著：「銅牆鐵壁似的耶利哥城已經倒塌了！以色列之神的威名令人心消化，看哪！以色列人來到迦南地幾乎戰無不克……」使得家家戶戶門扉緊掩，城牆關閉。

我加快腳步奔馳著，耳邊的風急速吹過，我可是田徑百米好手！經過一個個被攻陷的城池、破敗的村莊，我看見前面的兩座山中間有一個城市般的聚落。

進入城中，感覺有一種特別的氣氛，又是那個「咚咚咚」的鼓聲作響，城裡的人敲著銅鐵，紛相走告：「約書亞要大家聚集囉！十二支派所有的長老、代表聚集囉！」

到底有什麼事發生？我好奇隨著人們聚集的方向觀看，只見人群一圈圈地圍著，群眾雖多，卻非常有秩序，而被群眾包圍的中間空地，站著一個老人，眾人安靜地聆聽他，顯然他是

被愛戴和敬重的。

那老人宏亮的聲音在肅靜的群眾中顯得莊嚴：「各位！現在看看我們所住的地方，這塊耶和華神所賜的流奶與蜜之地，並非我們所修治的，周圍的城池也不是我們所建造的，我們住在這當中所吃的葡萄和橄欖，更不是我們所栽種的，現在你們要敬畏耶和華，誠心實意地事奉祂⋯⋯，若你們以事奉耶和華為不好，今日就可以選擇所要事奉的⋯⋯。至於我和我家，我們必定事奉耶和華。」

老人的話才說完，百姓群起響應：「我們斷不敢離棄耶和華去事奉別神！因耶和華我們的神曾將我們和我們的列祖，從埃及為奴之家領出來，在我們眼前行了那些大神蹟，在我們所行的路上都保護了我們，又把此地的人都從我們面前趕出去，所以我們必定事奉耶和華，因為祂是我們的神！」

我斷定那位說話的老者就是約書亞，他竟然衰老得使我認不出他。接著他告誡百姓既然做了這樣慎重的選擇，就當以一生聖潔的虔誠事奉真神，不可離棄祂去事奉假神。他立刻與百姓立約，吩咐人將那些約定寫下，以樹下的一塊大石頭作為百姓與上帝立約的記號。之後他就打發百姓各歸自己的地業去了，留下我這個不知道應該要去何方的人。

背後有人拍著我的肩膀，我猛然回頭，用力過猛差點把那人撞倒在地上。

「哎呦！小子，你這麼孔武有力！」

「原來是約書亞先生，真是失禮！」萬萬沒想到會再一次來到舊約世界，更沒想到還可以看見約書亞，心裡實在興奮。

「咦？你認識我？」約書亞訝異地說，從頭到腳打量著我。

「是啊！我真的認識你！」我斬釘截鐵地，「記得上次看到

你的時候，你比現在較年輕一點，你那時才剛成為摩西的接棒人呢！」

「是嗎？可是我怎麼對你沒有任何印象！」約書亞猛然抽出腰間的大刀朝我劈來，「我沒看過你，你一定是迦南人派來的奸細！」

我緊急閃避約書亞的刀，他趁勢又劈了過來，我情急之下喊出：「至於我和我家必定事奉耶和華！」

約書亞停止了攻勢，他的刀插進土裡面立在地上，「嗯……光憑這句話，我想你應該不是敵人，既然不是敵人，那麼就是朋友了！呵呵呵！歡迎來到示劍城！」他熱烈地擁抱著我。

剛剛驚險的情勢，我嚇出一身冷汗，忽然間又面對如此熱情的歡迎，一時還真反應不過來，到底是怎麼一回事？真是納悶。

「不過，小子你可來晚了！目前我們以色列人已經分完了地，各歸各的地業去，我們已在迦南地安家落戶了！我也快長眠於耶和華神賜給我的地業了。」

「嘿嘿，我錯過了什麼嗎？」感覺自己是紅著臉說的，沒辦法！最近比較煩，使我好幾天沒心情讀聖經。

「小子，你沒有看到上主耶和華神如何幫助我們渡過約旦河，以及帶領我們打敗此地的強大民族使我們得到這片應許之地，真是太可惜了！」

老約書亞隨即指給我看這片土地：「這個地方叫示劍，當我們祖先亞伯拉罕回應耶和華神的呼召，離開崇拜假神的故鄉來到迦南這個應許之地，第一站就是示劍，它是一個重要的交通岔道，古代稱為抉擇之地，亞伯拉罕來到這裡，或許他可以選擇回頭的，可是他卻築了一個祭壇敬拜耶和華，表明他跟隨真

神的決心。現在，我和我同胞終於站在這裡，這是耶和華神向亞伯拉罕應許所賜之地，證明了祂是信實的，凡願意跟隨、順服祂的人，必能享受祂所賜的福氣。因此我們這些後代子孫聚集在此，再度表明我們的選擇。」

約書亞的話令我蠻感動的，想到從亞伯拉罕到約書亞也經過了幾百年，上帝竟然沒有忘記祂的應許，那一條恩典的線不斷牽引著以色列這個民族的發展。

聖戰乎？

想到一路上遍佈焚燒過後的焦土，又聽說以色列人所到之處盡是毀滅性的戰爭，我問：「您的話聽起來真令人感動，不過有個問題我實在不明白，我曾經被同學問倒過，那就是上帝是不是很自私、暴力的神，為了要給以色列人應許之地，就用武力征服這地的居民？」

「這問題真是大哉問！」約書亞說：「關於這個問題，摩西曾經告誡我們以色列人：『你進去得他們的地，並不是因你的義，也不是因你心裡正直，乃是因這地的國民邪惡，使耶和華你的神將他們從你面前趕出去，又因耶和華神要堅守向你列祖亞伯拉罕、以撒、雅各，起誓所應許的話』。」

「你意思是說以色列人在迦南地的攻城掠地，是一場『聖戰』？上帝藉著你們消滅罪惡的迦南人？」

「『攻城掠地』？年輕人，這個形容詞不好，我們以色列人又不是土匪！」約書亞糾正我，一臉正氣凜然，「首先，你要知道上主耶和華神創造這全地和萬物，祂對萬物本來就有管理的權柄，也就是說祂對這世上的一切有自己的判斷，關於這一點

我們的祖先亞伯拉罕就曾經說過：『審判全地的主，豈不行公義嗎？』我們在迦南地與各民族的戰爭，固然是耶和華神要實現祂的應許，也是祂對迦南地的各民族的審判，在未進入迦南以前，摩西警告我們萬不可學效迦南人所作的一切惡事，因為他們焚燒自己的兒女獻給假神、男人與男人苟合，又有人與獸淫合等等各樣可憎的惡俗；其實我們以色列人並不比迦南人優越，耶和華神曾經如此說：『我在你們面前所逐出的列邦，在這一切的事上玷污了自己；連地也玷污了，所以我追討那地的罪孽，那地也吐出它的居民。故此，你們要守我的律例典章。這一切可憎的事，你們都不可行，免得你們也被吐出，像在你們以先的民族一樣。』」

「可是萬一在迦南人當中有所謂的好人？戰爭不是也會牽連無辜？」我著急地問。

「據說在亞伯拉罕的時代，耶和華神已在等候迦南人的悔改，神曾對亞伯拉罕說應許之地還不能實現，是『因為亞摩利人的罪孽還沒有滿盈』，並且自從我們以色列人出埃及，雖然因不信而在曠野多繞了三十八年，神也藉著這四十年的時間讓迦南人有機會悔改，可是儘管他們聽見耶和華行了許多神蹟奇事，以大能證明祂是真神，他們卻不思想也不敬畏，反而變本加厲的行惡，以致審判終於來臨。不錯，他們當中是有義人的，比如妓女喇合，就因著她對真神的敬畏和信心，在戰爭中被保護下來了。」

與約書亞談話至此，我的思緒飄到九霄雲外，有一種不祥的預感，我想到我所居住的世界，不也同樣道德墮落、罪惡、敗壞、不法的事越來越令人膽顫心驚，比如層出不窮的親子間性侵害、相殘，以及黑道橫行、駭人聽聞的分屍、淫亂等社會

的種種罪惡，上帝用了幾百年等候迦南人的悔改，祂現今是否也在等候我們的悔改？儘管我所存在的世界，人類歷史已邁入西元後兩千多年了，人類的文明、科技愈發達，人們變得更善良，還是更邪惡？

「上帝會忍耐我們到什麼時候？祂的審判是否快來了？」我不禁感到全身發抖。

「喂，年輕人！你在想什麼？」約書亞拍著我說。

「啊！」一時間腦海裡閃過約書亞剛剛所提到的妓女喇合，我好像發現新大陸似地高興叫道：「在新約聖經馬太福音的耶穌家譜中有喇合的名字！」

「年輕人，你到底在說啥？什麼是『馬太福音』？」

「啊！對不起！」我想起約書亞是西元前的古人，自然不知道耶穌基督降生的事情，「是這樣的，我相信上帝仍然願意等候人悔改，那些渴慕真理、尋求良善，也就是像妓女喇合那樣，願意尋求認識真神的人，在上帝審判世人的罪惡時，一定會得救的。」

成功的祕訣

「嗯……小子你變聰明的！」約書亞笑著，臉上佈滿了老人紋。

「不，一點都不！我的期末考試有兩科可能會被當掉！」一想到成績，心裡就難過。

「『被當掉』是啥？」約書亞不解地問。

「就是成績不好，沒有到達一個標準啦！」

「哦，原來是這樣！那你平常有沒有在用功讀書呢？」

「有啊！可是還是不夠努力！」我自責自己不夠努力。

「年輕人！小小的挫折，何必哭喪著臉？你認為我們每個人想達到成功，最不能失敗的是什麼？」約書亞說。

我搖搖頭，想不出來。

約書亞摸著下巴的鬍鬚，沈穩地說：「我認為是謙卑順服，並信靠上主的話。」

「可是要達到『成功』不也要靠自己的努力嗎？」我辯駁著。

「你不要怪我們老年人總愛話說當年，你可知道當年我從摩西手中接下的棒子是何等沈重，那可以說是一個『不可能的任務』啊！我們以色列人在曠野中生活了四十年，幾乎沒有打仗的經驗，何況過約旦河後，第一個要面對的是高大又堅固的耶利哥城！我心裡面一點勝算都沒有，但是上主了解我的懼怕，祂勉勵我要依靠祂才能剛強壯膽。你知道嗎？光是耶利哥城的那一戰役，我們遵照上主的指示每天去繞城一次，到第七天繞七次，然後按照上主的指示大聲呼喊，竟然就輕而易舉攻佔了耶利哥城。」

約書亞喝了一口水繼續說：「上主所指示我們的戰術真是厲害！當我們每天去繞城一週時，聽到耶利哥全城的人都在嘲笑我們：『以色列人只會這個把戲嗎？這算什麼戰術？』面對敵人的嘲笑，我和我的同胞對上主的信心非但不能鬆懈，更不能有絲毫的懷疑，果然，我們的舉動看似愚昧，卻一天天鬆弛耶利哥人的防備，使他們軍心渙散，最後不堪一擊。」

「可是我記得後來你們在攻打一個小城時失敗了！」想起自己讀《約書亞記》時不解的一段，以色列人在耶利哥城的一戰雖大獲全勝，隨即卻在攻打比耶利哥還小的艾城時就潰敗了。

「啊！你怎會知道那場戰事？你從哪來知道這些事的本領？」約書亞的老臉顯出困惑的樣子。「嗯……那真是一個悲慘的教訓哩！上主耶和華神明令我們不可隨意取用迦南民族戰敗的戰利品，我們當中的一個人亞干，因為貪心而毀了我們與上主的約定，以致連累了我們整個民族，使我們無法攻取小小的艾城。這事使我們學到一個功課，那就是上主的榮耀和聖潔是不能打折扣的，祂要我們誠心全然順服祂的領導，當我們願意信賴祂時，祂必不丟棄祂的百姓。可以這麼說，上主使我們居住在美好的迦南地，是為了要建立一個願意領受上主公義治理的國家，成為萬國的見證，所以我的同胞能不能學會遵從上主的命令很重要。嗯……我想我們前人的失敗也是為著給你們後人留作鑑戒吧！」

聽著聽著，我的耳朵發癢，彷彿聽見有人在叫我的名字，難道是身體疲倦的幻覺？忍不住打了幾個哈欠，不知道老約書亞說得累不累？

「咦！你是不是累了？我還沒說完哪！我們剛剛說到『成功』是不是？我認為個人的努力當然很重要，可是人生中實在有太多難以把握的事，也有許多看得見和看不見的危險，我真的認為讓上主成為我們人生戰場的元帥是值得的，所以我決定：至於我和我家必定事奉耶和華。」

滿臉皺紋的約書亞，臉上仍然顯現一股強勁的意志力，令我對他肅然起敬，使我再三思索**至於我和我家必定事奉耶和華**」這句宣告背後的堅定抉擇。

我一面想著：「至於我和我家必定事奉耶和華」這句話，一面想像著將來的某種光景，這時候，我明明記得與約書亞的對話還沒結束，可是就在我揉著困倦的眼睛，用盡吃奶的力氣睜

開時，面前的約書亞居然變成了外公的老臉，我驚奇尖叫道：「喔？外公你怎麼也來這裡了！」剎那間我搞不清楚自己到底是身在哪一個世界裡，難道現實與夢幻是沒有交界點的？

「你怎會在我的書房裡？」外公一臉嚴肅。

面對外公的嚴厲質問，我認真地環視周圍環境，「咦……？這到底怎麼一回事？」此刻的我的確是在外公的書房裡。

「好小子，瞧你的口中唸唸有詞，我叫你好多次，你都沒聽見嗎？自己的床不睡，睡到我書房來了？」

眼見外公臉上的怒色，我趕緊解釋：「外公，我發現你也有一張藏書票！」

「是啊，我剛剛才從地上撿起來！而且我發現它被水弄濕了？這是怎麼回事？」外公瞪著我說。

我搶著看那張藏書票，果然它有被水滴浸濕的痕跡，心中直覺不可思議，居然約旦河的水透過藏書票跑進外公的書房，而現在我是怎樣在剎那間又回到這個世界來的？

不過另外一個問題更使我好奇：「外公，你的藏書票好奇怪喔！這麼神奇的東西是從哪來的？」

外公看著我，神祕兮兮地說：「小子，你絕對不可以說出去喔！」他趕緊把藏書票小心翼翼地收起來。

「哦！原來如此，我終於發現您書房裡的祕密了！」我好像發現新大陸似地怪叫起來。

約書亞的「安息」

「別嚷嚷！要不是不准你們進來，我的寶貝早被你們這些小毛頭搞光光了！」

「那麼你是不是也去過舊約世界？」我好奇地問，心臟都快蹦出來了。

外公沒有直接回答我的問題，他反問我：「你也有一張是不是？」他再度拿出他的那張藏書票，要我仔細端詳，「你看！形狀跟你的很相像是不是？再仔細瞧瞧，它的左右兩邊圖案並不完整，換句話說，它只是拼圖中的一張而已！」

「Really？」我真不敢相信這樣的事情怎會發生！「您是說還……還有其它的藏……藏書票？」我驚奇地說不出話來，「那麼它們在……在那裡呢？」

「天機不可洩漏！」外公一副口風緊緊的樣子。

「真是刺激啊！」全身所有的好奇神經令我十分不安，「外公，難道您也去過舊約裡的世界？」我又追問一次。

「你說呢？」外公故作神祕地反問我。

「那麼您有沒有遇到過約書亞？」我乾脆打破砂鍋問到底了：「為什麼約書亞說讓上帝作我們人生的元帥是值得的？這樣不是活得太沒意思了嗎？」

「孩子，你錯了！約書亞並不是一個懦弱、膽小的人，更不是上帝的傀儡，相反的，他充滿了智慧和過人的勇氣。」外公的眼睛閃爍著一種光芒。

他又說：「當以色列人過了約但河要進攻耶利哥城時，約書亞身先士卒地去探勘耶利哥城的地形，是為了擬定作戰計畫；又當以色列人攻取了耶利哥、艾城，與基遍人講和後，引起耶路撒冷王、希伯崙王等五王聯軍的大舉攻擊，那時約書亞雖然已經得到上帝同在的保證，但他不是坐享其成，他帶領以色列人從吉甲連夜趕了約三十公里路，其中要爬一段很陡峭的山路，他們趁著清晨敵軍仍在休息時，出其不意地進攻，在當中

上帝降冰雹幫助他們擊潰敵人，可是約書亞仍沒有停止攻擊行動，他知道上帝已將罪大惡極的亞摩利人交在他們手中，他更需要在那天之內一舉殲滅敵人，因此他向上帝禱告，祈求日頭可以停住。怪怪！那真是一場偉大的戰役啊！太陽就一直高掛在天空，直到以色列人完全殲滅敵人為止，就因為那場戰役，使以色列人征服了迦南地南部的主要城市。」外公說得口沫橫飛、栩栩如生，好像他真的曾親臨那場戰爭一樣。

「這麼說來約書亞是英雄中的英雄！」我腦中浮現約書亞的英雄之姿。

「真正的英雄是能坦承自我的軟弱和有限，以致能『盡其在我』的人。約書亞繼承摩西的使命，要帶領以色列人進入迦南地，那時上帝在曠野中賜給他們的食物嗎哪，在他們進入迦南地時就不再降下，可說後路已絕，前面又是難以預料的強大敵人，況且以色列人可以信服約書亞的領導像信服摩西一樣嗎？這些難題必定在約書亞的心中形成一種掙扎和難以承擔的使命。我相信上帝一定了解約書亞的感受，所以在進攻耶利哥城前，上帝的使者和約書亞的相遇是相當重要的，上帝的顯現是再一次保證祂的同在，約書亞向上帝的使者交出他的元帥權，使他內心中的重擔可以卸下，也就是他可以享受到上帝所賜的『安息』，以至於他可以放心地與上帝同工，完成了世人眼中『不可能的任務』。」外公端起他的茶杯，喝口茶後繼續說：「其實，約書亞一生的使命，也主要在教導以色列人順服和信心的功課，使百姓可以憑著上帝的恩典得到『安息』。」

從來不知道外公這麼會說故事，此刻他就像一個聖經的說書人，使我聽得津津有味，縱使錯過了約書亞那些精彩的戰役，從外公口中也能彌補一二。因此我相信外公一定也去過那

個奇特的世界，雖然他沒有明說。

「請問『安息』是什麼意思？以色列人進入應許之地就是得到『安息』嗎？」我不太懂外公那句話的意思。

外公和顏悅色地說：「信輝，算算看從小到大你搬過幾次家？你是不是很不喜歡那種居無定所的感覺？」

「嗯。」我點頭

「同樣的，以色列人進入迦南地等於是結束了長期在曠野漂泊的日子，他們終於有一塊屬於自己的地方可以安家立業，並且享受上帝所賜的豐富之地，再也沒有征戰，那就是『安息』。」

「外公，可是我記得約書亞記上說，當約書亞在世時以色列人在迦南地還是有許多未得之地，他們還需要繼續與迦南人打仗，好像還沒有真正得到『安息』啊？」我不解地問。

外公揚起雙眉說：「好小子，想不到你功課不太好，頭腦居然這麼靈光？會問到這種問題！」他停頓了一下，改口問我：「那麼你從約書亞的身上學到什麼？」

「這個嘛……」我想起當我思索約書亞的那句名言時，腦海中出現的一幅光景，就是如果我的家也能效法約書亞，成為一個事奉上帝的家庭，那種同心和樂的情景。我接著說：「我發現人生中可以有一種重要的選擇，就是希望我的全家能事奉真神，因為我看見約書亞實在活得太精彩了！」

外公滿意地點頭：「嗯！這一直是我的期望，所以從小就帶你們去教會。」外公忽然拍一下自己的頭：「喔！對了！我原本是要告訴你，你媽有消息了！」

「真的！」我高興得跳起來。

「她打來電話說是去旅行、散散心，很快就會回來！」外公高興地說。

「我就知道她一定會回來的！」心中宛如一塊大石頭落了地，終於體會到那種「安息」的滋味。可是轉而想到為什麼媽媽不和我們聯絡？以及她為何要用此種方式離家出走？於是問外公：「您知不知道媽媽為什麼要離家出走？」

「這個問題嘛……」外公的語氣轉為輕柔：「孩子，所謂冰凍三尺非一日之寒，成人的世界其實是很複雜的，你媽媽也有她自己的問題要解決，我相信以後你會明白的。」

「難道是媽媽和爸爸吵架？還是我們惹媽媽生氣？」我追問著，想到家裡面長久以來的問題，爸爸媽媽由口角到冷戰，連我們三兄妹也常彼此鬧意見，家裡就像一個戰場。

「孩子，一件事情的發生是有很多面向的，不要單從一個角度去看問題。」外公還是沒有直接回答我。

外公伸一下懶腰，看一下手錶說：「時候不早了，你也該回家了。」

「可是你還沒回答我關於『安息』的問題哩！」與外公談話讓我覺得意猶未盡，真是捨不得回家。

「你回家翻一翻新約希伯來書四章一到十一節，或許可以給你一些所謂『安息』的線索！」外公催著我回家。

我幾乎是用跳著跑回家的，迫不及待要告訴家人關於媽媽的消息，我想像爸爸的眉頭一定會舒展開來，然後他可能會趁我們沒看見時偷笑，而我們又可以吃到媽媽煮的熱騰騰的飯菜了。

果然，當我回到家，報告媽媽的消息時，阿詮和小莉大聲歡呼著，而爸爸的眉頭似乎也鬆緩下來，真的有一種「安息」掛在每一個人的臉上。

臨睡前，腦海裡面還是迴盪著與外公談到的那個「安息」

的問題，想起外公的吩咐，趕緊翻開希伯來書，上面寫著：
「……若是約書亞已叫他們享了安息，後來上帝就不再提別的日子了。這樣看來，必另有一安息日的安息為神的子民存留。」

　　這是怎麼一回事呢？為什麼以色列人進入應許之地，卻沒有得到完全的安息？想著想著我迷迷糊糊地進入了夢鄉。

第 2 部

推動歷史的手

新生命

EX-LIBRIS

 轉　機

日落黃昏時的球場上，兩個隊伍拼鬥著，有個人衝鋒陷陣，勇猛地踢球射門，「進了！進了！」場邊圍觀的群眾興奮地鼓譟，而我坐在球場的最外邊，是一個觀眾，也是一個局外人，既是觀看著球賽，卻又是在球賽之外，因我的心思不在這球場之內。

「嗨！信輝，你在看球賽啊！」一個熟悉的聲音在我耳邊響起，原來是英英在向我打招呼，「我遠遠的就看到你了！」她淺淺地笑著說。

「嗨！妳好！」我也禮貌地打招呼。

「你都好吧？」英英探詢著我的表情，我知道她只是客氣地詢問。

「嗯，我很好！」我也客氣地回答。

「那我就放心了！」英英表現出她一貫甜美的笑容，向我揮一揮手說：「再見！」

「再見！」我故作冷淡地也揮一下手。

目送著英英的背影，我看見有一個男生從另一條路走來與她並肩同行，兩人有說有笑，一時間有一種無限惆悵爬上心頭。球場內依然嘶喊熱鬧著，球場的這端卻有一個渺小、心冷半截的人。

「我到底是那一點不符合英英的期望？」我自忖，受傷的情緒再度如波濤翻騰，記得英英常墊起腳尖看著我說：「如果你的個子再高一點那就更好了！」

「哼！長頸鹿有什麼好？即使是土撥鼠也很有本事呀！」我恨恨地罵著。

長久以來，我逐漸厭倦一些別人強加在我身上的期望，爸爸自己因為從小困苦只讀到高中畢業，因此他十分要求我們三個孩子的成績，我是個乖乖牌當然會願意配合他的期望，努力考上優秀的大學，但是仍常覺得對自己不太有把握，原以為談戀愛能加強自己的自信，結果卻是更迷失；弟弟阿詮則選擇不走在別人的期望上，他自己一直沒有努力的目標，結果是形同自我放棄；小莉則因為是老么，父母對她的要求自然沒有那麼嚴格。

儘管此刻彩霞滿天，我內心的天空卻是一片烏黑。

涼風習習吹來，我用力甩甩頭，想要抖落這一切惡劣的心情，這時，心中悄然浮起一些聲音「祂看這是好的！」、「至於我和我家必定事奉耶和華！」，使我的心情稍微開朗起來，接著也想起外公曾經說過的話：「孩子，一件事情發生的原因有很多面向，不要只單從一個角度去看問題。」

這時對我而言，似乎是走到路的盡頭才訝然發現：原來還有一條路。那幾句話的出現，溫暖了我的心，也如同暮鼓晨鐘，給了我一種能力，使我從憤恨和自憐的情緒中走出來。

我終於能平靜下來思考，因為那一句「祂看這是好的」，提醒我身而為人的價值，縱使失戀，我仍是一個有用的人，因為我是按著上帝的形象造的，上帝愛我並對我完全接納，我也深信在我的人生中，上帝一定對我有一個美好的計畫；「至於我和我家必定事奉耶和華」這句話則表明，當我對人生有所選擇，便能以較正確的角度去看任何事的成敗得失，英英的離去對我而言也是一個新的機會，可以更謹慎選擇一個志趣相投的

同伴；而外公教我要多方思考，讓我可以從自憐和自卑中走出來，重新看自己和別人，英英提出分手，不代表一切都是我的錯，也並非我不夠優秀，每個人都有他自己作選擇的想法。

「我就是我，我不需要靠別人來肯定自己！」我對著自己堅定地說，心中喜樂開朗起來，覺得自己終於能饒恕並祝福英英。

當我從球場邊站起來時，晚霞已褪盡，月亮淡淡的光影開始掛上天際，星星一顆顆亮起來，好像在對我微笑，我吹著輕快的口哨回家。

歡　聚

「哥，你怎麼這麼晚才回來？」回到家中，小莉對我眨眼睛，一副興奮的神色，我直覺地反應到，媽媽回來了！果然從廚房裡飄來一陣炒菜香，媽媽端著菜走出廚房，看到我也很高興地說：「阿輝，你回來了！」我高興得摟著媽媽的肩膀說這段時間我們有多麼想念她。

晚餐時我們家全員都到齊了，好久沒有這樣一起吃晚餐，有好長一段日子爸爸常加班晚歸，我們三個孩子不是上課就是貪玩，常只剩下媽媽獨自一人。餐桌上大家的興奮溢於言表，不過也有一種說不出來的「客氣」，特別是爸媽之間。

爸爸終於主動打破尷尬，問媽媽：「這些天妳都去了哪裡？」

媽媽簡單地回答：「去了東部，風景很美。」

爸媽既然開腔了，我們兄妹見勢趕緊製造笑料，你一言我一句炒熱了餐桌上的氣氛。吃完飯大家都爭著要幫媽媽洗碗，

最後是爸爸拔得頭籌。爸爸不知在廚房裡和媽媽講些什麼，聽見媽媽咯咯笑，我們幾乎不敢相信，因為已經好久沒有看見爸媽如此和樂的光景。

晚上大家都緊黏著媽媽說東說西，惟恐她還會再離開我們似的，媽媽也顯得很開心，大概她很久沒有成為家人如此關切的焦點了，我想到「疏忽」對親子關係而言，真是厲害的殺手，自從我們有了自己的學業、朋友圈，父母面臨空巢期，有多久我們沒有與父母促膝常談了？

臨睡前，小莉跑來和我說話，「哥，妳有沒有注意到媽媽好像不太一樣？」

我只知道媽媽回家來顯得蠻開心的樣子，此外我沒有看出她跟以前有什麼不同，我問小莉：「妳到底想說什麼？」

「我覺得媽媽好像比較快樂！整個人也變漂亮了！」小莉小聲說。

「大概是去旅行、散心的原因吧。」我說。

「下午你們都還沒有回來的時候，我問媽媽為什麼要一個人突然跑去旅行，害我們都為她擔心，妳知道媽媽回答什麼嗎？」

「我不知道！妳說吧。」

「媽說她決定要為自己做些事情！」小莉張大眼睛說，「媽媽還告訴我，當她決定提起行李坐上車子時，竟然就在車子裡發呆，一直坐到終點站，她不知道自己應該去哪裡，驚覺到她自己是這樣沒有目標和方向地過了那麼多年。」

「真的？」我相當驚訝小莉的話。沒想到媽媽自己也會有一個迷惘的內心世界，就如同我們年輕人一樣。

「所謂『認識自我』到底是什麼？」一向天真、快樂的小莉竟然有此一問。

「妳怎麼會想到這個問題呢？」我感到好奇。

「那是媽媽說的，她發現自己的生活都是為丈夫、兒女忙碌，她決定要找回自我，她說要找到一個自己的生活目標。」

我會心地笑了起來，因為自己也是到今天才明白什麼叫作「認識自我」，於是我告訴小莉傍晚時的遭遇。

「真的？要先認識上帝才能認識自己？」小莉很是疑惑。

「是呀！如果我們不先從上帝永恆的角度來看自己，我們對自己的看法多麼容易受到別人的影響，而且這世上每個人都是不完全的，總是很容易從外表去判斷別人。」

「對！對！就像我們班上有位同學，長得很漂亮，老師們都很喜歡她，可是我不欣賞她，因為覺得她很驕傲。」小莉嘟著嘴巴說。

「我看妳這是嫉妒吧！」我開玩笑說，結果引來一陣亂拳，我趕緊把小莉轟出房間。

黑暗中的曙光

最後一堂課的鈴聲終於響了，我整個人癱倒在椅子上伸展四肢，鄰座的阿強看我一眼，滿有同感的說：「真是好長的一天！」

「可不是嗎？滿滿八堂課！」

「喂，你們倆還在發什麼愣？走吧，吃飯去！」外號叫「飯王」的阿裕最喜歡吃飯時間了，他只要一有吃的就無比滿足。

我們去阿裕最喜歡的那家賣排骨飯的店，飯菜熱騰騰上桌，我們邊吃邊注視著牆上的電視新聞：「縣市長、議員選舉結果公佈，某位已經被通緝的議員仍然高票當選……。」

「怎麼會這樣！」我才剛吞進一口飯，來不及發表對這則新聞的反應，隔桌一位帶著兩個小孩吃飯的媽媽率先當眾發難：「天啊，這是什麼世界？我們的社會完蛋了！」

「飯王」阿裕顧不得滿口的飯，也相當激動地回應：「怎有這種事情？怎麼被通緝的人還會被選上議員！」

「有錢能使鬼推磨，只要有錢買票就會當選！」一位老阿伯忿忿不平接應著。

小麵店裡一下子變成國事論壇，原本彼此陌生的人忽然有種同仇敵愾的熱絡。

「糟糕，時間到了！」我看看手錶，趕緊與同學們揮別。

「為什麼這麼趕時間？你今天有家教嗎？」阿強和阿裕問著。

「不，我要去接我妹。」我騎上鐵馬，奔馳而去。小莉讀高

二，要不是因為近來「╳╳之狼」的猖獗，我就不會做這件苦差事了，其實也不能說是「苦差事」，從小媽媽就再三告誡我，作哥哥的要保護妹妹。

「頂多只是犧牲一點自由的時間罷了，誰叫這個時代壞人這麼多呢？」我對自己說著。

小莉顯然已等得不耐煩，只見她在校門口踱來踱去，看到我出現，意外地她沒有如往常般噘著嘴，反而是一臉的沮喪。

「發生什麼事？妳幹嘛愁眉苦臉？」我關心地問，因為很少看見小莉這麼沮喪，「是不是考試不及格？」

「哎呀！好煩喔！我跟沈艾美鬧翻了！明明是誤會，我卻有理說不清，真是倒楣！」

「原來是跟好朋友吵架啊！到底是怎麼一回事？」我邊走邊問。

「因為我無心跟別人說了一句話，結果傳到沈艾美的耳中，變成我在說她壞話，她就來找我理論，我解釋了半天，她一句話也聽不進去，真是氣死我了！」小莉漲紅著臉。

「妳們既然是好朋友，誤會應該可以解釋清楚的。」我安慰說。

「可是她就是聽不進去呀！」小莉生氣得大聲說。

「我想她大概也在氣頭上吧？過幾天或許就會心平氣和了！」

「但我真是覺得很寒心，既然是好朋友怎麼會這樣呢？」小莉洩憤似地邊說邊踢著路上的石頭。

「人與人相處是一種藝術，很需要智慧喔！雖然妳是無心的，說不定是先錯在妳！」我替小莉分析。

「是嗎？」小莉低頭沈思。

說著說著，我們很快就到了外公家，因為外公要我和小莉來拿一件東西。

　　進了外公家，電視正播放著新聞，外公兩眼緊盯著電視，我和小莉就陪他一起看電視，這年頭電視的政治新聞居然可以變成連續劇般炒作。

　　「這個國家的政治、社會亂象這樣下去怎麼得了？爛蘋果還被選上？這老百姓也是愚昧、盲目！還有那個官員跟兩個名女人的鬧劇，明明是道德的敗壞，怎麼說只是『緋聞』而已呢？」外公憂國憂民地對著我們說。

　　「咦？小莉呀，妳今天是不是心情不太好？」外公也發現小莉神情低沈。

　　「她呀……跟好朋友鬧翻了！」我說。

　　這時小阿姨和外婆從房間裡走出來，我看見小阿姨的眼眶紅紅的，她與我們打過招呼後很快就離開，似乎不要我們看見她的窘態，我小聲問外公她怎麼回事。

　　「唉！還是老問題！鬧著要離婚呀！」外公搖頭又嘆氣。

　　這時小莉有感而發地說：「到底人生在世，需要什麼樣的智慧？原來人與人之間的關係這麼複雜！這麼需要有智慧去處理，並且『愛情』是什麼？愛情也需要智慧嗎？電視新聞中那個女藝人先是愛那個官員愛得要死，現在又反目成仇？聽說小阿姨年輕時談戀愛不也是轟轟烈烈的，嫁給自己心愛的人以後卻變成以淚洗面？還有媽媽和爸爸為什麼越老越不會溝通？啊！將來我也會害怕結婚！」

　　「事情有這麼嚴重嗎？」我驚訝地說。

　　外公卻打趣問道：「小莉，妳從什麼時候開始會想這些複雜的問題？」

小莉的世界一向很單純，平常除了讀書外，要不就是收集Kitty貓等等女孩子的玩意，要不就是追逐流行歌曲，她的腦袋不喜歡裝些嚴肅和複雜的事情。

　　聽到我們的揶揄，小莉正經八百地說：「前陣子媽媽不在家的時候，我作了好多夢，其中有一個夢讓我印象非常深刻，有一個人從很遠的地方來，他拿一面鏡子送給我，說這不是普通的鏡子，是智慧之鏡，當我用那面鏡子照自己的時候，我看見自己的臉歪七扭八，好不可怕！那人說，妳現在看到的，並不是真實的妳，妳要用心才能看清楚自己，於是我很認真地再度看那面鏡子，就看到鏡子裡面開出一條路來，我走進那條路，看見好多棵樹上掛滿布條，上面寫著不同的字句，像是『惟喜愛耶和華的律法，晝夜思想，便為有福』、『敬畏耶和華是智慧的開端』，以及『智慧使有智慧的人比城中十個官長更有能力』等許多關於智慧的話，我就隨手摘了一個布條，然後就醒過來了。」

　　我和外公都嘖嘖稱奇：「怎會有這種夢？」

　　「說也奇怪，自從作過那個夢之後，我開始認真思考一些事情，包括媽媽離家出走這件事。我開始希望自己能成為一個有智慧的人，特別是現在跟沈艾美吵架，我很需要有智慧去解決。」小莉說話的神情是認真的。

　　「是啊！我相信那是一個好夢，也是一個很好的提醒，我們面對這個時代的許多問題，的確需要有真智慧！」外公說。

　　「那我們到底需要什麼樣的智慧呢？」我問。

　　「這個嘛……」，外公想了一會兒，「比如說我們剛剛從報導中看到政治、社會的亂象，身為一個有正義感的人，我們應該怎麼做呢？也就是我們有什麼樣的法則可以使我們在這個風氣

敗壞的社會裡不致同流合污？」

「小莉剛剛提到她的夢，使我想到聖經詩篇裡的第一篇說到『不從惡人的計謀，不站罪人的道路，不坐褻慢人的座位』，是不是聖經裡的話可以提供我們生活的智慧？」

「是的，聖經的話提供我們一種價值觀和人生觀，但是……」，外公停頓一下，又說：「但是聖經不光只是給我們一種教條式的信仰，否則我們的信仰容易變得僵化。」

小莉搖頭：「外公我聽不懂你說的話，什麼叫作教條式的信仰？」

「我的意思是說，妳不能只死背一些信仰的條文去過生活，那樣是不夠的，因為人生是很複雜、多變的，比如舊約聖經裡面的詩歌智慧書，所提供的一種智慧，都是人以生命去經歷人生，嘗試從真實的人生經驗裡去體會信仰。我們个迴避人生的確有許多掙扎和苦痛，但是在其中我們依然可以了解因為上帝的同在，使我們在逆境中仍然可以感恩，這就是一個『智慧人』。」

「我懂了，比如說人與人之間的關係，並沒有我原來所想的那麼簡單，不單只是誠心待人就夠」，小莉停頓一下，話鋒一轉：「那麼我是不是要經歷苦難才能成為一個智慧人？」

「妳是說和好朋友吵架也是一種苦難？哦！我想也是吧！」外公開玩笑地說，他又補充說：「其實也未必要先經過苦難才能成為一個智慧人，我想最重要的是先成為一個敬畏上帝的人，並願意學習和思考上帝的話，然後在我們生活中去實踐應用。」

「如果我成為一個智慧人的話，那將來的我是不是比較會選丈夫？」小莉認真問。

這話一出口，我和外公立刻哈哈大笑，「是的，我相信妳

會選到一個好丈夫！」外公笑著，一面走進他的書房，又走出來，手上拿著一包東西。

「我記得明天是小莉的十七歲生日，我不知道要送什麼你們年輕人流行的玩意，就送妳這個東西吧！」外公說。

「哇塞！還用漂亮的布包著呢！到底是什麼東西？」我比小莉還好奇。

她很快地打開布包，原來是一本真皮的金邊聖經，「我終於有一本漂亮的聖經了！謝謝外公！」她非常高興。

「咦！妳會開始讀聖經嗎？妳不是比較喜歡看漫畫書嗎？」我認為小莉看聖經一定不到幾分鐘就會打瞌睡。

「你認為我頭腦簡單、四肢發達啊？未免太小看我了吧！」

「好了！你們倆不要再抬槓了，小莉也應該要長大懂事一點了！記住！聖經裡面的智慧可以引導妳的人生，妳要好好珍惜，也要去經歷上帝的話。」

「咦……？瞧！這是什麼東西？好特別的一張小畫片！是一個女人拾麥穗呢！」小莉發現聖經封底裡面夾著東西。

「哇！外公居然也給妳一張藏書票耶！」我好奇地靠過去看，小莉的藏書票也是一張精緻的黑白小版畫。

「『路得的抉擇』是什麼意思？」小莉指著藏書票上的一行小字問外公。

「『路得』就是舊約聖經裡面一個有智慧的女子，在『路得記』的故事裡，記載了一句她的名言喔！」外公賣了個關子。

小莉一手拿著那張藏書票，一手翻著聖經，當她翻到「路得記」時，她竟然讀了一下就問外公說：「外公，你說的那一句路得說過的名言，是否就是這一句話：『你的國就是我的國，你的神就是我的神』？」

說時遲、那時快，當小莉一唸出那一句話，我們還來不及反應，三個人都被一股強大的力量，瞬間吸進去那一小張藏書票中。

基甸的號角

那股吸力是如此的大，使我的身體懸空翻了好幾個觔斗，等站穩之後，發現自己是置身在黑夜之中，看不清楚眼前的景物，只見滿天閃閃發亮的星斗，「外公！小莉！你們在那裡？」寂靜的四周只有我自己的回聲，「糟糕！去那裡找他們兩個呢？」心中湧上一陣的著急和慌張。

我摸索著前進，不知走了多久，看見前面有微微的火光，不禁歡呼起來：「有光的地方真好！」待我越走越近，發現那是一戶人家的燈火，就不客氣地走進去了。我發現有一個人在微弱的火光下打麥子。

那人發現有陌生人闖入，嚇了一大跳：「你……你是誰？」

為了表示友善，我先介紹自己：「我叫王信輝，是西元二千年代的人，是個大學生，敢問先生貴姓大名？」

「什麼？你說什麼？什麼是『西元二千年』？什麼是『大學生』？哦，我叫基甸。」那人的臉上寫滿了問號，他邊說邊撥開黏在手上的麥穗。

我誠懇地解釋：「是這樣的，我叫王信輝，我是從未來的世界來的。」

「未來？我們還有未來嗎？為什麼我在這個時候打麥子？就是因為我們的處境糟透了，強敵米甸人逼迫我們，不讓我們生存下去，害我們必須這樣趁著晚上偷偷摸摸打麥子！」基甸激

憤地說。

「怎麼會這樣？」我心中想著，恍然大悟，原來這次我是來到約書亞帶領以色列人定居迦南地之後的時代，而眼前的這位基甸，應該是士師記裡面一位有名的「士師」。我還記得上一次進入舊約世界的奇妙經歷，約書亞帶領以色列人在迦南地戰無不克，勝利歡呼聲音猶在耳中，我不解地問：「上帝不是已經帶領你們進入應許之地？也把這個迦南地賜給你們了？」

「哼！不！耶和華神若與我們同在，我們哪會遭遇這些事呢？我們的列祖不是對我們說耶和華是領我們出埃及的神嗎？祂當時那樣奇妙的作為在那裡呢？現在，祂卻丟棄我們，將我們交在米甸人手裡！」基甸的聲調中有一種「問天，天不語」的強烈悲憤。

「啊！不是的！應該不是你想的那樣……」，當我尚未說出口，有一個聲音比我更快。

「大能的勇士啊，耶和華與你同在！」那聲音宏亮、莊嚴，有一種無法抗拒的能力。

我和基甸驚嚇地環視周遭，卻看不到任何說話的人，「大能的勇士啊，耶和華與你同在！」那聲音又宏亮地出現，當我們同時發覺聲音是從天上來時，我們兩個人不禁都全身發抖。

不一會兒，基甸強自鎮定、氣憤地回答：「唉！我的主！如果耶和華神與我們同在，我們哪會遭遇這一些痛苦的事呢？我們的祖先向我們訴說的有關耶和華的奇妙作為在哪裡呢？」

忽然有一道從上而來的強光照耀著基甸，那聲音又說：「基甸，你靠著你這能力去從米甸人手裡拯救以色列人，不是我差遣你去的嗎？」

「就憑我？我怎麼可能有這樣的本事？我有何能力去救以色

列人呢？我家在我的家族支派中是最窮的，而我在我父親的家又是最小的！」基甸完全不相信。

「我與你同在，你就必擊打米甸人如同擊打一人一樣。」

那聲音聽來極度的權威，使基甸無法抗拒，基甸露出相當為難的表情，他顫危危回應說：「上主啊！我實在沒有能力承擔這樣的任務，但如果我在你眼前蒙恩，求你給我一個證據，使我知道與我說話的就是來自上主。」

基甸連忙去預備一隻羊羔，又做了一個沒有摻酵的餅，把肉和餅帶到一棵樹底下，放在一個大石頭上預備作獻祭用，等他預備妥當，就有大火從磐石中冒出來，一下子將肉和餅燒盡。我們兩個見狀都嚇得半死，基甸的頭伏在地上，他顫抖地說：「慘哉！主耶和華啊！我不好了！因為我親眼看見主耶和華使者的顯現！」

那威嚴的聲音又出現了：「基甸，你放心！不要懼怕！你必不至於死！」

「我見了神使者的面竟然能得保全！」基甸不斷重複說著這句話，他簡直不敢相信自己剛剛所聽到的聲音。

之後，那威嚴的聲音就不再出現了，基甸立即築了一座祭壇，起名叫作「耶和華沙龍」，意思就是：「耶和華賜平安」，紀念這一場不可思議的神、人對話。

當基甸親眼經歷和看到上帝的顯現之後，他好像換了一個人一樣，憂鬱、膽怯的眼神不見了，就好像美國電影中的「超人」，他變成一個充滿勇氣的男子漢。他所做的第一件有魄力的事情，居然是向自己的父親挑戰，他趁著夜晚，把父親為迦南地的神明巴力所設立的祭壇拆毀掉。有趣的是，當第二天早上，大家發現拆毀神壇的人是基甸，紛紛找他的父親算帳，可

是基甸的父親對這件事情的態度出乎人們的意料之外，他的父親不但沒有憤怒地交出基甸，他非常有智慧只說了一句話便平息了眾怒，他說：「如果『巴力』是真神，現在有人拆毀他的祭壇，就讓他為自己爭論吧！」於是，從那天晚上起，基甸多了一個外號叫作「耶路巴力」，意思是「讓巴力與他爭論」。

因為這件事，使以色列人放棄了對偶像巴力的敬拜，當基甸奮力吹起號角，他的族人紛紛來聚集跟隨他，他們在基甸的領導之下，重新凝聚對上帝的信心，並開始摩拳擦掌為反抗米甸人作預備，料想而知，一場民族的保衛戰就要開展了。

因為我擔心外公、小莉的下落，怕和他們分開太久，便向基甸告別，尋找他們去也。

這次來到舊約的世界所看到的，與以前的印象不大相同，總覺得天色昏沈沈的，「路況」也不太好，一路上看見許多搶劫、殺人、強暴事件，真是險惡！我差點也被一個小混混騙去飲酒作樂，還好我及時想起尋找外公和妹妹的事，才得以脫身。一路上看見許多令人怵目驚心的「神明」敬拜方式，有燒兒童獻祭，以及在神廟裡和廟妓行淫的儀式等等。唉！真是不知如何描述那種「邪惡」，我心中有一種很深的感觸：「怎麼這個世界的混亂，一點也不輸給我所生存的現代世界？」

幽暗的天空，烏雲密佈，傾盆驟雨大顆大顆地滴落下來，遼闊的天際中，一陣陣閃電打落，好像就要打到我的頭頂了，好不嚇人！我趕緊加快腳步奔馳著，任憑兩隻腳逐漸沾滿厚重的泥。

拿俄米的悲和喜

遠處黑雲漸散，透著薄光，越靠近越亮，我奮力地跑著，直到把濃密的黑雲拋在身後。遠遠地，我看見一個熟悉的人影，趕緊追趕上去，在遼闊大地之上，雨後出現了一道彩虹。

小莉聽見我的呼喊聲，也喜出望外地回應著，重逢的喜樂，才使我體會到什麼叫做「手足情深」。

「你猜一猜我遇到誰了？」小莉興奮的表情，在她臉上沒有一絲來到這個奇異世界的陌生和害怕。

「這就新奇了！」我觀察著小莉，「妳不是一向膽小嗎？妳來到這個奇怪的地方怎麼一點都不害怕？」

小莉詭異的表情說：「那是因為我有奇遇啊！」

這就引發我的好奇：「咦……？妳遇見什麼事了？」

「讓你猜猜看：『滿滿地出去，空空地回來；不要叫我甜蜜，要叫我苦味』，猜一個人名。」

我快速搜尋腦海中的資料，誰叫我最近才剛閱讀了一遍舊約聖經呢！「哈哈！這麼簡單的謎題難不倒我，答案就是路得記中的『拿俄米』！」

「哇！真酷！」小莉向我做鬼臉。

我已經等不及要聽妹妹的遭遇了，她興奮地哇啦哇啦開講。

小莉說：「我不知道為什麼突然間進入這個陌生又相當奇怪的世界，起先心裡面好擔心、害怕！可是有一個聲音引導我、安慰我，告訴我前進的方向，我就放心地走走、看看，越走陽光越燦爛，到處都是五顏六色的美麗花朵，好像來到天堂，使我忘記害怕。因為口渴，我到處找水喝，找到一戶人家，有一

位抱著嬰兒的老太太看見我，好心給我水喝，我看見她抱嬰兒抱得十分滿足的樣子，忍不住說：『妳的孫子好可愛！』她卻馬上糾正我說：『這是我的兒子！』我心想怎麼可能？難不成老蚌真的會生珠？」

「對啊，沒聽過老太太還生得出小孩！」我附和說。

「老太太看我一副大惑不解的樣子，就一五一十告訴我她的故事，她講話的時候我看著她的表情，哇！我從沒有看過那麼幸福的一張臉！告訴你我還見過路得喔！原來她是拿俄米的媳婦。」

「那波阿斯呢？」

「哇！路得和波阿斯，真是天生一對！郎有情、妹有義！」小莉陶醉的神色，顯然女孩子對愛情故事還是比較有興趣。

我脫口道：「妳啊！愛情小說看太多了！」

「你知道嗎？從他們的故事裡，我終於了解什麼是『真愛』了！」

「那倒是一件偉大的發現！我洗耳恭聽。」

小莉清一下喉嚨作勢，開始講這個精彩的故事：「拿俄米原本是一個可憐人，當她回到自己家鄉伯利恆的時候，從前熟識她的鄰居，幾乎都認不出是她，他們過去的印象中拿俄米是個年輕、甜美的姑娘，沒想到多年後，回鄉來的拿俄米變得蒼老憔悴。她要家鄉人不要再叫她「拿俄米」，從今以後要改叫她「瑪拉」，因為她受盡生活的風霜和痛苦，她已經不再是過去「甜美」的拿俄米了，而瑪拉這名字是「受苦」的意思，才是她生命的寫照。因為當年她和丈夫為了求生存而離開鬧飢荒的家鄉伯利恆，前往摩押地開創新生活，卻沒想到人算不如天算，她的丈夫在異鄉沒幾年就去世，兩個兒子後來也相繼離

世。這一連串不幸的打擊對拿俄米來說，簡直是無法承受的痛苦……。」小莉邊說邊滴下斗大同情的眼淚。

「別傷心了，又不是妳的故事！」我認為小莉說唱俱佳，將來可以去作個演員。

「你好吵！」小莉拭乾眼淚，又破涕為笑，「還好，拿俄米有一個好媳婦路得，我從來沒有聽過婆婆和媳婦的感情可以那樣好！我想拿俄米必定是一個體貼和沒有私心的人吧，因為我受到她很熱情的招待喔！她告訴我當她失去了兩個兒子之後，原本不想連累兩個摩押人媳婦跟她一起守寡，她一直勸兩個媳婦改嫁，大媳婦終於同意了她的勸告，只有路得不肯，她堅持要和婆婆在一起。你知道嗎？原來我唸的那一句話『妳的國就是我的國，妳的神就是我的神』，就是摩押人路得選擇追隨拿俄米的神的信心告白，我才領悟到就是那一張奇怪的郵票把我帶來這裡的。」

「不是郵票，那個叫作『藏書票』。」我糾正小莉。

「管它是什麼票！來了這一趟，我才知道這個美麗的故事，反正就是路得的決心帶來她們婆媳命運的改變，路得與婆婆回到故鄉伯利恆，他們的寡婦身份是被允許可以到別人的麥田裡去拾取麥穗的，而恰巧他們就到慷慨、仁慈的波阿斯的田裡。有一次路得在田裡拾取麥穗時，剛好波阿斯也來到田裡視察，他聽到摩押人路得的好名聲，就很欣賞路得，你說巧不巧？」

「嗯……，我想這當中一定有上帝巧妙的引導和安排，而不是所謂命運牽的線。」我理性地說。

「你說得對，拿俄米告訴我，她們竟然那麼恰巧地到波阿斯的田裡去時，她才醒悟到上帝是眷顧死人、活人的神，她雖然遭逢人生的不幸，但上帝沒有離棄她，仍然在家鄉伯利恆，為

她預備一個至近的親屬，可以代她贖回產業，而那人就是波阿斯！」小莉的眼睛閃閃發亮，她接著說：「這當中還有一段曲折呢！按照摩西律法規定，若有人去世，他至近的親屬有責任要為死去的親人存留後代，並贖回其失去的產業，波阿斯原本在拿俄米的親屬中不是排第一順位的，有一位比他還更近的親屬，可是那一位親屬拒絕了這個義務，所以就由波阿斯來承擔這個責任，波阿斯以他的敬虔和愛路得的心就娶了她，沒有嫌棄她是一位窮寡婦又是外邦女子，也為拿俄米贖回家族失去的產業，從此他們就過著幸福快樂的日子，路得與波阿斯生了一個孩子叫俄備得，拿俄米也得到很好的奉養。按照他們猶太人的規定，因為拿俄米年老不能生育，路得生的孩子就象徵性地過繼給拿俄米，代替她已死去的兒子，承繼產業，這就是我誤會拿俄米老蚌生珠的原因。拿俄米說她萬萬沒想到自己空空的回來家鄉，上帝竟然使她得到滿滿的祝福。」

奇怪，來到這裡，感覺有一種濃濃的春天氣息，路旁的花朵綻放，陽光柔和而不刺眼，好一幅幸福和光明的美景，與我剛才一路走來的陰沈景象全然不同。我和妹妹邊說邊走，穿越一個濃密的樹林，橫渡一條清淺的小溪。我的手錶的指針是靜止的，但是我知道我們一定不知不覺「走過」不少的時間了。

撒母耳的觀點

我們到處詢問路人有否發現一位跟我們兄妹一樣穿著的老人，有人說好像在一棵大樹下曾看到一位「奇裝異服」的老人，他和撒母耳先知在說話。「撒母耳先知？」我眼睛亮起來，看來外公也有一番奇遇。

我和妹妹飛奔去找外公，終於找到時，他正氣定神閒地在一棵大棕櫚樹下，和一個老人喝茶談天，他好像早知道我們會找到他，當我跑得上氣不接下氣地對著外公說：「我們找您找得好辛苦！您卻在這裡這麼悠閒！難道一點都不擔心我們？」

　　外公笑瞇瞇看著我們，接著介紹他身旁的老者，他真的就是偉大的先知撒母耳哩！他十分和藹地接待我們，好像已經很熟悉的樣子，我想外公大概已經把我們調皮搗蛋的事情都告訴他了。

　　「孩子們，你們來到這裡都遇上些什麼事情？」外公瞇著眼睛問。

　　我搶先說：「我遇到基甸，他本來只是一個在米甸人壓制底下苟且偷生的人，我看見上帝怎樣使他成為一位大能的勇士，他公開向當地人所信奉的偶像巴力挑戰，他還只率領了三百人就擊潰強敵米甸人，使他的族人可以享受太平的日子。我在尋找您的一路上，又聽到許多以色列英雄的傳奇。有個擅長用左手的以笏直入摩押王朝殺了摩押王；趕牛的珊迦只用一根棍子便打死了六百個非利士人；有位女先知底波拉號召一萬個男丁，打敗擁有鐵車的迦南王；還有那個頭髮上有『不能說的祕密』的大力士參孫，他死的時候比活著時所殺的敵人還多。」

　　雖然說得口沫橫飛，心中卻有疑惑：「我看到一個奇怪的現象，這些英雄的出身都是上帝垂聽了以色列人的哀求而被呼召出來拯救他們的，但是等到以色列人一旦享受到太平日子後，就又離棄真神了，這到底是什麼原因？」

　　外公示意老撒母耳為我解答，撒母耳站起身來走了幾步，我發覺他頗高大，令人敬畏。他說：「你可能可以發現在這段時間裡，我們以色列人沒有什麼進步，都一直在一種循環裡面，

不斷地和外族抗爭以求生存。」

「這麼說來……，以色列人在約書亞死後並沒有得到安息囉？」我插嘴問道。

「唉！我們以色列人的表現正應驗了約書亞的警告，上主耶和華神拯救我們出埃及，並賜下應許之地，使我們成為蒙恩的百姓。進入迦南地後，約書亞曾警告我們祖先要謹守與耶和華神的約定，恆心遵守祂的話、信靠祂，不可隨從迦南人事奉各樣的偶像假神或與他們通婚，以致沾染不好的風俗。不然的話，耶和華神必不再把敵人趕出去，他們和他們的神要成為我們的網羅、眼中的刺，直到我們在這美地上滅亡……」

「為什麼以色列人要明知故犯呢？他們不是曾經歷過上帝那麼大的恩惠嗎？」我和小莉異口同聲地問。

「問題就出在這裡，我也不明白為什麼我的同胞那麼健忘！」撒母耳說。

外公忍不住回應道：「其實以色列人的背道在約書亞時代已有脈絡可尋了，他們並沒有遵照上帝的吩咐完全趕出邪惡的迦南人，上帝就用這些迦南人來考驗以色列人是否可以恆心遵守與祂的約定。」

「嗯，是的，這段期間裡，我們週而復始地離棄耶和華神，效法迦南的風俗，事奉敬拜迦南人的偶像，使耶和華神的百姓離聖潔越來越遠，道德和行為失去了準則，人人以自我為中心任意橫行，造成社會各樣的危險和混亂，真是一段不堪回首的黑暗期啊！」老撒母耳眼中泛著淚光。

撒母耳的義憤和眼淚，使我想起在路上聽到的一件事，其驚悚程度真是不下於我所看過的驚悚電影，事情是這樣的：有個以法蓮支派的利未人帶著女妾要回鄉，因為天晚了不敢住進

外邦人的城，而繞道至便雅憫支派的基比亞城，但是整個城裡不知怎麼了家家門戶關閉，沒有人願意接待他們住宿。有一個老年人從田裡回來，不忍心他們在街上過夜，就接待他們至家中住宿，沒想到城裡的匪徒來了，團團包圍整個房子，要老人交出那個陌生男子與他們交合，老人極力勸說，那些匪徒卻不從，再三地威嚇，在情非得已之下，那個利未人拉出自己的妾給匪徒，他們便終夜凌辱她，天亮時婦人回到住宿的地方已經斷氣，那利未人氣憤地將妾的屍身帶回家，大卸十二塊，叫人分別傳送至以色列的十二支派，目的在引起公憤、討回公理，於是從北到南，所有以色列支派都聚集如同一人，聲討便雅憫人要他們交出基比亞的匪徒，便雅憫人不從，眾支派的弟兄們只好訴諸武力，於是一場兄弟之戰，幾乎將便雅憫人滅族。

「唉！真是國中沒有王，人人任意橫行的時代！」聽完我說的故事，外公嘆息說。

「可是當以色列人受盡外族壓迫，呼求上帝的時候，上帝就興起一些英雄來拯救他的百姓。」我沒有忘記一路上的那些英雄事蹟。

「唉！這正是人的頑梗、背逆，對照出上主耶和華的信實和恩典啊！」撒母耳用堅定的口吻說。

 愛的曙光

「可是這樣的黑暗時代，還是有虔誠的好人吧！我遇到了拿俄米和路得哩！」發現我們幾乎忘了她的存在，小莉提高聲音說。

「呵！呵！對了！上帝的選民離棄帶領他們出埃及的真神，

去事奉和敬拜假神，而路得這個外邦的摩押女子，卻選擇了歸向真神，真是何等大的諷刺和對比！」外公對小莉說。

「外公，我終於知道什麼是『真愛』了！」

「妳說來聽聽！」外公對小莉的發現充滿興趣。

「我從拿俄米、路得和波阿斯身上，看到一種人與人之間，無私的、充滿恩慈與捨己的愛，他們高貴的品格令我羨慕！尤其是路得和波阿斯之間，路得以一個守寡、貧窮又是外族女子的條件，怎麼吸引得了富有的波阿斯？但是波阿斯全然被路得的忠貞和賢德所吸引。」小莉羨慕地說。

「孩子，妳若能明白那種人與人之間，可以學習的一種充滿恩慈的捨己之愛，就不虛此行了！」外公稱許小莉的領悟。

「路得，這個再平凡不過的女子，我相信上主悅納了她的信心和愛心，使用她成為大衛的祖先，上主也差遣我去尋找一個好王，就是大衛，使我們可以脫離『國中沒有王，個人任意而行』的黑暗時代。」撒母耳評論著說。

有人來催促撒母耳回去先知學校授課，他向我們作了個揖說：「我暫時告辭了！後會有期！」

看著撒母耳的背影漸行漸遠，我們祖孫三人卸下拘謹，開始開懷暢談起來。

「外公，我覺得我們的時代其實就像『士師記』裡的時代一樣，同樣是失去準則、個人主義、道德腐敗、價值觀墮落、假神、邪說林立、各樣不法的事增多，也是一個人人自危的時代。」

「哥，你好悲觀！在黑暗的時候還是有好人出現呀！」

「是的，我同意小莉的看法，在黑暗的時候上帝的工作並沒有停止，比如以色列人的背道，上帝雖然用外族來管教他們，

至終卻沒有將他們滅絕，我發現當上帝的選民墮落的時候，上帝仍然在為祂所預備給人類的救恩鋪路，像路得這樣的一個外邦女子被揀選成為大衛王的祖先，可以說是上帝全權的恩典介入了人類歷史的運作。」

「所以這樣看來，路得以個人意志選擇了事奉真神，上帝也回應了她的選擇，揀選她成為上帝救恩計畫中的一個部分。」我思索著說。

這時小莉撒嬌地說：「外公，你們說的我聽不太懂！」

「小莉啊，妳要多讀聖經，才能明白人生的真理。」

「是啊，我要像路得那樣選擇跟隨一位真神！也要選對丈夫！」

我們三人哈哈笑，看著天真的妹妹，我也發現外公眼中閃爍著一種老年人的智慧光輝。

溫柔背後的硬骨頭

　　海伊斯畢業後仍然沒有醫院肯收她當實習醫生。醫學界根深蒂固的重男輕女觀念一時很難打破，很多男病人也認為向女醫生訴苦是一種羞恥。

張文亮

　　海伊斯申訴無門，只好向上帝禱告，在這個時候她不讓自憐的想法使自己退縮。她寫道：「生命太短暫，不該把時間留給自憐。如果這時候懦弱退縮，將一事無成。……困難仍是那麼大，但是我願像大衛一樣攜帶五粒小石子，去迎戰巨人歌利亞。」

　　不久，有所貝利必（Bellevue）醫院勉強收她當實習生。她在那裏經常被別的實習生作弄欺負，甚至從背後用沾了口水的紙團丟她。她向院方反應，院方不主持公道反而說：「妳本來就不適合這裏，怎麼了，是不是想打退堂鼓了？」她只得忍下來。漸漸有些醫生也佩服她的毅力說：「這個溫柔女孩的背後有一副硬骨頭。」終於在一八六七年，她接到歐洲維也納醫科大學的入學許可。（張文亮著，《科學大師的求學、戀愛與理念》，219～220頁）

追尋君王的蹤跡

我和外公、妹妹三人沈浸在重逢的喜悅裡，熱烈地交談著在舊約世界裡的見聞，我們走馬看花，許多事物都令我們大開眼界，不知是否是我們現代人的長相較為奇特，在所經之處，總會引來異樣的眼光。有一次，我們祖孫三人在路上吱吱喳喳地邊走邊說，無視於周遭人來人往不斷投射來的奇異目光，突然有一個矮個子的年輕人靠近我們，我以為他要打聽我們從那裡來的，他卻一副上氣不接下氣的樣子，外公趕緊拍拍他的背，要他慢慢說。

「撒母耳先知要我在太陽下山之前一定要找到你們，我就一路跑來了！」

「有什麼事呢？為何這麼緊急！」外公問。

「我……也不清楚！反正有勞三位貴賓跟我走一趟便是。」

於是我們在這位年輕人的帶領下，來到一個叫作「拉瑪」的地方，據說是撒母耳的老家。老先知撒母耳顯然早就已經在家裡等候我們，因為我看見桌上熱騰騰的飲品已準備好。我以為與這樣一位偉大的人物見面，一定要表現出禮貌，沒想到老先知看到我們，沒有任何客套話，他迫不及待地說：「我老了，自知時日不多，但我還牽掛著一件事，是急著找三位來此的原因。」

「是什麼事讓老先知這麼掛心呢？」外公和我異口同聲地說，外公瞪我一眼，示意我用耳朵聽不要亂發言。

「我知道你們是從我以後的世代來的人，一定知道一些我此

生無法明白的事情，上主耶和華神沒有啟示我的事情，我萬不敢僭越，我只是想知道大衛⋯⋯他⋯⋯唉！因為掃羅一心一意想要除掉他，大衛目前還流亡在外，不知平安與否？我想確定到底上主有沒有在大衛身上完成祂的心意？」

外公以一種善解人意的表情回答：「我能體會老先知的心情，請放心！在上帝手中絕對沒有難成的事，我們所知道的其實也是有限，我們相信上帝必然保守與作成祂的旨意與工作。」

「既然這樣，我可以放心了。」撒母耳的臉上浮現欣慰的笑容。

原來我們來到了掃羅和大衛的時代，外公囑咐過我要注意禮貌不要亂說話，但是對於我心中困惑的問題，我有點坐立難安，還是忍不住插嘴問道：「為什麼上帝會『後悔』立掃羅為王而改立大衛呢？上帝既然早就知道掃羅的缺點，為什麼他要讓掃羅作王？為什麼上帝會『後悔』呢？」

「嗯，這是個好問題啊！」撒母耳用手摸著他花白的鬍鬚，憂傷地說：「唉！英雄何竟失敗？掃羅原本是我們以色列人的希望！這個真是說來話長⋯⋯。」

一聽到「說來話長」，小莉馬上打了一個哈欠，外公瞪她一眼，她向來最不耐煩聽長篇大論，這時她只得打起精神，裝作專心聽的樣子。

「我看還是長話短說好了，在我被耶和華神呼召出來作士師和先知之前，因為以色列百姓長久的背叛，有好長一段日子，耶和華神已經不再透過各種方式對我們說話了，整個社會失去了準則，我們整個民族的各支派不再有像約書亞時代的向心力，整個民族分崩離析，個人也任意橫行。直到⋯⋯」，老先知忽然停下來，流露出一臉謙遜的神色。

「怎麼了？接著發生什麼事？」這回是小莉等不及地問。

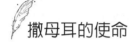

撒母耳的使命

「我們從歷史記載，知道當上帝立您為先知之後，才重新統一了以色列十二個支派，使人心歸向上帝。」外公竟然也忍不住搶著說話。

「承蒙上主的恩典，立我為士師和先知，可是我也會衰老啊！自從摩西、約書亞以後再也沒有可以一統十二支派的領袖，百姓們擔心我去世以後，沒有人可以繼續領導他們對抗外族，而他們看見鄰國之所以強大，是因為有王統管治理，因此百姓們堅決希望要有一個王，可在我之後領導他們。而知道人心的上主，了解這是百姓厭棄祂作他們的工，因為祂是肉眼不可見的。因為上主耶和華神的憐憫，願意體恤百姓的無知，於是祂為百姓揀選了掃羅，派我膏立他為王。掃羅原本是一個軟弱的人，耶和華為了使他可以擔當為王的職責，曾賜給他一個新心，並感動一群人跟隨他，又使他有智慧和能力可以擊敗亞捫人，提高他在全以色列人心中的地位，掃羅的聲望一度如日中天，可惜得勢以後，他內心中的剛愎和背逆卻逐漸顯露出來。」

「『權勢』是會使人腐敗的！」我有感而發地說，這種情況在現代世界的政權中是常有的事，「為什麼上帝也會選錯人？」我追問。

「不！不是的，上主耶和華神豈會選錯人？祂揀選人來服事祂，是給人一個與祂同工的機會，祂並沒有把人當作傀儡，祂看重的是——人是否有自發的順服與誠實的心來與神同工。掃

羅的失敗顯出人性罪惡的一面，關於這方面不能說是上主的失敗，而是掃羅沒有履行為王該有的職責，以致上主耶和華神要再尋找一個合祂心意的人來治理百姓。我相信以色列的大能者耶和華，必不至說謊，也不至後悔，因為祂是真神，祂做事絕不後悔！為著掃羅的失敗，同時也因為上主答應百姓立王的事不能更改，因此祂又指示我要去尋訪一位合祂心意的人，接續掃羅作王。當我尋訪到大衛時，說實在，起初我真的看不出這個面貌清秀的年輕人有什麼特別，可是我受到啟示說：『耶和華不像人看人，人是看外表，耶和華是看內心』，因此我相信這個年輕的牧羊人，一定有比掃羅更合神心意的地方。」

小莉拉一下外公的袖子，小聲說：「大衛是不是那個只用彈弓就打死巨人歌利亞的人？我們什麼時候可以看到他呀？」

「這個嘛，我也不知道。」外公聳聳肩膀，回答小莉。

撒母耳聽見外公和小莉的談話，笑著說：「大衛是個真正的英雄嗎？我也聽說他做事精明，可能是耶和華神與他同在吧！使他所做的事情都很有智慧。」

「但是……」，撒母耳臉色凝重起來，他憂愁地說：「大衛越能幹，掃羅就越恨大衛，處心積慮要除掉他。唉！大衛現今的受苦，我相信一定是上主所容許的，藉著這樣的處境熬煉他，使他可以承受將來的榮耀。」

外公頗有同感地點點頭。

撒母耳站起身來，當著我們的面吟唱：

我的心因耶和華快樂；我的角因耶和華高舉。
我的口向仇敵張開；我因耶和華的救恩歡欣。
……

人不要誇口說驕傲的話，也不要出狂妄的言語；
因耶和華是大有智識的神，人的行為被祂衡量。
……
素來飽足的，反作用人求食；飢餓的再不飢餓。
不生育的，生了七個兒子；多有兒女的反倒衰微。

聽起來好像一首詩又好像歌，老先知吟唱起來，充滿著濃厚的情感。

「敢問先知所吟唱的，可是令母哈拿的禱詞？」外公小心翼翼地問。

撒母耳非常驚奇，不能置信地說：「這個你們怎麼會知道？」

外公謙虛地解釋：「是這樣的，在我們的時代只要透過聖經記載，就可以明白這一切歷史的事情。」

「雖然我有點聽不懂你所說的，不過你們是有福的，可以看見上主旨意的成就。」撒母耳繼續以一種充滿感情的語調說：「是的，我剛剛所唱的，是我母親在上主面前的頌讚，從我幼年以來在上主耶和華神的殿中事奉，從沒有忘記母親的心願，她原本是無法生育的，上主垂聽了她的痛苦祈禱，使她懷孕生下我，她為了還願，將我獻給耶和華，希望我能終生事奉祂。因此我不敢懈怠，只求一生可以忠心職守事奉神，如今我已完成我本分的工作，可以離世而無憾矣！」

這時，我們聽見屋外一陣陣人聲鼓譟：「掃羅殺死千千，大衛殺死萬萬！」

撒母耳走到窗邊往外看，他回頭驚訝地對著我們說：「我看見一個新的時代將要來臨了！」

老先知炯炯發亮的眼睛透視了未來，屋外洶湧而來的聲音，令我們也感到有某些事情即將發生。

小莉顯得不安和焦躁，不停問著：「接下來會發生什麼事情？」

大衛的行蹤

不久之後，我們祖孫三人再度受邀來到拉瑪，參加撒母耳的喪禮。

所有的人紛紛來此聚集，為一代偉大先知的去世而哀哭。「他統一了以色列十二支派！」、「他是審斷我們的偉大士師！」、「他是教育我們的導師！」、「他是為我們立君王的先知！」群眾異口同聲地追念撒母耳一生偉大的功勳。

在我生存的世界裡從未目睹過如此隆重偉大的喪禮，心中不由得感到一陣悲戚，體會到人的生命雖苦短，卻有人能在人和上帝眼中成為可被紀念的，這就是一個人真正應該活出的生命意義。我看一看身旁的小莉，期許我們年輕的生命能有所學習，她早已被周遭氣氛感染，哭得像個淚人兒了。

外公悄聲對我解釋說：「根據我的研究了解，撒母耳先知是舊約歷史中一位承先啟後的人物，他統一了以色列人進入迦南地後分崩離析的十二支派、以祭司身份帶領以色列人恢復對真神的敬拜、建立先知學校、開平民教育的先河，又為君王立憲設立制度等，他這些偉大的貢獻都是為著之後的大衛王朝鋪路，從新約時代的解釋來看，大衛王的角色和工作是預表耶穌基督的。孩子，你有沒有發現？撒母耳的角色就像新約時代的施洗約翰？從某個角度而言，他們可以說都是扮演著開路先鋒

的角色，都在為一個新時代的來臨做準備！」

我非常驚訝外公的見解，也悄聲回應：「那麼你的意思是說撒母耳只是配角？」

「我的意思不是要分出誰是主角或配角，在上帝救恩計畫的舞台上，每一個角色都是非常重要，他們可以說都是引向真理的指標，使我們認識新約時代的耶穌基督，就是舊約一再宣告的救主君王。」

外公的見解讓我對舊約的人、事、物有一番新的看法，難怪有人說「不讀舊約，無法開啟新約；不讀新約，則無法明白舊約」，舊約與新約聖經是不能割裂來看的，因為上帝的救恩計畫是在人類的歷史中鋪展，是跟人類的生活習習相關，不是憑空而生的。使我更下定決心回去後要像外公那樣認真研究聖經。

在一片哀戚的氛圍中，不意中起了一陣騷動，原來大家在相傳一個耳語：「聽說大衛也來參加撒母耳的喪禮！」大家四處尋找，卻沒有人真正看到大衛的行蹤。

「他大概是藏起來了，免得被掃羅發現！」期待大衛出現的群眾，只好做如此推測。

「大衛真的來過！聽說有人看見他已經去了巴蘭的曠野。」這是群眾最後傳來的消息。

「請問大衛是長什麼樣子？」小莉拉著人們問。

一位歐吉桑說：「大衛啊……方頭大耳，一表人才，長得一副很有福氣的樣子！」

另一位老婆婆強調說：「哪裡是方頭大耳？聽說大衛是面貌俊秀、臉色紅潤！多才多藝，又會彈琴又會寫詩呢！」

一位穿著軍裝的男子說：「大衛可以說是英雄中的英雄！允

文允武。他的相貌堂堂，氣宇不凡！」

小莉又問到一個小姑娘，她害羞地說：「聽說他是濃眉大眼，嘴唇薄薄、很有魅力，溫厚儒雅，是大帥哥哩！」

聽到那麼多人口沫橫飛地評論大衛，小莉是越來越崇拜他了，透過那些人的描述，小莉心目中的大衛形象會是怎樣呢？我感到十分好奇。

「外公，那我們也趕快去尋找大衛吧！」小莉興致勃勃地催促我和外公趕快出發。

舊約的世界對我們這三個現代人而言，實在是陌生，我們也相當缺乏方向感，而不得不到處問路，常常走錯路而必須折返原路，耗損了不少時間。

一路上我們聽說掃羅王極力追索大衛要置他於死地，而大衛本有機會可以殺死掃羅，卻顧念掃羅也曾是上帝所膏立的王而沒有加害於他，人人都傳頌著大衛是一個敬畏神又寬厚的人。百姓越是讚賞大衛，掃羅逼迫大衛的手段就越加厲害，雖然他明知迫害大衛等於就是公然對抗上帝，卻仍然一意孤行，迫使大衛不得不逃到以色列的頭號敵人非利士人那裡去。百姓中又有傳言說掃羅為了知道如何抵抗非利士人的攻擊，竟然去一個叫作「隱多珥」的地方找女巫，把撒母耳的鬼魂叫出來以尋求指引。

外公聽了這些傳聞，嘆息著說：「一個失去神同在的人，竟然墮落如此！內心是在何等的黑暗中啊！」

我們因為走了許多冤枉路，任憑如何追趕，一直無法趕上大衛的蹤跡，最後聽到的消息是大衛和他的跟隨者去追趕亞瑪力人了，因為亞瑪力人擄掠了他們在洗革拉的所有家當和妻兒們。

都是口香糖惹的禍！

「我走不動了！腳好酸喔！」小莉終於無法忍受路途的勞累，叫喊著要休息一下，而外公看來也早就累喘吁吁了，我們就在一棵大樹下休息，三個人都累翻了，攤在地上，一動也不動。

不知過了多久，我聽到一陣號角聲，聲聲急促，趕緊叫醒外公和小莉，外公被我嚇了一跳，連忙問：「什麼事？」

不久後，我們看見蔚藍的天空，驟然間黃沙滾滾，傳來刀劍相接和戰車衝鋒的聲音，由於煙塵瀰漫，我們看不見遠方到底發生了什麼事情，我和外公都很納悶。

「我肚子餓！」在這節骨眼上小莉一直喊餓，我意識到自己也餓了。

「有沒有什麼可吃的東西？」我四處尋找有沒有可充飢的野果子。

「你看，我找到什麼東西！我口袋裡居然還有一包口香糖！」小莉的口袋裡，居然讓她摸出一包口香糖，可是她的話才說完，整個人就像煙一樣消失不見了。

在我和外公都還來不及喊出聲時，小莉真的就不見了！我們祖孫倆都感受到一種無法捉摸的神祕力量，「她可能是回去我們的現代世界了吧！」外公喘氣猜想著。

「看來她是沒有福氣見到偉大的大衛了！」我驚魂未定地說。

當我和外公準備再上路時，發覺天色又有了改變，黃沙滾滾的景象消失了，一切漸漸恢復了平靜，雲淡風清，非常怡人。

我們一路上詢問大衛王的下落，最後卻得到十分意外的答案，原來我們又該往回走，因為大衛早已經在耶路撒冷登基為王了，而且他已經老邁，他的兒子所羅門接續他作王！

　　「這是怎麼回事？好像一切事情都才剛發生不久，忽然間又已經過去很久了？」我非常地納悶和懊惱，覺得白白走了許多冤枉路。

　　「我推測這可能和小莉的口香糖有關，口香糖使我們在這裡的時間往前推進了一些。」外公的口吻好像小說中的大偵探福爾摩斯。

　　「好吧！不管怎樣，既來之則安之，不達目標絕不終止！」我狠狠地對自己說。

　　「呵呵呵！果然有志氣！我這把老骨頭就捨命陪孫子吧！」外公拍拍胸脯。

　　於是我們祖孫倆鍥而不捨地繼續尋訪下去。

苦難與榮耀

　　經過路人的熱心指點，我們來到距離所謂的大衛京城一個不遠的地方，進入一間房子裡。說來令人無法置信，這個房子用現代的名詞來說，就叫作「大衛博物館」，因為以色列人太愛戴這位偉大的君王，便把他死後所遺留下來的一些東西，集中放在這間屋子裡，以供百姓紀念、憑弔。

　　在那屋子裡我一眼就看到一副甩石環索，我推測應該是大衛打死歌利亞時所用的，我試著拿起來試一試，那甩石環索頗有一點重量哩！我想牧羊人出身的大衛，力氣一定不小，據說大衛年輕的時候在荒野裡牧羊，常要徒手從獅子、老虎口中救

回羊群，早就練就了一身本事，因此當他面對高大又身穿盔甲的敵人歌利亞，他單憑著一副甩石器就力剋強敵，展現了一夫當關的氣魄。

「信輝，你來看！」外公要我看一堆牛皮之類的東西。

「這可不是普通的皮！你看上面有文字，一定是古代人的『書』卷，說不定是大衛所留下來的文物哩！」

外公的話引起我的好奇，我立刻打開一個皮卷，上面的文字寫得非常工整，我好奇地問：「這難道是大衛的筆跡嗎？」我遞給外公看。

外公竟然就讀起上面的文字：「大衛作哀歌弔掃羅和他兒子約拿單：『以色列啊，你的尊榮者在山上被殺！大英雄何竟死亡？不要在迦特報告；不要在街上傳揚……。』」外公也驚訝地說：「這些難道真的是大衛的手稿？」

「怎有這種事？我隨便一翻就翻到大衛追悼掃羅和約拿單的詩？」

「可見大衛實在是一個至情至性的人，在他的心目中，掃羅一家的失敗和死亡何等慘烈！雖然掃羅因為嫉妒的緣故一再企圖致大衛於死地，大衛卻沒有任何的記恨，以他的仁慈胸懷，難怪是個合神心意的人。」外公看著皮卷意味深長地說。

「可是我記得聖經上記載，大衛也曾經犯過罪，為什麼像他這樣看起來幾乎零缺點的人也會犯罪？」

「孩子這就是『罪』的可怕！我們屬神的人真的是一輩子要依靠聖靈的能力與『罪』抗爭。大衛雖然在苦難中因為依靠上帝而勝過仇敵，可是當他作王後，在整個國家根基穩固時，警醒的心就鬆懈下來了，以至於犯了淫亂的罪，古代的君王都有三妻四妾的風俗，可是在上帝眼中，最重要的是內在的動機問

題，大衛為了滿足私慾，想要掩藏與拔示巴之間的醜事，殺了拔示巴的丈夫烏利亞。這件罪行，在公義的上帝眼中，一覽無遺。」

「我記得大衛的後半生也相當淒慘，被自己的親生兒子押沙龍篡位又被他追殺。」

「大衛家庭的悲劇，固然是大衛犯罪以後上帝的審判，但是大衛一直擁有眾多的妃嬪，必然導致家庭倫理的問題，這是我們從聖經的記載上知道的。所以聖經上雖然記載大衛擁有眾多妃嬪，並不表示上帝是贊成人擁有三妻四妾的。」外公停頓一下，以警戒的口吻看著我說：「信輝，你們年輕人血氣方剛，一定要小心『情慾』的試探！」

「嗯……」，我點頭表示同意，在我的現代世界裡，「性氾濫」的問題很嚴重。我在與英英的交往中，有時也會忍不住想要摟摟抱抱，但總還是努力克制自己，這或許是英英說我是「呆頭鵝」的原因吧。

我又翻到一個羊皮卷，遞給外公看，他再度唸給我聽：「我家在上主面前並非如此，上主卻與我立永遠的約。這個約凡事堅穩，關乎我的一切救恩和一切我所想望的，上主豈不為我成就嗎？」

「這句話是什麼意思？」我問。

外公研究著皮卷說：「我推測這是大衛晚期所寫的，如果我記的沒有錯的話，這應該是大衛感念上帝與他立約而寫的，我們叫作『大衛之約』。」

「什麼是『大衛之約』？」我真佩服外公的博學。

「簡單來說，從上帝與人立約的發展看，在亞伯拉罕時期上帝應許祂的恩典要臨到信心的後裔，我們稱為『亞伯拉罕之

約』；到摩西時，上帝透過揀選以色列民族成為祂在地上聖潔國度的代表，就叫作『摩西之約』；而到了大衛，上帝應許他的後代必永遠作王，就是『大衛之約』；從我們新約時代的角度來看，耶穌基督從肉身而生，成為大衛王的後裔，但是根據現代學者的研究，舊約時代的大衛是預表耶穌基督的，也就是說上帝透過大衛在表達一個以仁愛和公義統治的國度，這個屬於上帝的國度將來要在耶穌基督的降臨中體現出來……」，外公拿下他的老花眼鏡，充滿感情地說：「很有意思！大衛在晚期的時候寫了這段話，他一定是對上帝的心意和恩惠體會得很深，縱使他因為犯錯而遭上帝責罰，上帝對他的接納和應許卻沒有改變。」

「大衛犯了那麼嚴重的錯誤，怎麼還可以被認為是一個合神心意的人？」

「孩子，公義的上帝真的不像人看人，大衛與拔示巴在那件事上雖然犯了致命的錯誤，上帝看人卻是看他的全部。當大衛在躲避掃羅王的時候，你看大衛在言語和行動上一直沒有犯罪，他一直在逼迫中忍耐等候上帝所給他的榮耀；當他在耶路撒冷登基的時候，沒有忘記上帝的約櫃還被遺忘在鄉下，一心一意要使上帝得到該有的榮耀；還有，當他知道自己犯罪的時候，他的悔罪是何等的深刻，當上帝宣佈對他的處罰時，大衛沒有任何的怨言，只當是自己該得的。」

我在皮卷堆的下層看到一個特別用紅色細帶子捆起來的卷軸，我又好奇打開看，發現這個卷軸上面的文字沒有像前兩個那麼工整，字跡稍亂而且有點抖，寫的人一定是心情起伏很大。

外公嘗試理解上面的文字，但因為字跡較亂，他讀得有點

吃力，過一會兒，他若有所悟地說：「我知道了！這一篇應該就是被收錄在聖經詩篇中，大衛那一篇有名的悔罪詩！是我很喜歡的詩篇哩！來！我可以背誦出來……」，外公閉起眼睛，就唸出聲來：

求你用牛膝草潔淨我，我就乾淨；
求你洗滌我，我就比雪更白。
求你使我得聽歡喜快樂的聲音，使你所壓傷的骨頭可以踴躍；
求你掩面不看我的罪，塗抹我一切的罪孽。
神阿！求你為我造清潔的心，使我裏面重新有正直的靈。
不要丟棄我，使我離開你的面；
不要從我收回你的聖靈，
求你使我仍得救恩之樂，賜我樂意的靈扶持我……

何等憂傷痛悔的心靈啊！聽外公背誦出來，我頭一次感受到一種深刻的反省，領悟到一個不幸誤入罪惡深淵的人，恍然覺悟聖潔的可貴，而懇切想要重返與上帝和好之路。這時，我才體會到大衛所指出的那一條與上帝和好之路，不在於人為的努力，而在於上帝無條件的赦免及全然接納的恩慈。難怪大衛被稱為「合神心意的人」，正是因為他深切體認到人性裡面罪惡的掙扎和痛苦，認知到只有在耶和華神裡面有一條出路，是祂用那不止息的大愛和恩典鋪成的，找到那條回家的路，就找到了生命的「安息」。

外公翻找著皮卷堆，他累得氣喘吁吁的，因為那些皮卷非常厚重呢！「有了！我又找到一首我喜歡的大衛詩篇了。」他又大聲唸誦出來：

耶和華是我的亮光，是我的拯救，我還怕誰呢？

耶和華是我性命的保障，我還懼誰呢？

那作惡的就是我的仇敵，前來吃我肉的時候就絆跌仆倒。

雖有軍兵安營攻擊我，我的心也不害怕；

雖然興起刀兵攻擊我，我必仍舊安穩。

有一件事，我曾求耶和華，我仍要尋求：

就是一生一世住在耶和華的殿中，瞻仰他的榮美，在他的殿裏求問。

因為我遭遇患難，他必暗暗地保守我；

在他亭子裏，把我藏在他帳幕的隱密處，將我高舉在磐石上。

現在我得以昂首，高過四面的仇敵。

我要在他的帳幕裏歡然獻祭；我要唱詩歌頌耶和華。

「這首詩是不是在表達大衛對上帝的信心和依靠？這麼說來大衛是一位信心英雄了！」我很認真地聽與思考。

外公點點頭：「我想大衛一生飽經憂患，在面對仇敵攻擊的時候，他經歷到上帝是他惟一的保障；當他犯罪以後，格外體會上帝的公義和赦免之恩，他對上帝的認識越來越深，知道上帝所喜愛的不是那些看似敬虔的外在行為，而是心裡沒有詭詐，一心一意渴幕真理、遵照祂旨意而行的人。孩子啊！我也是到一大把年紀了才了解這些事情！」

回想從前的我，外公的這些話我一定是聽不懂的，但是如今的我，藉著來到舊約世界的這些奇妙遭遇與所獲得的領悟，我的心眼被打開了，開始能了解外公話語中的深意。我期許自己在錯綜複雜的人生中，一定要學習像大衛那樣，在上帝面前永遠保持一顆赤子之心。

我們祖孫倆在「大衛博物館」裡，還發現了一卷據說是大衛的勇士名單，上面密密麻麻的字；另外還有一個裝水的錫杯，聽當地人說，那是大衛在與非利士人作戰時，他的一位勇士冒著生命危險去敵人的陣營裡為他取水，後來大衛卻捨不得喝，說那水就像那勇士的血一樣非常珍貴，因此那個錫杯便成為大衛對他的勇士們捨身相報的紀念。

　　我們還有一個令人驚奇的發現，那就是我們竟然找到一幅大衛畫像，不過古代人的繪畫技巧比不上現代的照相機，我們還是得用想像力去描繪心目中的大衛形象。唉！回去後如果小莉問我大衛到底長得什麼樣子，我只好要她充分運用自己的想像力了。

失去榮耀的王國

雖然沒能見到大衛王的廬山真面目，在「大衛博物館」裡的東西也夠我和外公流連忘返了，在眾多古代皮卷中，我們還發現一些上面有著圖案，有點像建築圖般的皮卷，當地人告訴我們那是耶路撒冷聖殿的建築圖。

一提到聖殿，當地人似乎都顯得十分津津樂道：「大衛王建國以後，想到耶和華神的約櫃還在會幕裡，便想要為祂建造一個殿宇，可是耶和華神不許，可能是因為大衛畢生是個戰士，南爭北討的沾了不少血跡，耶和華神要選擇在平靖的所羅門時代來完成建造聖殿的工作吧。」

「說起聖殿，那真是所羅門王的一個偉大工程！所羅門網羅了最傑出的建築師、雕刻家。光是建築材料就珍貴得不得了，不僅從推羅運來珍貴的香柏木，整個聖殿內部、牆壁和各樣擺飾，全包上精金，各樣器物都製作得非常精巧。」

根據當地人的描述，立聖殿地基的石頭可能就有一座現代大樓那麼大，是遠從腓尼基海運來的呢！真是無法想像在交通工具不發達的時代他們是如何做到的。「所以，整個工程動用了十五萬多人，七年才完工。」當地人說得口沫橫飛，充滿興奮與驕傲的神情。他們對聖殿的種種描述，真是令我驚嘆不已，如此偉大精妙的建築物，不去瞧瞧怪可惜的。

就當我的飛毛腿要開拔之際，卻被外公一把抓住，我從來不知道他的力氣有這麼大，「信輝，你還是這麼毛躁？你以為自己是觀光客嗎？」

「我……」，外公說得沒錯，我不是坐飛機來此觀光的，我是透過一枚奇特的藏書票莫名其妙地來到這裡的，「外公，那我們來這裡要做什麼？」

「你以為聖殿就像外國那些有名的大教堂，是讓人參觀用的嗎？」外公瞪著我說。

「那麼聖殿為什麼要建造得那麼華麗精巧？我們現代人不也是花很多錢蓋許多宏偉的寺廟？」我稀奇自己的腦筋居然轉到這個問題上來，只見外公對我吹鬍子瞪眼。

這時，有一個人風度翩翩地來到，他口中唸唸有詞：「耶和華並不住人手所造的殿！耶和華神果真願意住在地上嗎？看哪！天和天上的天尚不足祂居住，何況人所建造的殿宇呢？」

這人的打扮看來像是村夫，可是卻有一種氣宇軒昂的相貌，沒有鄉野之民的粗俗。

「敢問您是？」外公客氣地問。

來去瀟灑的「傳道者」

「叫我『傳道者』好了。我路過這裡時聽見你們在談論聖殿，便走了過來。」

「聽到您口中所唸的，我更疑惑了！上帝既然不住人手所建造的殿，為什麼要讓以色列人費那麼多工夫建聖殿？」我直言不諱地問。

那人十分彬彬有禮地說：「我就告訴你我所了解的吧！聽說當聖殿落成的時候，所羅門王站在華美的聖殿中，心中有一個很深的感觸，他覺得有限、不聖潔的人怎麼可以親近神呢？那是上主對人何等大的接納！當他在剛落成的聖殿中向聖潔的上

主禱告，他真確感受到上主仍坐在天上的寶座，祂從天上垂顧世人。其實從我們以色列人出埃及以來，上主耶和華神從未吩咐我們要為祂建造殿宇，因為祂就充滿在整個天地之中，但是祂願意透過『會幕』與我們同行，指引我們祖先當走的路；當我們祖先進入迦南地定居之後，祂允許人為祂建造殿宇，我體會到是祂的憐憫，耶和華神用具體的聖殿，來象徵祂的同在，使人可以認識那是一位看不見的真神與人同在的記號。」

「從另一方面來說，根據我的研究，聖殿建築本身或各樣器物的設計都不是人所想出來的，而是上帝啟示人建造的。這方面說明了上帝的聖潔與超越，有別於那些都是人所設想的外邦神廟。」外公插嘴說。

「嗯……，您也懂聖殿的建築？您很有智慧呢！是的，您的看法說明了很重要的一件事，那就是作為有限的人類原本並不知道應當如何準確敬拜真神，以及應當用什麼敬拜的形式彰顯真神的榮耀，除非上主啟示人祂的聖潔標準。如今聖殿的建造和其中的各種敬拜器物，都是按著建造『會幕』時期耶和華神的啟示，繼續指引人當有的敬拜。」

我看著那些精細無比的建築圖說：「難怪需要最優秀的建築師和巧匠才能完成上帝的設計藍圖。」那些最優秀的巧匠們，可以獲選來與上帝同工，完成聖殿的建築，這是一生中何等大的榮幸！希望我自己也能以和上帝同工為一生最大的榮耀。

這位「傳道者」與我們說完話，就四處瀏覽大衛王的遺物。他與我們一樣，對大衛的每件事物都很有興趣，外公對我說他觀察到這位「傳道者」和一般百姓不太一樣，他對每一件東西似乎都如數家珍般的熟悉，他把剛剛被我們弄亂的東西，重新在正確的位置上擺好，有蒙上灰塵的他就拭去，他好像是

這個博物館的管理員。

在詳細檢視完每件物品之後，「傳道者」露出滿意的笑容，向我們告別。他說：「很高興遇到你們兩位，萬事都有定期，我就此告辭了。」他就翩然地離去。

真是瀟灑地來，也瀟灑地去。目送著他的背影，我聽見空中飄來他所吟唱的詩句：「虛空的虛空，虛空的虛空，凡事都是虛空。……一代過去一代又來，地卻永遠長存……」

「外公，這人很神祕，為什麼他要我們叫他『傳道者』？」我不解地問。

「我猜想這人有可能就是所羅門王。」

「真的？高貴又富有的所羅門王，怎麼看起來就像平常人一樣？難道他是微服出巡？」我幾乎驚叫出來。

我好奇又興奮，因為聖經上記載所羅門的財富和智慧勝過同時的列王，有一位示巴女王親眼看見所羅門的智慧，和富極一時的王朝、聖殿時，曾詫異得魂不守舍。並且傳聞說所羅門使耶路撒冷的銀子多如石頭，所進口的上好香柏木也多到如同以色列本身出產的桑樹。整個以色列的國力在所羅門時期盛況空前，光是所羅門的馬匹和戰車隊就不知有多少！每年四鄰的國家都會進貢，使他的王宮裡面堆滿了寶物。

「外公，走吧！我們去看所羅門的王宮！看能不能跟得上他。」不管三七二十一，我拉著外公就跑。

追了許久，一點所羅門的影兒都沒有，我們祖孫倆又白忙一場。有人說所羅門早已雲遊四海去了，留下一部「傳道書」，來勸勉世人要敬畏真神、謹守神的誡命；有人也建議我們需要高人指點迷津。於是我們根據指示，穿過數個村莊，尋訪一位叫做亞希雅的先知。當我們路過一個草棚，就遇見了他。

亞希雅的預言

亞希雅先知看到我們，好像一眼望穿我們的目的，開門見山地說：「也許你們還不知道，所羅門的時代已經過去了！」

「啊！」一聲，我和外公頹然坐在地上。我心有未甘地問：「怎麼可能？我們不久前才遇到他呢！」

「唉！繁榮一時，誰知衰敗也快速臨到，只有敬畏耶和華才是智慧的開端。」

不知道這位先知的葫蘆裡到底賣著什麼膏藥，我催促著問：「所羅門到底去哪裡了？」

「兩位有所不知，所羅門的王朝如今已分裂為二了！所羅門的兒子羅波安接續他登基，只能統治南方的猶大，而北方的十支派擁立所羅門的部下耶羅波安叛變，自成『以色列』國。」

「從聖經知道，這是所羅門的自食惡果。」外公鎮定地說。

「咦……？先生，你知道？」亞希雅十分驚奇外公所說的話。

「是的，歷史的發展都在上帝的曉諭之中。」外公又語出驚人，使亞希雅先知大感驚奇。

他若有所悟地說：「兩位貴賓，我想你們是有福氣的！」亞希雅又接著說：「是耶和華神曉諭我，對所羅門的審判已經臨到，因為他離棄曾經兩次向他親自顯現的真神，違背神的約、不守神的律例典章，去敬拜事奉外邦人的假神。不像他父親大衛那樣一生誠懇地事奉真神。因此耶和華神說：『我必將國從所羅門手中奪回，賜給耶羅波安十個支派，只是因我僕人大衛和我所選擇的耶路撒冷的緣故，仍留給所羅門一個支派。使我僕人大衛在我所揀選立我名的耶路撒冷城裡，在我面前長有燈

光……』」

聽了亞希雅先知的敘述，我問：「所羅門不是為上帝完成了建造聖殿的工作？並且上帝不僅賜給他過人的智慧又親自向他顯現，他怎麼還會偏離上帝呢？」

亞希雅先知感嘆道：「最聰明的人也會變成愚昧人，真是可悲！摩西曾告誡我們進入迦南地居住之後，君王不可為自己加增財寶、馬匹和妃嬪，以免他的心偏離耶和華。所羅門可說是濫用了神給他的恩賜，褻瀆了從神而來所領受的亮光。他為著政治的需要與利益，與許多外邦王室女子通婚，並為了討好她們，引進她們可憎的信仰，為她們的神造建廟宇，他自己也隨從他的妃嬪們敬拜那些假神。所羅門違背了與耶和華神的約，神不能不施行管教，但是耶和華的憐憫永不至斷絕，耶和華神說：『我必因所羅門所行的，使大衛後裔受患難，但卻不至於永遠。』」

「所羅門所建立的王朝，是以色列歷史中空前的強盛期，他的名聲和榮耀也是一時無所匹敵，很少人可以像他那樣一生經歷財富、美名、各樣的享樂，可是也很少人對生命和生活的失望比他更深。」外公語意深長地說。

「嗯，沒想到先生對所羅門也這麼了解！」亞希雅嘆道：「一個如此強盛的國家分裂為二，悲劇好像才剛要開始！近來，耶羅波安害怕北方十支派中有人回去耶路撒冷聖殿獻祭時歸降猶大的羅波安，就憑私意建造了兩隻金牛犢，指著牛犢像對百姓說：『你們上耶路撒冷去的路途實在遙遠，看哪！這就是領你們出埃及的神！』耶羅波安又為自己所鑄造的金牛犢設立祭司，不允許耶和華神的祭司和利未人去耶和華神的聖殿中擔任聖職。」

亞希雅先知說完，指給我們看草棚中的柱子上刻著一個記號，他說：「以色列全地的祭司和利未人，凡不願順從耶羅波安的，都有這樣的記號。看哪！將有從四面八方來屬於耶和華的祭司和利未人，甘心撒下自己的產業回到南方耶路撒冷神的殿中，去事奉真神！」亞希雅看著我和外公又說：「我也將與這些回歸的人會合，現在，正是時候到了！」

接著，他在地上寫了幾個字。

「可是我還有一些事情不太明白……」，不待我把話說完，他就逕自走了。

「信輝，趕快來看先知所寫的字！」外公叫著正要追亞希雅先知的我。

外公唸道：「欲知後事，請找到基列隱士。」

「誰是『基列隱士』啊？我們該去哪裡找他？」我真是迷惘。

「孩子，別急！一定會有方法的。」外公一副胸有成竹的樣子。

我欣賞老人家的沈穩，好在有外公與我為伴，不然在這個神祕的舊約世界裡，也真感到孤單和茫然呢。

尋訪「基列隱士」

在我的世界裡有句俗語說：「路，是長在嘴上的。」我和外公到處問路，再次開展我們的旅行。

可是儘管沿途的景色是我的世界裡所看不到的，我卻無心觀賞風景，因為腦海中還在思考一個難題。

「孩子，你怎麼悶悶不樂的？想家了嗎？」外公關心地問。

「我還是想不通！像所羅門那樣曾經經驗過上帝的恩典、看過上帝榮耀的人，後來怎麼還會離棄上帝呢？」

「孩子，問得好！若你能體會和思想這個問題，就不虛此行了。我從前與你一樣也有同樣的困擾。當我年紀越大，看得事情越多，就逐漸想通其中一些道理。」

「真的？您曾經也想過這個問題？」

「嗯，想想看，你爸爸不也是一個例子嗎？」

外公的話使我想起爸爸，聽過媽媽說爸爸年輕的時候，也曾經是個熱心的基督徒，可是在我們小時候，因為看到教會裡一些人不好的見證，他便不再想去教會了，從此以後他的信仰越來越冷淡。前陣子社會上不是鬧過一些假借宗教斂財的新聞嗎？媒體報導說有許多知識份子也信從那些所謂的「人間師父」而受騙，爸爸看了那些報導後，對信仰更是興趣缺缺，他惟一感到「實在」的東西就是「錢」，因此把所有熱忱都放在工作與股票上。

「據我看來，跟隨上帝與否，是出於一種個人意志的選擇。就以色列人來說，從上帝與亞伯拉罕立約開始，亞伯拉罕的後代子孫可以繼續享有上帝同在的恩典，這個約的祝福雖是透過亞伯拉罕傳承下去的，可是你有沒有發現？上帝照樣與每一個世代立約，要他們以個別的身分回應上帝的約。大衛在位時，上帝應許他的王位可以永遠得到堅立，當所羅門被揀選成為大衛的繼承人，他也要對上帝的約作出抉擇和回應。」

「這麼說來……，所羅門是意志不堅定，才離棄上帝的約？」

「事情也不是那麼簡單，遵從上帝與否並不是人的一種機械化反應，而是人從他們錯綜複雜的人性中所煉淨的一種順服。

這種單純的順服，你在合神心意的大衛身上可以看得到，這樣的信心可說是超越了意志的選擇。」

我拍一下大腿，因為心中有一道亮光：「喔，我知道所羅門為什麼要背棄上帝了，因為世界上的所有東西他都擁有了，他便驕傲起來，以為自己沒有什麼事是不能做的。」

「呵呵，孩子，你可能說中了一些事情！是的，當人目空一切的時候，便以為自己能像神一樣。」

「那我爸爸呢？他為什麼會離開上帝？」想到父親，便感到些許黯然。

「你爸爸……我認為他是『自以為義』，他習慣以自我為中心來評斷別人，錯估了人性，以為有信仰的人是不會、也不應該犯錯的，他沒有認清所謂的基督徒只不過是『蒙恩的罪人』，信仰的生命是需要時間與經歷去成長的。」

「那麼您認為將來有一天，我爸爸會不會迷途知返？」真希望爸爸能很快認清世上的「錢財」終究不是萬能的，而能很快回到天父的懷抱。

「我相信他終有一天會的。真實的信心需要經過熬練，就拿大衛和所羅門比較來說，大衛的信心在苦難中經歷和成長；所羅門則可以說是坐享其成、一帆風順，他早期對上帝的信心尚未經過錘鍊，我相信他最後一定是經歷了人生的有限和失望後，重新回到上帝的面前，才能寫出『傳道書』的警世之語。」

雖然還有許多對人生和信仰的疑惑，與外公的這番談話，讓我警覺到：人對自己的「罪性」不能掉以輕心，有時候最大的敵人就是自己。

與外公邊走邊談，河流的盡頭又是一座山峰。「基列隱士」到底在何處？路途真是遙遠，不覺想起妹妹小莉：「她現在是在

哪裡？她回到家了嗎？」

先知來到現代？

根據小莉後來的描述，我才知道，當我們三人在尋訪大衛王的途中，小莉因為肚子餓，而在無意間拿出口袋裡的一包口香糖，以致突然間消失、離開了我和外公，原來她是立即回到現代世界。她找不到我和外公，體認到她真的是經歷了一場奇遇，她大膽推測，認為我和外公一定還在舊約世界裡面，只有她一個人回到現代世界。向來有些冒險精神的小莉，當然不太甘心，她找到外公給她的那張藏書票，任憑她怎麼吹、怎麼唸，那張藏書票還是沒有任何一點反應。「難道這藏書票只能用一次？」她左思右想，仍找不到一點回到舊約世界裡的竅門。「外公應該知道藏書票裡的祕密，但是外公可能還在舊約世界裡呢！」她想到外公既然不在，或許可以去問問外婆，搞不好她也知道外公的藏書票的祕密，可是不管她怎樣暗示、明示，外婆還是一副莫名其妙的樣子，外婆還十分堅定地說：「你外公怎麼會突然消失？他只不過是出去一下而已，結婚四十多年了，我還會不知道嗎？」

小莉悶悶不樂地拿起外公送她的那本新聖經，一個人靜靜地讀了起來，她說她以前從來不覺得聖經的故事是那樣引人入勝，她以前是最討厭看那些印得密密麻麻的書，而今卻看得津津有味。可是當她讀到大衛、所羅門的事蹟時，就被打斷了，因為外婆要她去買瓶醬油，她只好心不甘、情不願地上街去。

在買醬油的途中，小莉看見她的同學沈艾美和另外幾個人迎面走來，她想躲開卻躲不過，只好硬著頭皮和沈艾美打招

呼，沈艾美一副愛理不理的樣子，令小莉覺得相當難堪，她只好快步走開。

接下來，小莉就碰上一件「奇遇」，當我聽她說這段事情，若不是我也有「奇遇」，一般人是無法相信的！

事情是這樣的，當小莉與沈艾美擦身而過之後，她快跑去買醬油，路邊的景物「刷──」地飛逝而過，可是在路邊，她卻看到一個面孔，那人的面孔相當令人難忘。起初她想：「只不過是個流浪漢吧！」她本來想置之不理，繼而想到應該要「日行一善」，她對自己說：「說不定那人肚子很餓，沒錢吃飯？」於是她轉回頭想給那人幾個銅板。說也奇怪，那個人好像知道小莉一定會回頭，他直直看著，好像就在等待小莉回頭。

當小莉靠近看那個人時，她不由得驚叫出來：「哎呦！先生……！您是從哪裡冒出來的？」

因為他的裝扮太奇特了，「難道您剛參加化妝舞會嗎？」小莉問道。

那人看著小莉，笑而不答。

小莉心中覺得毛毛的，這個人看起來又有點不像一般街頭的流浪漢，他的奇裝異服，難道沒有引起路人的好奇嗎？「大概人家說這個已經是後現代的時代，充滿了太多可能，大家都見怪不怪了吧！」她心想。

那人看見小莉居然要丟給他銅板，他終於說話了：「不！小姑娘，妳給我的錢我不會用呀！」他看見小莉滿臉的問號，以非常粗獷有力的聲音說：「俺可不是你們這個世代的人，套用你們現在的俏皮話，我可是屬於LKK級的人物（即「老得可以」的意思），不好意思嚇到妳了，我是耶和華神的先知以利亞！」

小莉慢慢地從眼前這個人的特別打扮，想到一些事情，她

想起眼前這個人身上的打扮好像就是舊約時代人們的穿法，但是眼前的這個人實在是相當「粗獷」，他看起來風塵僕僕的一頭蓬亂鬍髮，穿著非常粗糙又簡陋的皮衣，整個人其貌不揚，很像一位漂泊很久的流浪漢，不過他的兩眼大得像銅鈴，炯炯有神，非常令人難忘，也令人不得不敬畏三分。

「您真的是舊約聖經中的以利亞先知？別騙我！我不太相信！這種事怎會發生在我們現代？」小莉鼓起勇氣質問道。

「沒錯，俺就是以利亞！在我的時代裡，上主用旋風接我昇天，使我不見死亡。如果妳懂一點歷史，妳就會發現有好幾個世代我都曾經出現過，只是我出現的面貌稍微有不同罷了！愈是亂世，我的聲音就越大聲，我的任務是要喚醒世人聽見真神和真理的聲音。妳知不知道在耶穌時代的變像山上，我也曾經出現過呀！」

小莉其實對聖經中有關以利亞的記載還不太熟悉，她對眼前這個粗獷男子的話，有點不了解，但是她願意相信眼前這個人是以利亞，「那您這趟來是……？」小莉戰兢兢地問。

「你們這個時代呀，真是混亂！各樣似是而非的事情和想法大行其道，我敢說你們大多數人已經分不清楚到底什麼是『對』、什麼是『錯』了！我這次來也是要呼籲世人覺醒，並且還有一個任務，就是要尋找那些渴慕真理的人。」

「那麼我今天可幸運地遇到您，我也是您要找的人嗎？哇！何等榮幸！」小莉的天真又展露無遺。

「嗯……，包括妳在內，我也在尋找許多敬虔的後代。」以利亞流露出熱切的眼光。

「孩子，妳不是還有一個哥哥嗎？」

小莉非常驚奇：「您怎會知道？我還有一個哥哥？

「在上主的全知中沒有一件事會遺漏。走罷，我們去找妳另一個哥哥。」

以利亞說的是阿銓，阿詮在我們三兄妹中是屬於較另類的。小莉就帶著以利亞去到一個「網咖」店（電腦網路咖啡店），因為阿詮一定泡在那裡上網路、玩電玩遊戲。

香菸煙霧瀰漫的「網咖」店，所有的人都很專心地在上網，沒有人注意到以利亞這個奇裝異服的人走進來，倒是小莉找到阿銓的時候，他轉頭看到以利亞，嚇了一跳。看見阿銓一頭亂髮，衣衫不整，嘴裡還斜叼著一根煙，小莉真是看不過去，死拉活拉地把他拉出「網咖」店。阿銓一副不耐煩和意猶未盡的樣子，小莉真是氣扁了。

「把我叫出來做什麼？我已經打到十幾萬分，就快衛冕成功了！」阿詮很生氣。

「你知不知道你面子大？人家舊約先知都跑來找你了？」小莉嘟著嘴說。

性子急烈的以利亞看見阿銓惡形惡狀的樣子，忍不住批頭痛斥：「你這個年輕人怎麼這麼墮落？一天到晚沈迷什麼……『電玩遊戲』？浪費上主賜給你的生命光陰！快點振作起來！」

奇怪的是，經過以利亞這樣一罵，阿銓好像整個人稍微清醒了一些。他不正視以利亞，他對著小莉說：「你們來找我做什麼？」

「我也不知道，你問問他罷！」小莉對阿銓沒好氣地指指以利亞。

阿詮不敢正眼看以利亞，因為他的眼睛太銳利了，令人畏懼。

「年輕人，我們走罷！」以利亞的權威，使人無法抗拒。

「要去哪裡？」阿銓頗正經地問，跟他慣有的油腔滑調不太一樣。

　　「等一下你們就會知道了！」

火車、戰車與微風

我的弟弟阿銓是個自由自在慣了的人，受不了太嚴肅的事，一向嘻皮笑臉的他遇上以利亞這號人物，他只好認栽了。

跟在以利亞後面，阿銓悄聲問小莉：「這號人物到底從哪裡冒出來的？妳怎麼會遇到他？」

於是小莉向阿銓提到曾去舊約世界遊歷的事。她用十分篤定的語調說：「我相信他是真的以利亞。」

「是嗎？我覺得他只是一個流浪漢罷了！」阿銓根本不相信小莉的話，因為他知道小莉從小就愛幻想。

「是真的！不然你可以回去看我的藏書票。」小莉斬釘截鐵地說。

「藏書票？是什麼東西？哪裡有這玩意兒？妳別誆我！」

小莉有些不耐煩：「真的有嘛！就在外公送給我的聖經裡面呀！」

以利亞回過頭看兄妹倆在吱吱喳喳的，「你們在爭論什麼真的、假的？告訴你們——真就是真，假就是假！小夥子，你不太相信你妹妹說的話是不是？聽好！你也有一張藏書票。」

「Really？我怎麼從來都不知道！」阿銓驚訝地說。

以利亞嚴肅地說：「那是因為你從來不關心你心靈的事情！你是不是也有一本聖經卻從來沒有翻過？」

阿銓居然臉紅起來，羞赧地說：「是啊，有一年生日的時候，外公送我一本聖經，我嫌禮物太無趣，就沒再理它了，難道真有一張藏書票在裡頭？」

阿銓開始好奇起來，合乎他一向愛玩的本性，一旦他對某些事情著迷起來，就會一馬爭先。他急忙跑回家看以利亞的話是不是真的。

　　小莉也緊跟著阿銓跑回家，她原以為以利亞就跟在他們後頭，快到家門的時候，她回頭要招呼以利亞，才發現以利亞不見了。她在家門口等候許久，還是沒有看見以利亞的蹤影，她十分納悶：「以利亞到底是跟丟了還是消失了？」

　　就在小莉站在家門前等候以利亞的時候，她看到有一個人拿著一大束花走過來，原來是爸爸。小莉驚訝地說：「爸爸，你怎麼拿著這麼一大束漂亮的花？你要送給誰呀？」

　　看到小莉，爸爸一副覥覥的樣子：「是啊！我要送人哩！」

　　進了家門，爸爸居然羞怯地對小莉說：「妳幫我一個忙好不好？把這些花拿到廚房去給你媽。」

　　「哦！這些花原來是要送給媽媽的！」小莉淘氣地看著爸爸，發現一向嚴肅的爸爸臉紅了起來，於是她拿起花束趕緊去幫爸爸獻花給媽媽。

　　「今天是什麼日子！為什麼送我這一大束花呀？啊⋯⋯真不好意思！」媽媽顯然也非常驚訝爸爸的舉動，聽小莉說當她看見媽媽又驚又喜的表情，覺得很有趣。

　　聽到媽媽的話，爸爸走進廚房說：「今天我們辦公室有人來賣花，好多同事都買了，那些花束看起來都蠻漂亮的，我就想也買一束花給妳吧！」

　　媽媽有些嬌羞地看著爸爸：「是這樣啊！這些花真的好漂亮！謝謝你了！」

　　小莉看著爸媽兩人的對話，趕緊溜出廚房，免得當電燈泡。她跑到阿銓的房間，看到阿銓正在東翻西找的。

小莉告訴阿詮以利亞已經消失不見了，阿詮的心情放鬆不少：「不管他了！來看看我到底有沒有一張藏書票。」

　　翻箱倒櫃地，阿詮終於找到他的聖經，他翻了幾頁才找到藏書票。「哇！真的是有這玩意啊！好精緻的一張紙片！」阿詮的心中產生一種嚴肅的感覺，開始有點相信小莉和以利亞所說的，不過仍是半信半疑。他問小莉：「妳說單憑這張紙就可以到另外一個世界去遊歷？」

　　「是啊！我記得我在外公家，就是唸了我的藏書票上與聖經相關的一句話，就很奇妙地進去了舊約世界。」

　　阿詮瞧著他的藏書票，那上面的圖案是有個人站在河流邊，手裡拿著一件衣服，用力打著水面，水浪一分為二，圖案上面也有四個字「醫治的手」。

　　「就憑這一小張紙片，可以到另一個世界？真的有舊約世界嗎？」阿詮懷疑地喃喃自語著。

　　「一定可以的！我沒有騙你！」小莉非常篤定，她看到阿詮還是半信半疑，有些惱火，不過此刻她也不知道要如何透過藏書票才能進入到舊約世界，有點心急如焚。

　　在一些處境中，人往往會急中生智，小莉開始安靜下來，仔細回想她先前進入舊約世界，是因為碰巧找到與藏書票上的圖案相關的一句話。於是小莉翻找著聖經，想找到與阿詮的那張藏書票有關的經文，阿詮好奇地湊過來一起翻找聖經。

　　「哪個聖經人物曾經用衣服打水使河水分開？同時也做醫治人們的工作？難道就是以利亞先知嗎？哦……可是沒有記載他曾做醫治人的工作……」，小莉努力地翻讀聖經，一邊自言自語。

　　「我來！我來！我自己來找嘛！」阿詮好強地搶走小莉手中

的聖經。

「別搶！別搶！我已經知道是誰了！」小莉眉毛上揚得意地說。

阿詮故意將聖經拿在背後挑釁：「妳能幹？那麼妳說到底是誰？」

小莉看到阿詮的態度，真是火冒三丈：「我偏偏不告訴你！怎麼樣？」她做了個鬼臉。

阿詮逕自翻找著聖經經文，翻來翻去仍是一頭霧水、摸不著頭腦，但是好強的他終於有所發現：「原來有以利亞先知，也還有一個叫作以利沙的先知。喔！列王紀下卷記載這個以利沙先知，是以利亞先知的徒弟！他曾經在約旦河邊打水使河水分開，哦……他有醫治人的事蹟！我知道了！答案應該就是『以利沙』嘛！」他瞪著小莉：「哼！妳有什麼了不起！」

小莉不以為然：「哼！還不是我先找到的！那麼你告訴我，下一步該怎麼做？」

「這個嘛……」，阿詮搔了搔頭，想不出所以然來。「好吧！我認哉了！」他悻悻然說。

小莉得意地說，「我猜想我們接著是要找到一句跟以利沙有關的話。」

於是他們倆一起認真地搜索聖經上與以利沙有關的話，「有了！有了！我發現以利亞和以利沙都被形容是以色列的戰車、馬兵，所以我們的通關密語有可能就是『以色列的戰車馬兵』！」小莉推理著，她真的是變聰明了。

於是阿詮躍躍欲試地唸道：「以色列的戰車馬兵！」

四周卻靜悄悄的，沒有任何事情發生。「妳沒騙我吧？這個藏書票真的有用嗎？」阿詮再度質疑著。

小莉也覺得莫名所以，而有一點沮喪。

此時，不可思議地，他們倆同時聽到空中傳來一句話：「惟有相信的人才能進入！」

「我覺得好像是以利亞先知的聲音！」小莉興奮叫著。

「我大概是沒有辦法進去了！真掃興！」阿銓覺得自己被澆了一盆冷水，有些喪氣。

「可以的，一定可以的，不要放棄嘛！」小莉鼓勵道。

阿銓用十分正經的表情問小莉：「你認為像我這樣不聽話的人，上帝還會愛我嗎？」

小莉從來沒有看過阿銓這麼認真嚴肅的表情，她覺得「機會」來了。「當然，就像我們的爸媽一樣，不管我們聽不聽話，我們還是他們的小孩啊！」小莉十分誠摯地說。

「那我要試試看！」阿銓再度注視著藏書票，他低垂著頭，默默不語。

小莉猜想他是不是在禱告，覺得他的樣子看起來蠻誠懇的。

過一會兒，阿銓抬起頭對小莉說：「我們再一起來唸唸看！」

「以色列的戰車馬兵！」他們兩個非常大聲用力唸出聲來，藏書票上的畫面居然就開始起變化，畫面中的景物在他們眼前變得真實起來，河水開始流動，噗通一聲，他們掉進河水中，在所激起的強烈漣漪中他們的身影消失了，湍急的水流聲淹沒他們的驚叫。

說也奇怪，之後阿銓、小莉就和我、外公，四個現代人竟然就在舊約世界會合了，巧合得好像是天意的安排。

以色列的火戰車

「基列隱士」到底是誰？我和外公在尋訪的過程中，有人告訴我們在約旦河北邊的基列地有一個寄居者叫作「以利亞」的，沒有人知道他的背景，他是一個常在曠野操練自己靈性的先知。我和外公是怎樣找到他的呢？說來也蠻辛苦的，因為像以利亞這種不與世俗合流的人是絕對不會出現在發達的城市和人口密集的地方，要找他就得去窮鄉僻壤或是叢林深壑，所以我和外公爬山涉水幾乎走破了鞋才找到他，並且像他這種行動派的所謂寄居者是不會久待一處的。

結果我們是在以利亞最沮喪、好像一個洩了氣的皮球，在他逃藏到一座據說摩西也曾登臨過的山上找到他的。因為聽說不久前他在迦密山上曾經與四百位假先知大戰，要證明哪一方事奉的才是真神。結果耶和華神大大發威，擊敗了四百位假先知所事奉的神明。或許是戰況過於激烈，以利亞太過疲憊，他竟然因為耶洗別王后的威脅，整個人就崩潰了。

當我們看到一位看似偉大剛強的人物，竟如孩子一樣在樹下捲曲著身子睡著了，有一種人性原本的單純在他的睡臉上。外公示意我不要吵醒他，我和外公就躺在草地上，先歇一歇我們的腿。

外公輕聲說：「以利亞雖然偉大，但在這樣的時候，顯出他是一個與我們有同樣性情的人，同樣會有低潮和沮喪。」

「那麼他在迦密山上的勇氣是怎麼來的呢？」

「我記得聖經記載，當以利亞挑戰亞哈王和耶洗別王后的時候，他宣告自己的使命是來自『所事奉的永生耶和華神』，我想他的勇氣是出於心中那一股事奉上帝的熱誠，面對國內百姓

的叛道和拜偶像的光景，他一定是熱切渴望上帝的榮耀再度彰顯，因此成為他行動上的一種爆發力。」看著沈睡的以利亞，外公說：「我們一路上聽到許多有關北國以色列王朝的事，沒有一個王是好的，他們都效法耶羅波安，使百姓拜金牛犢，並且又引進外邦偶像的崇拜，造成百姓普遍靈性和道德的低落，所以上帝興起以利亞來抗衡那股黑暗的勢力。」

外公提到北國以色列人靈性、道德低落的事，說得倒是平靜，其實在尋訪以利亞的途中，我和外公也險遭性命危險。有人聽說我們在找以利亞，以為我們知道他的下落，便去跟以色列王報告，因為以利亞禱告使全地三年不下雨，造成各處乾旱，官方一直在追捕他，凡是跟以利亞有關的人都不免遭殃。有一次我們在找水喝的時候，突然就被一大隊帶著刀槍的人馬團團圍住，「以利亞的同黨！看你們往哪裡跑？」我和外公全身被五花大綁，不斷被威嚇。當我們不知道即將被帶往何處時，有人傳來以利亞要在迦密山現身的消息，於是那些人立刻丟下我們就揚長而去。想到這件事，我還會恐懼發抖。

由於疲累的緣故，我和外公說著、說著，不知不覺也睡著了。

「喂、喂、喂……，天黑了！還睡覺？」有人踢著我的腿，一個好像打雷的聲音打斷我們的小憩。當我揉揉惺忪的眼睛，一個彪形大漢，就站在我眼前。

「你們來這裡要做什麼？要看什麼？要看勇士嗎？這裡可沒有！」以利亞的聲音如雷貫耳，真是令人不習慣，難怪他可以在四百位假先知面前叫陣。

「不……不，我們是來向你請教事情的。」外公再度發揮他的老練和耐性。

「我們曾經遇到一位先知，他指點我們如果要了解上帝如何帶領祂的子民，就要找到您。」我也趕緊說明我們的目的。

「要了解上主如何帶領祂的子民？以色列人背棄了上主耶和華神的約、毀壞了上主的祭壇、用刀殺了上主的先知，只剩下我一個人了，他們還要尋索我的性命！」以利亞頹然坐在地上，兩眼發楞，不說一句話。

面對眼前低潮的以利亞，外公和我說好不去煩他，這一夜大家都相安無事。但是在睡夢中我感覺耳邊似乎有狂風呼嘯的聲音，也感覺好像有人在搖晃我的身體，可是實在太累了，就不管三七二十一了。

第二天一早醒來，我看到以利亞虎虎生風地正打著拳，一個跟昨日完全不同的他，在他臉上，沒有一絲頹喪的神情。我小聲問外公：「怎麼回事？他是吃了大力丸嗎？」

「我想他已經恢復了體力和使命感了。」外公也一副很高興的樣子。

面對我充滿問號的表情，以利亞直接了當地說：「俺自以為為神大發熱心，也以為惟有用激烈的手段才能使百姓悔改，因此之前我敢向亞哈王宣戰，讓大地三年不下雨，以及在迦密山上殺了四百位假先知；但是昨晚耶和華神用狂風、地震，以及微小的聲音教導我一件事，使我體認到：創造天地的主，雖可用狂風、地震，但祂寧可用微小柔和的聲音來呼喚世人。所以耶和華上主提醒我，祂有自己的旨意和方式，祂會不斷地興起祂的僕人來喚醒沈溺罪惡中的世人，所以我要走的路還很遠，也不是只有我在孤單地事奉，我將來會有接棒人，他們會繼續不斷把真神對世人的呼喚傳下去。」

以利亞恢復生氣之後，說是為了要把握時間為上帝工作，

他不改曠野先知的本色，直爽地向我們揮揮衣袖，沒有帶走一片雲彩，也不需人相送地下山離去。他說要去尋找他的接棒人。

後來在路途上，我們陸續聽到關於以利亞的事蹟，在亞哈王奪取拿伯的葡萄園事件中，以利亞又和惡人卯上了，這次上帝差遣他對亞哈王宣告審判。這件事在當地人的談話中饒富意義，因為使老百姓們看見：上帝是公義、是申冤的主。原來在以色列人的觀念中，任何一個以色列人或宗族所擁有的土地是來自上帝的賜予，當權者不能任意奪取老百姓的產業，若有人不尊重這樣的原則，就要受懲罰；而亞哈王之所以膽敢殺害拿伯，奪取他的葡萄園，是邪惡的耶洗別王后教唆的，這個事件明顯地顯示出耶洗別所敬拜的巴力信仰，沒有所謂的道德規範，使老百姓認識到公義真的是從上帝而來，因祂以公義治理全地。對於亞哈王的作惡多端，老百姓都以為他的報應到了，沒想到亞哈聽到以利亞宣告上帝的審判後，反而願意俯首認罪，由於上帝的憐憫，對亞哈王的審判延後施行。百姓們又為這事議論紛紛：「這不是太便宜亞哈了？」

不過惡人終必有惡報，亞哈王向來輕看上帝的先知所說的話，最後他還是死於自己對上帝的話語的背逆上。

這件事使我和外公看見人的頑逆和上帝的忍耐，「上帝的確用微小的聲音對人說話，可是以人的頑逆，有多少人可以聽見真理和良知的聲音呢？」外公感嘆說。

「在黑暗的時代中，先知往往是孤獨的。在以色列這樣敗壞、黑暗的時代中，上帝似乎興起大量的先知，除了以利亞之外，我們不是還聽到一些先知也被上帝使用？」比如我們聽到有一位叫作米該雅的先知，因為勇敢預言亞哈王聯合猶大國去

攻打亞蘭國必會遭致覆亡，因而被關在監牢裡。

「是的，在黑暗的時代中，上帝仍保留許多敬虔的人不向惡勢力低頭，但是以利亞的工作是相當具有影響力的。對沒有聖殿敬拜的北國以色列來說，他是黑暗中的一座燈塔，指引以色列百姓回轉之路，就是回轉到自從出埃及以來與上帝所立的約；因為長期拜偶像，使以色列人的道德生活敗壞，以利亞也呼籲百姓要遵守摩西律法，回到那個最初的倫理生活指導原則。」外公回應說。

後來我們又聽到一個傳言，說是以利亞的事奉即將進入尾聲，耶和華神將要接他昇天，人們爭相往約旦河邊去看個究竟。這樣的奇觀，我們當然是不能錯過的。

當我和外公匆匆趕到約旦河邊的時候，已有許多人圍觀，大家都十分好奇到底以利亞會如何昇天。在眾人引頸等待中，天邊忽然颳來一陣旋風，眾人不得不四處逃避，滾滾風塵裡冒著一股炙熱的氣流，有人說看到一股火焰在風中起舞，總之，眾人無法靠近那陣突如其來的旋風，我們依稀看見有個人影在風中旋轉，隨著旋風快速捲去，很快地那人影就消失在天際中。大家異口同聲說：「以利亞真的被接上天去了！」當旋風還剩一點尾巴時，從空中傳來一陣大如洪鐘般的聲音：「看哪！耶和華大而可畏的日子未到以前，我必差遣我的先知以利亞到你們那裡去，他必使父親的心轉向兒女，兒女的心轉向父親。」所有聽見和目睹此情此景的人莫不心生敬畏。

但是有個人緊追著旋風的尾巴不肯放棄，他不斷仰天呼喊著：「我父啊！我父啊！以色列的戰車馬兵啊！」他跑了一段路之後，大概是發現自己無力追上旋風的速度，他停下來，拾起以利亞所留下的外衣，用力擊打約旦河的水，河水居然立即從

中分開來形成一條乾地，他從容地過河。許多人為他歡呼說：「以利沙果然繼承了以利亞的能力！」可是我們也聽見一些人譏笑他說：「哈哈！那個禿子怎麼會有以利亞的能力呢？」當那些人不斷訕笑時，不意從樹林中跑出兩隻大熊，追咬著那些人，再也沒有人膽敢挑戰以利沙所繼承的以利亞先知的權威了。

那是我們第一次看見以利亞的繼承人以利沙所展現的能力，有許多人都跟隨了他。

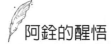
阿銓的醒悟

就在跟隨以利沙的隊伍中，我看見兩個特別熟悉的身影。哇！那個留著清湯掛麵短髮的女孩，不就是小莉嗎？而另一個人怎麼可能是阿銓！

沒想到我們四人居然是在這樣的時刻重逢。

「外公！」小莉也一眼認出我們，她手拉著阿銓脫離人群，直向我們奔來。

小莉看見我和外公，興奮得手舞足蹈，而阿銓雖然看起來也很高興的樣子，兩眼卻很呆滯，我在他眼前揮一揮手，他沒有什麼反應。

「怎麼回事？你的眼睛為什麼看不見？你怎麼變成這個樣子？」我和外公驚訝地說。

「我……我……」阿銓又高興又靦腆地說不出話來。

「你們怎麼會來到這裡？」對阿銓和小莉的出現，我覺得相當不可思議。

「孩子，我就知道有一天你也會來這裡！」外公對著阿銓欣慰地說。

「外公，我以前太愛和你們唱反調了，現在我才知道聖經所講的是真的。」阿詮羞澀地說。他從來是不跟我們一道的，自從他十二歲以後什麼都不信，認為所有的信仰都只是勸人為善而已。

小莉和阿詮把他們怎麼來到舊約世界的經過，詳細說了一遍，我聽了嘖嘖稱奇，無法了解以利亞先知怎麼可能會去到現代世界呢？這樣的怪事怎會發生在我們家？只見外公滿臉敬畏地說：「感謝上帝！因為祂有說不盡的恩典，願意給人機會，叫失迷的人回轉。」

我也把我們尋訪「基列隱士」的經過告訴小莉和阿銓，「原來以利亞先知就是『基列隱士』！咦？會不會是……以利亞先知昇天後就跑到我們的現代世界去了？」小莉充分發揮她的想像力。

「這個嘛……」，我兩手一攤不置可否地說，心中覺得以利亞真是舊約中一個相當神祕的人物。

接著，我們的話題就繞著阿銓打轉了。阿詮的眼睛為何會看不見？這其中有一段插曲，當他透過藏書票進入到舊約世界時，一時不敢相信自己的眼睛，就像我當初的經驗一樣，他感覺既恐怖又刺激。他彷彿像小說《紅樓夢》裡的劉姥姥逛大觀園一樣，對各樣事物又好奇又新鮮，卻是不懂得節制和分辨當中一些不好的事，他看到人們崇拜著一些神明，在其中飲酒作樂跳舞，他也放縱自己跟著在當中玩樂，任憑小莉怎麼拉也拉不回；其中有個神明叫作亞斯他錄，是掌管愛情的女神，在她的廟中有人販賣所謂的神仙水，說喝了神仙水之後愛情就會無往不利，阿詮被遊說得暈陶陶，大膽喝下所謂的神仙水，沒想到眼前一片烏黑，他再也看不見任何東西。禍不單行，他和小

莉兩人又被誤以為是以色列的敵人亞蘭國派來的間諜，差一點被捉去關，還好有先知的門徒救了他們，他們被指示說要去找先知以利沙才能治好眼睛。

他們聽說以利沙在以利亞昇天時會出現在約旦河，便跟著幾個先知學校的門徒來到這裡。

阿詮因為眼睛看不見，他的行動變得相當遲鈍，與我們說話時也搞不清楚我們所站的位置，我們必須引導、攙扶他。

「哼！早知道會變成這樣！就不來這裡了！我寧可在家睡大頭覺！」阿詮揉著呆滯的眼睛，忿忿地說，又顯出他向來的頑固。

「唉！你從前不僅心靈是瞎的！現在連眼睛都瞎了！」外公嘆息說。

「你們不要那麼灰心嘛！我相信以利沙先知可以治好二哥的！」小莉滿懷信心地說。

這時，沮喪的阿詮想到什麼似地，他又振奮起來：「不過……我相信那句話是真的！因為以利亞真的跑到我們的世界裡去找我呢！」原來他指的是以利亞昇天時，從天上傳來說以利亞必要再現人間的那句話。

「為什麼像我這樣任性又不信的人，上帝還願意給我機會呢？」阿詮睜著兩眼不解地問。

外公沒有直接回答阿詮的問題，話鋒一轉：「這就是為什麼上帝要不斷差遣祂的先知對背逆的百姓說話，先知的存在是『希望』的象徵，代表上帝並未離棄祂的子民。」

有兩位先知門徒來攙扶阿詮，說是以利沙先知要用河水來醫治他的眼睛，我們趕緊跟過去瞧瞧。以利沙吩咐阿詮要整個人浸入水裡面，「先使你的全身洗淨！眼睛才會恢復光明！」以

利沙以權威的口吻說。

可是以利沙的話才剛說完，阿銓馬上從攙扶他的人手中掙扎而出，轉身就跑，「開什麼玩笑？簡直是蹩腳醫生嘛！治療眼睛哪裡有這麼簡單！只要泡水就夠啦？眼睛看不看得見和全身潔淨有什麼關係？」阿銓邊跑邊罵，跌跌撞撞的，真是險象環生，在我們來不及示警之下，他撞到了一棵大樹，昏了過去。

「唉！這孩子！」外公看著躺在地上的阿銓憂心忡忡。

我也十分不解阿銓的舉動，一件看似簡單的事情，在阿銓身上卻成了一件難事。

眾人都緊圍著阿銓，發現他的臉色轉為黑青並口吐白沫，我們大為驚恐，以為他腦震盪。以利沙先知要我們保持鎮靜，只見他輕輕撫摸著阿銓的額頭，命令著：「醒來！」阿銓的臉立即恢復血色，眼皮眨了幾下，整個人悠悠醒轉了過來。

小莉搖著阿銓，用激將法說：「你不是一向很屬害嗎？先知要你去河裡泡一下水又不會死，你幹嘛那麼緊張？」

阿銓在我們的攙扶下坐起來，口中喃喃說著：「我還活著嗎？我真的活著嗎？」他摸到額頭的痛處，大叫：「好痛！」

「知道痛就好了！表示你的意識是清醒的。」外公欣慰地說道。

阿銓拍了一下自己的大腿，似乎下了某種決心說：「小莉說得有理！我去泡一下水又不會死，我幹嘛要抗拒？況且我覺得剛才好像真的去了一趟鬼門關，沒有比那種幽暗更恐怖了！」

「是啊！你剛才發生的情況把我們嚇死了！」小莉露出驚魂未定的樣子。

「對啊！你剛才的情況好危險！是以利沙先知把你救活了！」我也附和說。

「是這樣嗎？真的是以利沙先知救了我嗎？」阿銓的臉上開始露出謙卑的神色，「那麼帶我去泡河水吧！反正沒有比死亡還糟糕的事情了！」

看著眾人扶著阿銓下到河邊，我心中暗自覺得有趣：「原來一向自以為天不怕、地不怕的阿銓也會怕死！」

阿銓乖乖地照著先知的話整個人浸入水中，很久以來我沒有看過他那麼聽話。大家都在河邊觀望著結果，不一會兒，阿銓的頭從水裡面冒出來時，他大喊大叫著：「外公！我看見你們了！我的眼睛又可以看見了！」他十分興奮地快跑上岸，不顧濕漉漉的身體，他抱住外公說：「原來『順服』就是這樣！早知道這麼簡單，就可以治好我的眼睛，那我也不用去撞樹啊！」

聽到阿銓的話，眾人都哈哈大笑。

「當我的頭從水裡面出來時，感覺眼睛裡面有像鱗片一樣的東西掉下來，然後我的眼睛就明亮起來，眼前的景象一清二楚，簡直比以前還更清楚呢！」阿銓對著好奇的眾人說。

外公則拍著阿銓的肩膀：「孩子！人的內心要先被更新，眼睛才能看得清楚！先知要你去河裡洗一洗，是有道理的！」

「那我再去多洗幾次，不就可以看得更清楚、更遠了嗎？」阿銓立刻又跑進水裡，來回跑了幾趟，看著他滑稽的動作，我們忍俊不住又大笑起來。

當阿銓的頭最後一次從水裡冒出來，他臉上洋溢著前所未見的喜樂，我感覺好像看到一個「新人」從水裡走出來。

 以色列的保姆

以利沙的先知風格和以利亞大相逕庭，他不像以利亞那樣

大聲疾呼、以激烈的行動對抗世俗的人，我們這四個從現代世界來的人，目睹以利沙居然只用一小瓶鹽便治好了耶利哥城的窮山惡水，使土地肥沃重新有生產；也使一個窮苦寡婦家裡的水缸滿了油，使她可以維生；更使一個住在書念地方的婦人的獨子死裡復活；他又使食物中毒的得醫治，使飢餓的人得以吃飽等等。以利沙行了許多神蹟，不同於與罪惡勢不兩立的以利亞，以利沙的工作顯得較為溫和，是尋常老百姓也能感覺到的先知工作方式。

以利沙還有一件事蹟令人津津樂道，那就是醫治亞蘭國乃縵將軍的大痲瘋病，聽說起初乃縵將軍帶著高傲的心來以色列國尋求醫治，引起以色列王的恐慌，以為亞蘭王藉此尋隙要攻擊以色列。以利沙聽見了就打發人去見以色列王，責備他說：「你為何撕裂衣服呢？可使那人到我這裡來，他就知道以色列中有真正永生神的先知了！」於是以利沙差遣人吩咐乃縵將軍去約旦河裡沐浴七次，他的大痲瘋就可得潔淨；高傲的乃縵將軍聽到這樣的吩咐，發怒走了，因為他認為醫治大痲瘋病若是像以利沙說的這麼簡單，他何必遠至以色列來求醫呢？乃縵將軍有一個僕人卻極力勸告他聽從先知的話，試一試如此簡單的事情，沒想到乃縵竟然願意謙卑順服下來，就去河裡沐浴了七次，如同以利沙所說的，他的大痲瘋就這樣得了醫治。事後乃縵將軍當眾宣告說：「如今我知道，除了耶和華之外，普天下沒有真神！」他的信心宣告在群眾中引起騷動，因為有許多以色列人不斷在企求外邦神明的庇護，而這個外邦的亞蘭將軍卻在以色列人當中宣告找到真神，真是何等大的對比與諷刺！我們聽到有人如此議論著：「沒想到我們對耶和華神所失去的信心，卻在一個外邦人的身上看到，真令人感到慚愧！」以利沙醫治

乃縵將軍的事情大大轟動、流傳開來，提醒了許多以色列人反省自己的信仰。

阿詮對乃縵將軍在河裡沐浴七次而得醫治這件事，感到心有戚戚焉，因為前不久他的眼睛也是那樣得著醫治，他發出驚人之語：「『信心』是什麼呢？原來『信心』就是願意相信上帝的話，但是在人願意聽從之前，好像也有一種姑且一試的心理呢！」外公聽了不禁莞爾，對他說：「孩子，我相信你的信心之旅已經開始了！」

但是就我們眼目所見的，儘管以利沙不斷在百姓當中彰顯上帝的工作，大多數以色列人還是缺乏對上帝的信心，特別是那些執政掌權的人，那時以色列人的民生日益困苦，因為鄰近的摩押國壯大，又有亞蘭人的侵入如芒刺在背。

我們親眼目睹了一件事，了解到一個國家領導人的錯誤，會造成老百姓何等的痛苦。有一次亞蘭王率領大軍來圍困北國的撒瑪利亞城，導致撒瑪利亞城內的物資斷絕，造成城內的飢荒問題，嚴重到連一向在摩西律法中被視為不潔淨的驢子頭，也變得奇貨可居，百姓飢不擇食甚至要吃起人肉來。我們四個異鄉人首當其衝就要被百姓吃掉，但是當小莉尖聲驚叫，劃破撒瑪利亞城的夜空，以利沙就出現了，他立刻使我們得著拯救。

因為亞蘭王的圍城，以色列王怪罪於上帝和以利沙，以利沙為著可憐百姓的緣故，不顧以色列王的追殺，公然站出來宣佈上帝的保護和拯救即將要臨到：「你們要聽耶和華的話！明日此時，你們將恢復平時的生活，一舍客勒將可以買到一細亞細麵！」

有人譏笑以利沙所宣布的，可是就在大家對以利沙的話半

信半疑的時候，有四個長大痲瘋的乞丐在天黑時，來報信說亞蘭人突然棄營逃跑，留下了一大堆食物、財物，全城人聽到這個消息真是歡聲雷動，凡是虔誠的人，都心裡明白這是上帝親自破解了亞蘭大軍的圍城。

雖然如此，以色列的統治者仍無視於上帝的作為，總是不離開拜偶像的罪，以致上帝不斷興起仇敵攻擊他們。

以利沙醫治乃縵將軍的名聲，使亞蘭人敬畏三分，稱他為「神人」。某一次亞蘭王重病，派手下哈薛去求問以利沙看他的病是否能痊癒，沒想到當以利沙看見亞蘭王派來的哈薛時，他目光非常嚴肅，使哈薛慚愧地低下頭，沒想到以利沙卻哭了起來，周遭的人看見以利沙先知哭得厲害，都感到手足無措，以利沙定睛逼視著哈薛說：「我知道你將來必苦害我們以色列人，用火焚燒我們的城堡、用刀殺了我們的年輕人、燒死我們的嬰孩，又剖開我們孕婦的肚子！」

哈薛聽到以利沙預言這樣的事情，他連忙稱自己不過是一條亞蘭王的狗而已，他的臉上似乎揚起幾分驕傲而離去。

以利沙的眼淚撼動一向什麼都不在乎、吊兒郎當的阿詮，他原以為男人是有淚不輕彈的，而以利沙為了國家未來的厄運哭泣，他終於看見什麼才是頂天立地的男兒。

「原來真正有用的人，是心懷人類福祉的人。」阿詮後悔自己不愛讀書、不關心社會大事、花太多時間打電玩了。

一向深富同情心的小莉，聽到以色列人的命運，也著急地哭起來，她的眼淚一旦傾瀉而下，是沒有人可以關上的，只好讓她哭個夠。「為……什……麼……上……帝……不再拯救……以色列人？」她哽咽地問。

外公回答說：「恐怕是以色列人最後的報應到了，如同亞哈

王的報應一樣，不是不報，只是時候未到。上帝的忍耐是使人有悔改的機會，最近我們不也聽說亞哈王的將領耶戶起來篡奪亞哈家的王位，把亞哈王兒子約蘭的血灑在拿伯的葡萄園裡，作為亞哈王的報應，又使邪后耶洗別的屍體被狗啃咬得面目全非。啊！雖然有先知的工作，以色列通國上下仍不願悔改。」

「為什麼人會這樣頑逆呢？」阿詮問。

「從每個以色列王不斷仿效耶羅波安使百姓拜偶像的行為來看，似乎他們都想脫離上帝的轄管以建立自己的政權，而拜偶像對百姓而言，是一條捷徑，他們不必千里迢迢上耶路撒冷去敬拜，並且不用受到摩西律法約束，個人可以任意而行。」外公說。

「人之所以會頑逆，是不是希望自己可以任意而行、不要有約束，就像以前的我一樣？」阿銓臉紅地說。

「孩子，人雖然背逆，上帝的慈愛仍然在等候人回轉，不然祂不會容許以色列國在耶羅波安以後仍然經歷那麼多朝代的，每一世代，祂都在看、在等候，看有沒有願意誠實歸向祂的人。」外公拍了拍阿詮的肩膀，又說：「上帝創造這個世界，賦予這世界某些規則，當人順服這些規則時，才有真正的自由可言。」

外公說得沒錯，上帝仍在等候人悔改，雖然透過先知宣佈了祂的審判，當以色列百姓在仇敵手下民不聊生時，祂仍然伸手干預和拯救。

之後，以利沙在以色列王耶戶的後代約阿施年間去世，百姓為他悲傷哭泣說：「我父啊！我父啊！以色列的戰車馬兵啊！」在他死後百姓中還傳說一件怪事，那就是有屍體不經意被拋到以利沙的骸骨之上，那屍體居然復活站了起來，所以連

以利沙的骸骨也有醫治能力這件事，使老百姓仍感念著以利沙的工作。

以利沙死後，以色列百姓的生活甚是艱苦，無論是自由的或為奴的，都快生存不下去了，也無人幫助。可能是因此上帝又憐憫祂的百姓，使北國耶羅波安二世的王朝興盛一段時間，讓百姓的困苦暫時得解脫。

可是以色列人還是不覺醒，短暫的興盛使他們心高氣傲，又行了許多邪惡的事。我們都想：「恐怕以色列人的劫數真的難逃了。」

這段時間我們對舊約世界的見聞，可用「膽顫心驚」四個字形容，並且我們似乎常置身險地。我們祖孫四人商量，不如到南方猶大國避難去。

可是當我們動身以後，從南方經過的人告訴我們，猶大國比起北國以色列的光景也好不到那裡去，耶路撒冷的聖殿敬拜只有徒留虛名而已。

這一切動盪不安的光景，令人感到心慌，使我們祖孫四人非常想家，不知何時才能回到現代世界，我非常想念自己那張舒適的床。

使人知道祢是上帝

　　到目前為止，雖然持續著每週的家庭禮拜，也讀經禱告，但我從沒有催逼過丈夫，要他對自己的信仰作一個決斷。那天雖是用寫信的方式，卻是我第一次要丈夫對信仰作一個抉擇。先知以利亞也是為了要以色列民作一個抉擇，才向上帝如此禱告的。

　　「*求祢今日使人知道祢是以色列的上帝，也知道我是祢的僕人，又是奉祢的命行這一切的事。*」（列王紀上十八章36節）先知以利亞的禱告正是我的禱告。結束晨更之前，我向上帝禱告，不論是否將這封信交給我的丈夫，或是要讓他對信仰作出一個抉擇，我都求主自己的旨意成就在這件事上。

藤井圭子
KEIKO FUJII

　　「*耶和華阿，求祢應允我，應允我，使這民知道祢耶和華是上帝，又知道是祢叫這民的心意回轉。*」（列王紀上十八章37節）。若將禱告詞中的「這民」和「他們」改成「我的丈夫」，那麼，先知以利亞的禱告詞，即變成了我的禱告詞了。（藤井圭子著，《佛門進出》，131～132頁）

第**3**部

真知灼見

無悔的愛

當北國以色列淪陷於新興起的亞述國時,我們祖孫四人正往南方猶大國的途中。

我們聽說北方戰況很慘烈,北國以色列首都撒瑪利亞城被亞述人長期圍困後,終至陷落,十個支派的以色列人淪為戰俘,盡被亞述王擄至遠方的他鄉,畢生無法再歸回故土。北國以色列就這樣亡國了,從此北國的以色列百姓失散在異邦。

對從未經歷過戰爭的我們三兄妹而言,儘管已在往南方的路上,北方的烽火硝煙一路瀰漫,我們飽嚐顛沛流離之苦,真恨不得立刻回到現代世界。

小莉頻頻問外公:「我們怎麼樣才能回去啊?」外公雖然也是滿臉風霜,但畢竟見識過大風大浪,總是鎮定地回答:「孩子,要忍耐!時候還沒有到!」我腦袋裡渴望的是一張舒適溫暖的床,可以享受一種放鬆的舒適感;而阿詮在想念什麼呢?他嘴裡不斷嘟噥著:「好想喝一杯可口可樂!早知道這裡沒有可口可樂就不來了!」

費盡千辛萬苦,我們總算來到南國猶大的邊境,只見猶大國四圍佈滿了防禦工事,當我們爬上一處高地,遙遙望著古代的聖城時,回頭不見小莉的蹤影,我們慌張地四下尋找,以為小莉可能是回到現代世界去了。我們不斷呼喚著小莉,後來我們聽到有個微小的聲音從地底下傳來:「外公!我在這裡!」

我們追蹤聲音的來源,進到一個好像是被廢棄的戰壕裡面,沒想到戰壕裡又深又寬,竟然有一道小門,小莉從裡面開

門出來，嚇了我們一跳。

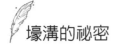

壕溝的祕密

「想不到吧！有人住在這裡呢！」小莉神祕地說。

接著出現一位面貌清瘦的男子，引領我們進門。說來難以置信，門內真是別有一番洞天！有簡單的桌椅、床和爐灶，麻雀雖小，五臟俱全。

外公先問小莉：「妳怎麼會在這裡？」，我想外公一定也很好奇竟然有人住在這壕溝裡面，只是不好意思直接問人家。

「我們爬坡的時候，我不小心跌到壕溝裡面，腳就扭傷了，大聲喊叫你們都沒有聽到，當我不知道該怎麼辦的時候，這位伯伯突然在壕溝出現，嚇我　大跳，但是他好心檢查我的傷勢，把我扶進來，我也十分驚奇這裡居然可以住人呢！我想你們一定會很焦急，就試著一再喊叫，希望你們可以聽到。」

聽小莉這樣說，我才想起她剛剛開門迎接我們時，腳好像是一跛一跛的。

「呵呵！這位小姑娘很勇敢！」那人遞上茶水，熱騰騰的水蒸氣溫暖了我們的心。

「謝謝先生相救，真是打擾了！」外公客氣地說，「請問貴姓大名？」

「敝人叫作何西阿，是不久前來到這裡的，我也是意外發現壕溝裡面居然有這麼好的地方，就住了下來，你們算是我第一批客人呢！」

「難道您就是那位娶了妓女的先知何西阿？」話一出口，我立刻為自己的唐突後悔，瞥見外公的臉都紅了。

「不好意思，這個孩子說話唐突冒犯，請原諒。」外公趕緊打圓場。

何西阿聽到我的話先是楞了一下，繼而回答說：「不要緊，不要緊，他說的是實情，只是你們怎麼會知道呢？」

我們便介紹了我們的來歷，如何來到舊約世界，以及在這裡的種種見聞等。

「難怪這幾天我一直感覺有某事要發生，原來是有貴客來臨！」

在一番交談中，我們得知何西阿在北國以色列即將淪陷時，接到上帝的指示逃來南方，因為以色列百姓將淪為亞述的戰俘，並且被擄掠至異邦。

「我是倖存者，在以色列這場民族的厄運中，只有少數像我這樣逃脫的人，我們聽說在南方猶大有希西家王的改革，使我們有一線希望，便不辭辛苦來到此地。」何西阿說。

「真是可怕啊，聽說撒瑪利亞城被擄掠一空，哀鴻遍野，我們一路上也不得安寧！」一向天不怕地不怕的阿銓，居然也心有餘悸。

「說來痛心！我的國家竟然滅亡了！本來不至於到如此悲慘的地步……」，觸及傷心處，何西阿老淚縱橫，他哽咽地說：「自從耶和華神呼召我作先知，三十多年以來我不斷警告我的同胞，若再不醒悟，上帝的審判就要臨到！」

「唉！真是忠言逆耳！」外公也嘆息說。

一時之間我們都不知道該說什麼好，若不是來舊約世界這麼一遭，體會不到聖經所說北國以色列滅亡的嚴重和真實性。

外公轉而對我們兄妹說：「孩子，你們知道歷史是作為我們後代人的殷鑑，你們要牢記。」

「可是上帝這樣做不是太殘忍了嗎？」阿詮看著外公認真問。

「年輕人！在上主耶和華神絕對沒有不公義的事！」何西阿恢復鎮靜，他清清喉嚨說：「這個問題的根源應該說是我同胞的不義。」

「為什麼？」小莉也湊過來問。

「自從上主耶和華神將我的祖先從埃及為奴之家拯救出來，上主曾吩咐說：『如今你們若實在聽從我的話，遵守我的約，就要在萬民中作屬我的子民，因為全地都是我的，你們歸我作祭司的國度，為聖潔的國民。』摩西也曾告誡我的先祖，進入迦南地之後，切勿因為吃得滿足就心高氣傲，以致忘記耶和華神的約。不幸的是，我的同胞果然離棄了上主的約，寧可事奉外邦的巴力和各種假神！」

「什麼叫做『作祭司的國度』？」小莉問。

「這個嘛……」，何西阿想了一下說：「是這樣的，祭司是神和人中間的媒介或橋樑，他在人的面前代表耶和華神，所以必須有正確的榜樣或性格；而神的話語和旨意，也藉著祭司傳達給百姓。耶和華神要我的民族充當祭司的職分，意思就是要我們在全人類面前代表耶和華神的子民，將神所喜悅的聖潔生活顯明出來。」

「所以以色列人離棄神，就不配作上帝的代表？」小莉問。

未等何西阿回答，阿詮緊接著問道：「可是這樣上帝對以色列人的要求是否太高了？」

外公也忍不住加進討論：「我想這個問題可以從以色列這個國家的獨特性來了解，他們遠從祖先亞伯拉罕被揀選開始，歷經在埃及為奴被拯救、摩西頒佈律法、進入應許之地，這個民

族的歷史起源以及整個社會型態，是基於上帝與人所立的『約』而發展出來的，或者也可以說以色列這個民族是透過被上帝揀選，而成為上帝救贖工作的『信息』；他們原來可有自由來選擇是否要與神立約，當他們一旦選擇了要作上帝的子民，就有責任要活出『約』的要求。」

「那以色列人的信仰以及他們與上帝的『約』，到底和世上的萬國萬族有什麼關係呢？」整個舊約聖經都在講以色列人的歷史，而我們這幾個現代的外國人竟然不可思議地來到舊約世界，這對我、對一個不同於以色列民族的人而言有何重要性？

「問得好！」聽到外公的誇獎，我得意起來。

外公接著說：「嗯，我幾乎是用了大半生在想這個問題，上帝要以色列人活出『約』的要求，也就是使他們過一個聖潔的生活，以致成為萬民的表率。可是到底什麼是上帝子民的正確生命品質？這實在需要透過一個社會群體的生活彰顯出來。換句話說，以色列人遵守上帝的『約』，目的是讓他們可以活出上帝所要求的整體社會生活品質，也就是自由、公義、仁愛和憐憫的生活，使萬族萬民藉此可以認識上帝。我們現代人，可以從以色人的歷史裡，認識上帝的性格和作為，以及祂對神國子民的美好心意。」

何西阿顯然非常驚奇外公所講的話：「對、對、對！應該是這樣！所以耶和華神對我們以色列人的要求是適當的，也是應該的。」

在溫暖的「壕溝洞」裡，一盞燭燈散發著暗澄色的光輝，我和阿詮、小莉互相笑稱自己成了「山頂洞人」，因為我們的頭髮都像亂草一樣，離原始人不遠了。

愛，是回轉之路

喔！對了，何西阿的家人都到哪裡去了，為什麼只有他一個人在此呢？他娶妓女的事情到底是不是真的？這些問題我不太好意思問，慫恿小莉去問。

小莉鼓起勇氣，用她那副天真無邪的眼神，走到先知的面前說：「您一個人離開家鄉到這麼遠的地方來，會不會很孤單？」

「哦，小姑娘妳的心地真好！其實我是有家人的。」

「那您的家人在哪裡呢？」

「這個嘛……唉！我們在逃難時被沖散了，我來到這裡的這些日子，不斷在尋找他們，只要聽見有從北方逃來的人，我就去打聽他們的下落，到目前為止還沒有消息。」

「那真是令人焦急的事。」外公深富同情地說。

何西阿的臉色轉為莊嚴說：「其實我的家、我個人的安危算不得什麼，重要的是我的國家和民族在這樣一個亡國的苦難裡面，有沒有悔改轉向真神！」他停頓一下，繼續說：「就如你們所知道的，我是娶了一個妓女，但是就因為這樣，我才能體會上主對我們以色列人的心意。」

說到重點，我們都湊近何西阿的身邊，昏黃的火光下，我們都很認真聽，沒人打瞌睡。

「以色列自耶羅波安王時代起，摻雜了外族的偶像崇拜，使得全國百姓的生活和信仰違反了摩西律法的要求，道德日漸墮落。作王的非但沒有引導百姓事奉真神，反而引導百姓變本加厲敬拜偶像；社會上失去了公平、公義；為首的欺壓弱小，有錢人壓榨窮人；連宗教領袖也玩弄權術，沒有教導百姓正確

的信仰生活，雖然設立更多的祭壇，獻上更多的祭物，只有益發得罪耶和華神；淫亂的事情充斥整個社會，大家似乎都見怪不怪，許多女孩子為了利益出賣貞節，甘心在巴力神廟裡當廟妓……。」何西阿的語調越來越激昂，反應出情緒的波動。

「在這樣的社會裡，你要娶到一個有操守的女人，恐怕也不容易吧？」我說。

「不，應該這樣說，我的婚姻是要成為一種『信息』，上帝透過我的婚姻對世人說話。」

「如果是我，這種婚姻我是一定拒絕！」阿詮固執地說。

我回應阿詮：「所以上帝絕對不會要你這種人當先知的！」

「你們不要鬥嘴了！好好聽先知講完嘛！」小莉對我和阿詮不耐煩地說。

「不要說你們不能體會這種婚姻，連當時的我也感到為難，但我寧願順服耶和華的旨意，娶一個不該娶的女人，並真心愛她。但是無論我對她多好，她的心沒有一刻滿足。」

「那很簡單，就休了她啊！」阿詮忍不住說。

「阿詮，不可無禮！」外公瞪他一眼。

「人的愛和真神的愛分別就在這裡！任憑我不斷呼喚，我的妻子還是三番兩次離棄我，當她淪落到無可救藥時，耶和華神要我仍然去愛她，甚至用錢去將她買贖回來！」

聽到這裡，我感到先知的語氣裡沒有任何的抱怨，反而眼光中流露著一種光輝。

小莉聽了搖搖頭：「為什麼要這樣？我不懂！」

「愛一個不值得愛的人，心裡的痛苦和負擔是大過一般人所能承擔的，這樣的愛很不容易，是一種無條件的愛，這種愛恐怕只有上帝才能賜予！」外公試著解讀先知的心情。

我想起和英英的分手事件，當那天傍晚我看見她和一個男孩子走在一起有說有笑，心中有一種被背棄的感覺，那種失去所愛的苦澀轉成一種恨意和自憐，使我那時覺得自己根本沒有能力再去愛任何人，因此我非常好奇何西阿的那種堅忍的愛，為什麼一再受傷，卻有能力一再去愛，這一種愛，真如外公所說的只有上帝才能給予嗎？。

　　何西阿顯然十分同意外公的話：「是的，我同胞的景況就像我的妻子。耶和華喜悅良善，但人的良善只如同早晨的雲霧和速散的甘露，當人昌富起來時，便忘記自己的本源，任憑自己的喜好去追逐快樂，棄絕了耶和華的良善，毀了堅貞的約，寧可選擇事奉假神，照人心所愛的苟合行淫，故意不認識耶和華。因此耶和華說祂要施行審判，祂必向以法蓮如獅子、向猶大為少壯獅子，祂必撕裂他們而去，無人搭救他們！然而……」，何西阿停了下來，他環視我們一下，繼續說：「你們知道嗎？愛一個人真正的痛苦在於執著地盼望她的回轉。當對以色列的審判臨到時，耶和華神說：『我要回到原處，等他們自覺有罪，尋求我面，他們在急難的時候必切切尋求我。』耶和華神仍寧願等候人的回轉，可是我們以色列同胞竟然驕傲到雖遭遇這一切必須警惕的事，仍不歸向耶和華我們的神，寧可尋求偶像和外力的援助！」

　　「以色列人真是罪有應得！」我和阿詮異口同聲，心中燃起一種義怒。

　　「啊！我覺得上帝一定很憂傷！」小莉嘆息著。

　　聽到這裡，可以體會到何西阿先知是個情感豐富的人，忽然間，他站起身來激動地唸著：

耶和華如此說：
以法蓮哪，我怎能捨棄你？
以色列啊，我怎能棄絕你？
我怎能使你如押瑪？
怎能使你如洗扁？
我回心轉意，
我的憐愛大大發動。
我必不發猛烈的怒氣，
也不再毀滅以法蓮。
因我是神，並非世人，
是你們中間的聖者；
我必不在怒中臨到你們。

何西阿再次為我們解釋說：「以法蓮就代表以色列，這個頑梗的兒子，本該被石頭打死，但是卻因為作父親的憐憫而止住了毀滅的手；押瑪和洗扁是亞伯拉罕時代所多瑪城遭滅時，連帶被毀滅的兩個城。雖然人是那樣的不可靠，上主對人的愛卻沒有改變，縱使上主對人有刑罰，卻不全然滅絕人。」他以一種堅定的口氣繼續說：「是的，我娶了一個放蕩女子，從這樣的婚姻裡面，我也才能體會到人的背逆、無情，對上主帶來何等的傷害！但是上主真的是迥異世人，祂仍然忠於祂的約，對人發出恆久的慈愛。」

我們心中都有一種被震動的感覺，曾經談過一場戀愛的我，被這首詩中的愛情大大撼動，而這樣的愛情竟然是出於上帝對世人的愛！

聽到這裡，小莉的眼眶早就裝滿淚水了。

「原來從前的我也是故意不認識上帝，你們去教會，我就去玩樂；你們說不要說謊，我偏要說；你們說抽煙對身體不好，我說抽煙很爽！原來你們也曾經為我難過！」阿詮慚愧地對著外公說。

「人的背逆，對上帝造成何等痛苦！但祂的慈愛又是何等長闊高深！不斷用慈繩愛索牽引著祂的子民！祂的管教為著是叫失迷的人可以回頭，真的只有『愛』，才是人的回轉之路。」外公語重深長地說。

「我的國家雖然遭此厄運，但上主耶和華神說：『我必醫治他們背道的病，甘心愛他們！因為我的怒氣向他們轉消，我必向著以色列如甘露，他必如百合花開放，如樹木扎根』。」

「所以您相信以色列人還是有救的？」我問。

何西阿先知點點頭：「是的，所以我來到這裡，並非貪生怕死，而是等候上主耶和華神的工作，也在此把耶和華啟示給我的話寫給世人，使他們在苦難中，仍然可以對上主心存感謝和盼望。」他一聲長嘆：「唉！誰是智慧人，可以明白這些事！誰是通達人，可以知道這一切！因為耶和華神的道是正直的，義人必在其中行走，罪人卻在其上跌倒！」

外公立即對著我們說：「孩子們，希望你們一生能作個智慧人！」

我們都對著外公點點頭。

在廢棄的壕溝裡，我們意外學習到人生寶貴的一課。辭別何西阿之後，我們繼續上路，向著耶路撒冷的方向前進，造訪南國猶大，看有沒有什麼令人鼓舞的消息。

邊走邊看著阿詮的背影，我想著上帝對人類那無悔的愛，觸動了幾年來心中所隱藏著的一件事，那就是我和阿詮之間的

心結。從小我的成績一直不錯，而阿詮對讀書總是好像少了根筋，爸爸總是喜歡拿我的成績來和阿詮的作比較，因此好強的阿詮在功課上有什麼問題從來不問我，寧可不會而拿爛成績回來。有一次他在家裡無法解決作業上的難題，便來求問我，起初我很好心地教他，可是說了好幾遍他仍然聽不懂，我就失去耐性罵他「笨蛋」，話一出口，我看見阿詮滿臉通紅，他一句話不說，轉頭就走。那一罵，我們兄弟倆從此再也無話可說，並且不知道是不是從那時開始，他選擇了走自己的路，不想再活在別人的期望底下。我深深覺得自己應該主動向他道歉，可是想說的話一到嘴邊，又不好意思地吞了回去，真令人懊惱，可見自己「愛」的能力是何等貧乏，原來「愛」的付出也是需要極大的勇氣。

伯利恆之星

我們祖孫一行人繼續朝著南方猶大國前進，路途上風光明媚，令人心曠神怡，相較之下，北國的烽火所造成的哀鴻遍野，令人心存餘悸；在這裡農夫照常耕種、作生意的交易熱絡、婦女們悠然地紡織、小孩子快樂地戲耍，絲毫感覺不到戰爭的火藥味在此蔓延。小莉快樂地說：「這裡真好！」我們祖孫四人皆有同感，逐漸放慢我們的腳步和緊張的心情，欣賞沿途的南國風光。

當我們走進一座城市，一陣鬧哄哄的聲音傳進我們的耳朵，我們看到好像所有的人都從家裡跑出來，爭先恐後，不知在看什麼。

「奇怪？發生了什麼事情？他們在看什麼熱鬧？」阿詮立刻衝進人群中，我也不甘示弱，立即跟進，誰叫咱們是最愛湊熱鬧的呢！

 赤腳大仙

眾人到底在圍觀什麼？當我好不容易擠進人牆裡面，看見兩邊圍觀的群眾，形成中間一條狹長的路，有一個人，光著上半身、赤著腳，大聲哀號，踽踽獨行，據說這是以色列人表達悲傷或有嚴重事情發生的一種方式。起初我以為那個人不過是個乞丐，大聲哀嚎莫非是要引人注意，當我靠近時，發覺他竟然是在發表一篇演說：「……因為撒瑪利亞的傷痕無法醫治，延

及猶大和耶路撒冷我民的城門，不要在迦特報信、不要哭泣，卻要在伯亞弗拉於灰塵中哀痛地打滾，……猶大啊！為你所喜愛的兒女，你要剃頭，使你的頭光禿，因為他們都從你那裡被擄去了！……」

一聽到這番聳動難聽的話，圍觀的人們開始紛紛走避，「哪裡來的瘋子！莫名其妙！」很多人謾罵著：「哪裡來的鄉巴佬！明明太平無事卻詛咒我們！真是不要命了！」

也有人質疑說：「怎麼可能？大衛王朝和聖殿都在我們這裡，耶和華神怎麼可能會使我們像北國以色列那樣滅亡？」

當圍觀的群眾發覺不合胃口，逐漸一哄而散的時候，那人自顧自地又直指群眾說：「那些在床上圖謀不義，並且行惡的人有禍了！……他們要田地，就去搶奪；想要房屋，便去強取；他們欺壓人和他的家眷，強取人的產業。因此耶和華神這樣說：『看哪！我策劃災禍攻擊這家族，你們無法縮起頸項避開這災禍，……到那日必有人作歌諷刺你們並唱悲傷的哀歌！……』」。

群眾譁然，開始鼓譟，有人向他丟擲石頭，整個場面緊張起來，轉眼之間群眾的威勢一步步逼向那個手無寸鐵的人。

當場面開始混亂失控時，我看見阿詮衝進人群中，大聲喊叫著：「他說的是真的！我們剛從北國來，亞述大軍可能不久就會來攻打你們了！」

「哪裡來的渾小子，一派胡言！」眾人也向阿詮丟擲石頭。

整個場面一團混亂又十分火爆。就在我鼓起勇氣即將投入聲援阿詮時，混亂中卻不見阿詮的身影，連那個赤腳大仙也不見了，「奇怪？怎麼突然消失？」群眾都愣住了，空氣中的張力一下消散，緊張的氣氛平緩了下來。

「算了！算了！當他是個瘋子亂說話罷了！」群眾紛紛散去。

阿詮的消失使我們頗為緊張，不知道他是回到現代世界還是被人綁架？我們著急地四處尋找他的下落。這時有一個農夫模樣的男子悄悄地接近我們，告訴我們阿詮的下落，要我們不可聲張，他可以帶我們去找阿詮，但是我們三人必須分批走，暗暗地到城外與他會合。於是外公、我和小莉為了避開人群的眼目，各盡所能地到達城外和那人祕密會合，在那陌生農夫的帶路下，在郊外一戶人家裡我們找著阿詮。

原來那位赤腳大仙就是彌迦先知，他得到上帝的啟示，從鄉下走了好幾天的路程，一路走來城裡，預告上帝的審判，提醒全國上下要悔改。就在群眾向他扔擲石頭的時候，有幾個敬虔的農夫，相信彌迦是上帝所派來的先知，在混亂中緊急掩護並救出彌迦先知和阿詮。

當我們見到阿詮時，以為可以看到彌迦先知，外公問：「彌迦先知不在這裡嗎？」。

「他已經走了！他說是要繼續宣講上帝要他宣布的話。」阿詮看著手臂上的傷口回答，救他的農夫在幫他包紮，還好他只是受了點小傷。

「真是危險！彌迦先知所傳講的話，會為他自己帶來災禍的，我們曾再三勸阻他不要去，他卻堅持一定要去，真是耶和華忠心的僕人！」收容阿詮的農夫說。

「經過前朝烏西雅王和約坦王的太平統治，我們猶大的國力有了一些擴張，整個社會卻因富強奢華而種下敗壞的種子，國民的道德已大不如前了，彌迦先知所指責的正是現今社會上的亂象！」另一個農夫評論道。

「如今北國滅亡後，其實大家都心知肚明，我們猶大也必然岌岌可危，昏庸的亞哈斯王已經嚇得病急亂投醫了，以為只有外邦人的神可以拯救猶大，他不僅毀壞並封鎖了耶和華聖殿的門，不准老百姓進去敬拜，又在各大城裡為亞述人的神像建立祭壇，大多數愚昧的老百姓也相信亞哈斯的作法可以拯救猶大，所以彌迦先知的話沒有人聽得進去。」那位為我們指路的農夫補充著說。

外公有感而發地說：「唉！真是忠言逆耳，人通常最不容易面對自己的弱點和陰暗面，總是以為尋求外力的支援便可以解決問題！」。

後來幾天，我們聽說彌迦在城裡出現了好幾次，可是卻沒有人知道他確實的行蹤，最後的消息是他已經回到一處安全的地方。我們祖孫也聽從了好心農夫的建議，去鄉下躲避一陣子。

在這期間發生了一件令人興奮的事，那就是亞哈斯王的兒子希西家登基了，他和他的父親截然不同，他是個對上帝有信心的人，願意效法他祖先大衛王一切所行的。

聽說希西家王登基所做的第一件事是重新打開聖殿的門，並修理被亞哈斯王毀壞的地方，又招聚了所有的祭司和利未人，要他們自潔，好重新在上帝的聖殿裡事奉。當聖殿的事都齊備後，希西家率領所有的首長、官員進入聖殿，代表百姓向上帝獻贖罪祭和燔祭，表示與上帝和好的意願。希西家的作為，使猶大國中那些敬虔的百姓莫不喜出望外，但對大多數的百姓而言，仍存著觀望的心態，那就是希西家王如此的作法真的對國家的安全有所幫助嗎？

希西家王為了表示與上帝和好，並且教導百姓遵守與上帝

的約，他寫了一封信給從南到北所有的以色列人，下令全國重新守逾越節，表示重新紀念上帝引導他們出埃及以來的救贖工作。

希西家王的慶典

希西家王所派遣的傳令驛卒，快馬加鞭地由南到北傳佈佳音，我們祖孫所暫住的小村莊，這天鑼鼓聲咚咚響，所有村民聚集，我們看見傳令驛卒竟也來到這偏僻的村莊。

傳令驛卒當眾宣讀王諭：「以色列人哪！你們當轉向耶和華，就是我們祖先亞伯拉罕、以撒、以色列的神，好叫祂轉向你們這脫離亞述王手下的餘民，不要效法你們的列祖和你們的弟兄，他們干犯耶和華，以致耶和華丟棄他們，使他們敗亡……。你們若轉向耶和華，你們的弟兄和兒女，必在擄掠他們的人面前蒙憐恤，得以歸回這地，因為耶和華你們的神，有恩典、願施憐憫，你們若轉向祂，祂必不轉臉不顧你們。」

當驛卒宣讀完畢希西家王的詔書，村民們莫不拍掌大聲叫好。紛紛準備要進城去守節。

我們祖孫四人也決定去瞧瞧以色列人守逾越節的盛況。

沿路上我們看見許多扶老攜幼的人們，從四面八方而來，都要上耶路撒冷守節，當中有衣冠楚楚的達官貴族，也有衣衫襤褸的貧民，更有自北方從亞述手中逃脫出來的人，大家的臉上充滿了喜悅，「平安！平安！」互相問候的話語，此起彼落形成一支龐大的朝聖隊伍。一些原本在路旁觀望的人們，也被這支歡樂的朝聖隊伍所吸引，紛紛加入，所有群眾宛如一條不止息的河流，湧向耶路撒冷的聖殿。

就因為絡繹不絕的守節人潮相繼來到，使得逾越節的慶祝大典延後一個月才舉行，城裡面從聖殿出來的街道上，擺滿了成千上萬的牛、羊，盛況真是令人咋舌。整個城裡，起先是幾天的蕭穆安靜，因為在逾越節的宴席前，百姓要先自潔，自潔結束後整個城裡迸出慶典的歡樂，人人歡欣地吃逾越節的羊羔。有位耶路撒冷的耆老看見這樣光景，流著淚告訴我們這是從所羅門王之後全國第一次守逾越節，也是南北兩國分裂兩百多年後第一次所有人一起守節，幾代以來耶路撒冷沒有這樣的歡樂了。

接著是祭司要開始為百姓祝福了，在短暫的沈靜之後，因為聽見大祭司的祝禱，百姓的歡呼聲震動了整座城。忽然有人激動地大聲喊著：「耶和華將使我們得勝仇敵！」群眾一呼百應。

此情此景令我們祖孫四人雀躍不已。

當希西家王進入聖殿敬拜，幾乎是整個典禮的最高潮，百姓萬頭鑽動，都爭著瞻仰他的風采。我們當中只有小莉擠得進去，當她從人叢中鑽出來時，她興奮地說：「好光彩的景象！當希西家王率領百姓敬拜的時候，一剎那間我感覺天地好像都停止了轉動，整個天地都在讚美上帝的榮耀，聖殿裡充滿了光輝。」

接下來幾天，小莉不停地絮聒著她在聖殿裡所看到的景像，直到我們都會背了為止，平生沒有見過此種場面的我們，心中都很興奮，甚至會睡不著覺。

有一晚，當我依然睡不著的時候，心想：「乾脆起床，去戶外呼吸新鮮的空氣，或許回來會比較容易睡得著！」

當我踏出門口，就看見一老一少的背影，原來是外公和阿

詮。

「難道他們也是睡不著？」我好奇他們倆在談些什麼。

我聽見阿詮問外公一些話，不知從什麼時候他開始憂國憂民起來。「會不會因為希西家王帶領全國守逾越節，重新與上帝和好，上帝的審判就不會臨到猶大國？」阿詮問。

外公慈祥地說：「孩子，我們一般人常犯的錯誤是容易以管窺天，只著眼於現在，而看不見未來；我們雖然看見目前復興的光景，可是這種光景到底能不能持續，就是未定之論了。」

流星之夜

「您是說……」，阿詮思索著，一時間好像不太明白外公的話。

這時漆黑的夜空中突然出現一顆顆斗大的流星，劃破天際，我驚奇地叫著，外公和阿詮也看到了，我們都興奮地叫嚷著，一種奇特的感覺油然而生。星群的出現越來越密集，好像綻放在夜空的美麗煙火，真是難得一見的奇觀。最後我們以為星群都釋放完畢，恢復了寧靜的夜空，不意還有一顆最大最耀眼的流星長長地劃過整個夜空舞台，淋漓盡致展現它的燦爛輝煌。

當我們目不轉睛地注視天上的奇景，發覺突如其來有風吹草動的聲音，一個悉悉窣窣的腳步聲越來越靠近，我們立刻本能地有所警覺，預備好迎敵的架勢。可是在黑暗中看不見來者的面目，等那腳步聲越逼近我們，從黑暗中傳來一個蒼勁的聲音：「各位看到什麼？」

「是流星！」阿詮毫不畏懼地回答。

聽到阿銓的回答，那人馬上唸道：「伯利恆以法他啊！你在猶大諸城中雖為小，將來必有一位從你那裡出來，在以色列中為我們作掌權的，他的根源從亙古、從太初就有，耶和華神必將以色列人交付敵人，直等那生產的婦人生下兒子來，那時，他其餘的弟兄就必歸回以色列人那裡……。」

阿詮從那逐漸明朗的身影中，驚奇地叫喊出來：「哇！是彌迦先知來到！」

突如其來的不速之客，使我的推理細胞全都甦醒起來，心想：「為什麼流星在這個時候出現？為什麼彌迦先知正好也來到這裡？難道有什麼大事要發生？」

彌迦走近，注視著我們說：「三位貴客，請勿驚嚇，我也是終夜思想國家的前途，突然發現流星群的出現，便追隨著流星的方向來到這裡。當我注視著星空時，想到連一顆小星星也能發出最耀眼的光芒，上主耶和華神透過那些星星對我說話，是的，百姓的罪惡必有終局，耶和華的審判已定，可是祂已有所預備，必然再次興起拯救！在伯利恆那小城中必要興起一位拯救者，在我們以色列中作掌權的。」

「您意思是說，連南國猶大也即將遭到上帝的審判嗎？可是自從他們守逾越節以來，在許多地方的百姓都拆毀了他們原先敬拜的偶像，並且也開始聖殿敬拜的熱潮，聽說聖殿裡堆滿了百姓奉獻的物品和祭物，看來百姓是有誠意要悔改喔！」我說。

彌迦用嚴正的口吻回答：「鑑察人心的耶和華知道人的意念，對目前猶大的復興，我很高興出現了希西家這位賢明的君王，帶領百姓走正確的道路。可是這樣的復興可以在整個國家中持續多久？如今聖殿的敬拜雖然盛況空前，我也不否認那些

祭物的重要性，可是創造天地的主豈喜悅那些豐盛的祭品和禮物，祂所要求的只是人內心的真正敬虔和順服……」，彌迦先知停頓一下，他朗朗唸道：「世人哪！耶和華已指示你何為善！祂向你所要的是什麼呢？只要你行公義、好憐憫、存謙卑的心與你的神同行！」

「這樣說來上帝要求人的事情並不太多嘛！」阿詮說。

外公答道：「的確是不多，不過行公義、好憐憫、存謙卑的心與上帝同行，卻是人最不容易做到的！」

「為什麼？」阿詮不解地追問。

「比如你們三兄妹當中，從小你是最令人頭疼的，記得你三歲的時候，你媽媽罵你的時候，你就很會頂嘴，這種不服輸、不願認錯的本性一直到你長大，你倒說說看，為什麼會這樣？」

阿詮搔搔頭，想了一想，紅著臉說：「真不好意思！是人自我為中心了吧！」

「對了！這就是人的問題！太自我為中心的人，心目中自有一套想法，是最不容易謙卑與上帝同行的，自我為中心的人會比較用外在的事物來掩飾、鞏固自己，很難赤裸裸地面對自己和上帝；相反地，一個真誠順服上帝的人，會認識到自己內心真正的需要和軟弱，學會依靠上帝，而願意活出行公義、好憐憫的生活。」

彌迦先知聽完外公和阿詮的對話，十分贊同地說：「就像希西家王雖然帶領百姓重新回到聖殿敬拜真神，可是要看這樣的改革是不是能深入人心和社會的各個階層，我相信真實的敬拜會使人心思念耶和華神的律法，整個社會才能活出神所要求的公義和憐憫，我也希望有生之年可以看見這個改革的果效。」

彌迦說完，我們有一陣短暫的靜默。繁星點點的夜空，如

同黑色綢緞上所鑲嵌著的鑽石。

　　彌迦唸唸有詞說：

　　　　末後的日子，
　　　　耶和華殿的山必堅立，
　　　　超乎諸山，
　　　　高舉過於萬嶺；
　　　　萬民都要流歸這山。
　　　　必有許多國的民前往，
　　　　說：「來吧，我們登耶和華的山，
　　　　奔雅各屬於神的殿；
　　　　主必將祂的道教訓我們，
　　　　我們也要行祂的路。」
　　　　因為訓誨必出於錫安，
　　　　耶和華的言語必出於耶路撒冷。
　　　　祂必在多國的民中施行審判，
　　　　為遠方強盛的國斷定是非；
　　　　他們要將刀打成犁頭，把槍打成鐮刀；
　　　　這國不舉刀攻擊那國，
　　　　他們也不再學習戰事。
　　　　人人都要坐在自己葡萄樹下和無花果樹下，
　　　　無人驚嚇……。

　　外公聽完微笑著說：「好一幅理想國的圖像！」
　　彌迦先知似乎十分同意外公的說法，點頭說：「這些日子以來，每當我思想國家的前途，在腦海中就會浮現一幅圖像，震

撼我心。是這樣的，前陣子希西家王下召，便有許許多多從北到南的男女老幼上聖殿守節，上主讓我看見在將來的日子裡，會有更多國家的百姓加入這樣的敬拜行列。人們擁擠至上主的殿中，為著是要聆聽上主的話語，因此他們要將武器打成農具，因為在上主的治理中才有真正的和平來臨！人們的心也會被上主的話語改變，他們不再貪圖和搶奪別人的葡萄園和無花果樹，人人都可以過著自給自足的生活。」彌迦先知的語調充滿了熱切的期待，他又說：「自從我看到你們在這裡出現，便知道上主的話是確實的，因為真的有其他國家的人來到這裡加入我們敬拜的行列。」

「不……不！我們還不算是，將來會有更多國家的人來！」我急忙說。

可是尚未聽完我的話，彌迦先知就向我們道別，因為他急著要追隨流星的方向，去伯利恆──那一個他原本未聽過的小城，訪查那位未來的拯救者的下落。

「可是……我們知道你要找的那人是誰呀！」外公喊叫著。

想必彌迦先知也是飛毛腿一族，因為在夜色中，他早已飛奔不知去向，外公說：「他去這一趟必是徒勞！因為他的時代耶穌還未誕生呢！」

在我心中燃起了一種感動，因為彌迦先知口中所說的拯救者確實已來到，人類的歷史是以他的出生為分界，大約在2000多年前，他已誕生在小城伯利恆，比耶穌早七百多年出生的彌迦先知，他的預言何其準確！可是我比他有福氣，因為我已經看到他的時代所未曾看見的。

天上奧祕之夢境

當我和外公、阿詮走進屋內時，已是夜深露重，而小莉正睡得香甜，心思單純的她進入夢鄉的速度奇快，我們兄弟倆常自嘆莫如，小莉的夢話也是家中一絕，她的夢話常令全家捧腹大笑，這回她的兩片嘴唇又啟動了：「……他的名……稱為奇妙、策士、全能的……神、永在的……」，停了一下，她的嘴巴又繼續喃喃唸著：「……永……在的父、和……平的……君」。

小莉說夢話的樣子實在太好笑了，我和阿詮忍不住摀著嘴巴竊笑。我們看見小莉的臉上浮現一種非常滿足又帶點神祕的笑容。

「糟了！她一定聽見我們在笑她！」我和阿詮趕緊躲進被窩裡，免得她醒來找我們算帳。

第二天，我和阿詮都睡到太陽曬屁股時才起床，沒看到小莉，連外公都失去了蹤影。「難道他們都回現代世界去了？」我覺得有點懊惱，我真的是想家了。

「你看這是什麼？」阿詮發現桌上有一張紙條，是小莉歪歪扭扭的字跡：「因有一嬰孩為我們而生，有一子賜給我們，政權必擔在他的肩頭上，他名稱為奇妙、策士、全能的神、永在的父、和平的君。」在這句話下面，小莉又用斗大的字寫著：「欲知後事，請找亞摩斯之子。」

我想起紙條上寫的正是小莉昨晚的夢話，可是「亞摩斯之子」是誰？小莉到底在賣弄什麼玄機？我和阿銓都很納悶。

於是我們兄弟倆一口氣衝到大街上，發現整個街道上安

靜、寂寥許多，行人稀少到幾乎沒有，並且家家戶戶門窗緊閉，有許多軍人、武器集結，越靠近城門口越是戒備森嚴。「怎麼回事？」「到底發生了什麼事？」我們兄弟倆面面相覷，不明所以。

亞摩斯之子

路上巡邏的兵士催趕著我們，強忍著心中的不安，我們儘量遠離城門，躲躲藏藏地尋訪「亞摩斯之子」的下落，可是盲目找尋了一陣子，仍無線索。

就在我們頹喪地坐在一口井邊休息的時候，恰巧有一個婦人前來打水，她看見我們訝異地問：「你們是外地人嗎？難道你們不知道希西家王下了戒嚴令，不准人外出。」

「到底發生了什麼事？」我問。

「亞述王西拿基立又來攻擊我們了！他派遣的將領此刻正在城門外叫陣！」婦人緊張兮兮地壓低聲調說。

「既然是戒嚴令，妳為什麼敢出來打水？」阿詮問。

婦人臉色一變：「這……都因為家裡食指浩繁，要喝水的人口太多啦！」說完，立刻轉身要走。

我趕緊攔住她問：「等一等，請問『亞摩斯的兒子』是誰？」

「豈不就是鼎鼎有名的亞摩斯的兒子以賽亞！」婦人說完，提著笨重的水桶轉身就走。

「對了！我真笨！小莉的那句夢話，我記得在以賽亞書上有那麼一句話，怎麼突然忘了呢！」我懊惱著。看著婦人快速離去的背影，我緊追著：「等一等！請問以賽亞住哪裡？」

婦人越走越快，「往左邊直走經過三條街後再向右轉，看到一棟大房子，就是亞摩斯之子的家！」她好心地拋下最後一句話後，就不見蹤跡了。

　　我和阿詮朝著婦人指點的方向跑去，繞過幾個無人的街道，不斷躲避著兵士的巡邏，我們來到一戶顯得相當氣派的人家。

　　「看來以賽亞還是城裡的名門貴族呢！」我邊敲門邊對著阿詮說。

　　門突然開了，一張熟悉的臉就在我們面前。

　　「小莉！妳……！」當我和阿詮如釋重負地發出聲來，「噓……」她卻示意我們不要作聲，趕快進門。走進屋內，我們也看到外公，他正微笑地等著我們。

　　阿詮迫不及待地問：「有人可以告訴我們到底發生了什麼事情嗎？」

　　「害我以為你們丟下我們回現代世界去了！」我抱怨著說。

　　「這一切的事由小莉告訴你們吧！」外公語帶玄機。

　　小莉賣著關子又一副耀武揚威的樣子：「你們怎麼這麼久才找到這裡啊？哥，你不是對聖經很熟嗎？怎麼會不知『亞摩斯之子』是誰？」

　　「這……我忘了嘛！」我真是被這小妮子打敗。

　　小莉得意地笑起來：「昨晚我作了一個夢……。」

　　「沒錯！我還聽見你說夢話！」我反擊說。

　　小莉不理會我，繼續說：「我夢到有一棵古老的大樹，從它粗壯的枝幹結出一顆燦爛奪目的果實，果實裡面迸出一個人來，他用公義作腰帶，信實刻在他的胸前，他以智慧和公義，治理大地。在他的世界裡，豺狼可以和綿羊同居、牛與獅子可

以和平相處，小孩子可以在毒蛇的洞穴裡爬來爬去，不會受到傷害；在那裡，瞎子的眼必睜開、聾子的耳必開通、瘸子必跳躍像兔子、啞巴的舌頭必能歌唱；在曠野的地方有水發出、乾渴之地變為泉源、野狗躺臥的地方變為碧綠的草原；在那裡，有一條路叫作聖路，污穢的人不能進去，我看見從四面八方而來穿著潔白衣裳的人，在當中快樂地行走，我低頭發現自己竟然也是穿著白色的衣裳。」

「那妳有沒有看清楚從樹裡面迸出來的那個王是誰？是不是妳前陣子看到的希西家王？」阿詮陶侃著。

「不，不是希西家王！我看不清楚那位王的臉，當我努力要看清楚時，耳邊就響起一句話『他是奇妙、策士、和平的君』，忽然又有一個聲音告訴我：『快去找以賽亞先知！』。當我一大清早醒來，正覺得自己所做的夢很奇特，就有人送來一封邀請帖，我看到外公手中拿著那一張邀請帖，興奮得手足舞蹈，就像個孩子一樣！」小莉邊說邊瞄外公一眼，她吃吃笑了起來。

外公的臉紅了，他藉故要裝水，提著一支空茶壺走出去。

一向愛促狹的阿詮，他背對著外公，故意裝模作樣地說：「你們瞧！外公高興起來的樣子是不是像我這樣？」只見他一下舉手、一下舉腳，好像在跳啦啦舞。

小莉笑得更厲害了，我也忍不住大笑起來。

「什麼事這麼好笑？」外公提著茶壺走進來，瞪著我們三個。

我強忍住笑，問道：「外公，那一封邀請帖到底有什麼特別，使你那麼興奮？」

外公擺起一副正經八百的臉孔說：「你們有所不知，那封邀請帖是偉大的先知以賽亞的親筆信哩！」

「原來是以賽亞寫來的呀！」我對外公說：「他一定是您很佩服的人喔？」

外公微笑地點點頭。

「是啊！當我知道是先知以賽亞的邀請帖，也嚇了一大跳，沒想到就如我所夢到的。」小莉接著又說：「我和外公看著那張突然來到的請帖都覺得很詫異，由於時間倉促，看你們兩個睡得正熟，便留了張紙條，想必你們醒來可以很快找到我們。沒想到我和外公到達以賽亞家不久，亞述人就來攻城，局勢一下子變得很緊張，希西家王下令全國戒嚴，我和外公開始擔心你們兩個人的安危。」

「哼！害我們兄弟倆差點走投無門！」儘管嘴硬，我心裡面還是覺得小莉的夢和遭遇很奇特。

小莉說：「當以賽亞先知看到我和外公的時候，竟然不發一語地對著我們看了足足有幾分鐘之久，害我們楞在那裡不知如何是好！最後他才開口說話。」

「他說什麼？」阿詮急急問。

小莉說：「我記得以賽亞先知莫名其妙唸了一句話：『你們一切乾渴的，都當就近水來，沒有銀錢的也可以來……』，然後他握住我和外公的手說：『你們就是那些被耶和華神呼召來的，我們素不認識的國民嗎？原來是這樣！這就是上主所啟示的意思，那些願意與上主耶和華神聯合的外邦人也必蒙悅納！』他開懷地笑起來。」

如此戲劇性的會面，真是前所未聞，我的好奇細胞蠢蠢欲動：「接下來呢？」

「以賽亞的舉動也令我和外公感到滿頭霧水，他對我們的來歷非常驚奇，他說我們的出現是上帝應驗了祂自己的話。」

「這是什麼意思？以賽亞怎麼會知道我們呢？」阿詮問。

小莉聳聳肩，不假思索地說：「以賽亞也沒有明說怎麼會知道我們，大概因為他就是先知吧！反正我們在這個世界裡所遭遇的事無奇不有。不過，外公和他可真是一見如故喔！」

外公笑笑說：「是啊！難得我可以面對面見到如此一位偉大人物！」接著他要我們注意他身上的衣服：「你們看！我身上有以賽亞的親筆簽名哩！」

我們看著外公衣服上的字跡，感到十分有趣，沒想到外公居然是個以賽亞迷，他見到心中的「偶像」也變得如此年輕！

「你們看！我手臂上也有以賽亞的簽名呢！」小莉也秀出她的手臂給我們看。

阿詮羨慕地叫嚷說：「那我也要以賽亞的簽名，說不定回去可以賣不少錢呢！」

我輕輕捶了一下阿詮：「你啊……滿腦子的錢！」其實我也很想看看以賽亞究竟是什麼樣的人物，「為什麼沒有看到主人呢？」我問。

小莉回答：「因為亞述人攻城危急，以賽亞與我們談了一些話就匆匆出門了，聽說是去晉見希西家王。」

「那你們和以賽亞談了一些什麼？」我又問。

小莉說：「我告訴以賽亞，來這裡之前我作了一個夢，是關於一個王的事情。聽到我所作的夢，以賽亞咋咋稱奇，因為我的夢竟然跟他的很相似。他說在耶和華神的啟示中他看見從『耶西的本』必發一條，耶和華的靈必住在他身上，使他具有智慧、聰明、謀略、能力和智識，在他裡面又有敬畏耶和華的靈，他要以公義治理國家，而且這『耶西的根』到那日必立作萬民的大旗。」

阿詮不解地搖搖頭：「什麼意思？『耶西的根』是什麼？」

心中靈感發動，我拍一下大腿說：「我知道！耶西就是大衛王的父親，以賽亞所說的從『耶西的本』必發一條，應該就是指耶穌基督，因為耶穌就是從大衛的後代出來的。」

小莉半嘲諷說：「哥，你知道的可真不少哇！那你要不要幫我解解夢？為什麼在我的夢裡我也穿著潔白衣裳？我的夢和以賽亞的夢有什麼相關？」

「這個嘛……」，我想了一下小莉所敘述的夢境，鐵口直斷說：「妳的夢與以賽亞所夢到的，可以說有同樣的含意，都在描寫基督所掌權的屬靈國度，不過……為什麼妳會穿潔白衣裳？嘿嘿！這個我還沒有想出來！」

「你可真是王半仙！」小莉瞪著我，故意咳幾聲、清清喉嚨說：「讓我告訴你好了！在你們來之前，我和外公已經討論過，根據外公的解釋，舊約先知關於耶穌基督的預言都是一步步逐漸發展的，雖然我的夢和以賽亞的很像，都同樣在表達那個基督所掌權的和平、公義的國度，不過我的夢在新約時代已實現，也就是因為耶穌基督的降生，上帝的救恩已經臨到萬族萬民，所以我才會看到自己也穿著潔白衣裳，可以與許多同樣被拯救的人們在一起，我想這也是為什麼以賽亞一看到我們的來到會那麼驚訝的原因。」

我看著小莉慧黠的臉，這小妮子自從來到舊約世界後，好像心眼兒被打開，智慧大大增進不少，難怪箴言書上說認識耶和華是智慧的開端。

而阿詮呢？雖然信心成長不少，可是對屬靈的事還是顯得有點兒遲鈍。他漲紅著臉說：「慢點！慢點！你們說得太快了！我還沒有搞懂你們在說什麼！」

外公聽了柔顏悅色地對阿詮說：「孩子，不要緊！你會明白的，小莉的夢或許只是引導我們來見以賽亞，對我們現代人而言，可以明白許多先知預言都是指向耶穌基督的，我們來此一遊最大的目的，是可以循著歷史的軌跡去明白上帝的啟示和救恩，在歷史中如何鋪排。」

「是這樣嗎？」阿詮仍滿臉的疑惑，又問外公：「那以賽亞是舊約中最偉大的先知嗎？因為您好像很崇拜他？」

外公低頭看著身上的以賽亞簽名，笑笑說：「你說的是這個呀！其實聖經中每一位被上帝使用的先知都很重要，他們所傳揚的信息不論長短，都是為了讓世人可以認識上帝的作為，而且從每一位先知的不同角度，我們也瞥見上帝救贖計畫的一致性和連續性，這是很偉大和奇妙的，值得我們去仔細思索。我之所以比較佩服以賽亞，是他所寫的信息內涵非常豐富而且用字遣詞非常精妙，相當具有文學性，我想他不僅僅是一位先知，也可以說是一位大文豪哩！」

阿詮睜大眼睛看著外公說：「真是這樣？為什麼我以前對聖經一點興趣都沒有？回去我一定要好好讀聖經，您一定要教導我怎麼讀喔！」

「那我也要報名參加！」小莉舉起右手湊合地說。

以色列的聖者

正說著之間，一位人物的出現吸引了我們的目光，他流露著一股高尚的貴族氣質，相較之下令人感到有點自慚形穢，他的語氣竟是那樣謙和，他一進門就說：「四位貴賓不用害怕！你們可以平安地在這個城裡通行了，因為亞述王從哪條路來，就

必從哪條路回去，必不得來到這城，這是耶和華神說的。」這人就是先知以賽亞。

原來面對亞述人兵臨城下，以賽亞是去向希西家王宣達上帝的旨意，由於希西家王願意誠心依靠上帝，尋求上帝大能的拯救，因此以賽亞向他及全國百姓宣告說：「耶和華如此說：『因我為自己的緣故，又為我僕人大衛的緣故，必保護拯救這城。』」

以賽亞回家來沒多久，果然就有人來報告好消息，本來在城外傲慢地褻瀆上帝的亞述將軍突然遭到報應，亞述陣營中不知被什麼東西，如秋風掃葉般殺死了十多萬人，一時潰敗不堪，再無攻擊的能力。以賽亞聽到此信息點點頭：「是的，亞述人必倒在刀下，並非人的刀……。他的少年人必成服苦的人，他的磐石必因驚嚇而被挪去，他的首領必因大旗而驚惶……。因為耶和華神的話必不突然返回！」

看到以賽亞這般胸有成足的樣子，令我好奇，為什麼像他這樣的先知總是能預先知道上帝的作為，於是我小心翼翼地問：「為什麼您已經先知道上帝會施行拯救？」

大概是看我非常拘謹，以賽亞露出如春風般的笑容說：「年輕人！若不是耶和華神的啟示，沒有人可以知道祂的行蹤，從我蒙召作先知以來，只是個傳達神旨意的僕人。在耶和華神的掌理和鑑察中，我的責任是去警戒和宣告上主的心意，使百姓因而能回轉歸正。」

小莉靠近過來，嬌聲地問：「請問您是怎麼樣作先知的？」

以賽亞回答：「這可說來話長……」，他慈祥地看著小莉：「妳也常作夢是嗎？那妳跟我有一點相像喔！」停了一下，他繼續說：「記得當我蒙召的時候，眼前所看到的一幅景象也宛如夢

境般不可思議，卻又真實得不容懷疑，事後我回想，那一幅景象對我一生的使命關係重大。」

阿銓緊追著問：「您看到什麼？」

「那是烏西雅王駕崩那年，我進入耶和華神的殿中禱告，當我抬頭看著至聖所的幔子，剎那間，那整片幔子在我眼前消失不見，一個至高、燦爛無比的寶座，從天而降……。」這時，以賽亞的眼光停留在一個遙遠的地方，一會兒又回過神來，緩緩說道：「我看到那個燦爛寶座前有至高的天使，飛來飛去，他們共有六個翅膀，除了用來飛翔的兩個翅膀外，有兩個翅膀遮住臉好像不配看見坐在寶座裡的上主尊容，另外用兩個翅膀遮住腳，好像覺得對上主服務不週；『至聖、至聖、至聖』的頌讚聲充滿整個聖殿，甚至貫徹雲霄，使整個聖殿大大震動、充滿了煙雲。那一刻我無法正視從寶座中所發出的榮光，才驚覺到自己有禍了，因為我是不潔的人，怎配看見天上那神聖不可侵犯的一幕！也就在那一刻，我才明白耶和華神的『聖潔』是什麼，使我了解祂為什麼要以聖潔來要求祂的百姓，人若不聖潔就沒有人能親近神；也因為祂是聖潔的，使我對照看出以色列百姓的罪惡和污穢，玷污了耶和華神之名的榮耀；另一方面，因為耶和華神是聖潔的，沒有任何假神、偶像可與之比擬！」

「上帝既然是那樣的聖潔，我們有誰可以親近祂呢？」我問。

「這也曾經是我的疑問，當我看見上主的聖潔和榮耀，馬上想到自己的污穢，又想到自己是住在不潔的百姓中，終身無法逃避不潔，心想自己必死無疑，不料馬上有一個天使飛來，用火炭潔淨我的嘴唇，對我說：『你的罪孽除掉了，你的罪就被赦免了！』立刻我感覺全身上下有一種暖流流通著，並且不自覺

地發抖，淚流滿面，原來人雖不潔，上主耶和華神卻有全然的赦罪之恩，那一刻我的體會是那樣真實，使我不斷對上主發出讚美和頌讚，立刻我又聽見聖潔的主對我說：『我可以差遣誰？誰肯為我們去呢？』於是我毫不猶豫地回答：『我在這裡，請差遣我！』」

「哇！多麼偉大、多麼特別的呼召！」小莉充滿崇敬的神情。

聽得十分入神的阿詮也羨慕地說：「我真想親眼見識一下那樣的經歷。」

我則想到自己讀以賽亞書時的困難，便問道：「我有個小小問題要請問您，為什麼您的作品有那麼長的篇幅？以我們現代人的算法共有六十六章，而且不太容易了解呢！到底如何可以讀懂您寫的書？」

聽到我說的話，以賽亞先是愣了一下，然後從他嚴肅的臉上迸出一絲幽默：「哦！原來我也是名作家！我竟然不知道！」外公聽了也呵呵笑。

以賽亞接著說：「讓我這個孤陋的老頭子來簡單說明一下。第一，為什麼會寫那麼多內容的原因，大概是我活得夠久吧！並且我擔任先知的工作，從烏西雅王駕崩那年算起，到目前的希西家王，共歷經了三個朝代，我必須忠實地記錄上主的話語和工作；第二，由於歷經三個朝代，這期間國內、外的情勢多變，了解這一時代的背景是必須的，人們便知道耶和華神是掌管歷史的上主，祂的引導牽動著歷史的演變；第三，我的使命是呼籲君王和百姓要從背逆中回轉，恢復一個與蒙召相稱的生活，然而此乃知其不可為而為的任務，因為我所傳的信息只會使百姓更反感，他們是忠言逆耳，以致上主的審判必然來到。」

「你說上帝的引導牽動著歷史的演變，要如何知道呢？」我對大事情一向有濃厚的興趣。

以賽亞喝了一口水說：「你們剛剛不是見識到在上主耶和華神的干預下，擊退了凶猛的亞述大軍！亞述人的興起是因為上主使用他們作為管教祂百姓的媒介，北國以色列就是這樣亡國的，可是沒想到亞述人日益高傲，不敬畏上主，所以上主的審判也必然向他們發出。不僅是亞述，上主的審判也必向埃及、列邦發出。看哪！亞述必亡，巴比倫必然取代之而出，猶大必倒在巴比倫刀下，然而巴比倫與其所依恃的神明偶像最後也必覆亡！因此你們若注意到整個歷史的演變，就必認識到耶和華神是全地的主！」

「啊！猶大國也要滅亡了嗎？那怎麼辦？」小莉驚叫道。

以賽亞低頭沈思，一臉沈重。

阿詮和我與小莉所關心的顯然不同，他打破僵局問道：「您剛剛說到以色列人要恢復『與蒙召相稱的生活』是什麼意思？是不是生活、行為都要規規矩矩才能討上帝的喜悅？比如不能抽煙、不能喝酒，甚至不能打電玩等等，可是這樣活著不就跟木頭人沒什麼兩樣？這樣生活還有什麼樂趣可言？」以阿詮不愛受拘束的個性，我想他心中有一種對基督徒的刻板印象，他可能害怕自己萬一也要過那樣的生活該怎麼辦。

「抽煙、喝酒、打電玩？這些是什麼東西？」距離我們的時代相當遙遠的以賽亞顯然不明白阿詮所舉的生活例子是什麼，我和小莉趕緊比手劃腳說明一番。

「哦！原來是這樣！我還是不十分了解抽煙和打電玩到底是怎麼回事，不過喝酒我可知道，我們這裡盛產葡萄，到處可以喝到香醇的葡萄酒。」以賽亞立即請家人為我們端上上好的葡

萄酒，「來！你們品嚐看看！」

　　不勝酒力的小莉只嘗了一點點，便雙頰緋紅，她舔了舔嘴邊的酒香，意猶未盡地說：「這酒蠻好喝的嘛！」

　　「是啊！真是好酒！」外公大概也沒有嚐過如此香醇好酒，連連誇讚，他舉起手中的葡萄酒對阿詮說：「孩子，『與蒙召相稱的生活』並不是要我們拒絕世界上一切美好的事物，事實上許多美善的事物都是從上帝而來，作為上帝的子民，最重要的是我們生命的品格能否反映出上帝的美善。不過……」，外公一飲而盡杯中的餘酒說：「再好的酒只要淺嘗即可，過多都是有害健康，任何事情都需要節制，如果危害到生活，還是敬而遠之的好。」

　　以賽亞聽了連連點頭：「是的，再好的酒淺嚐即止，千萬不要為酒所困，不要像我的同胞一樣，因為濃酒而醉得搖搖晃晃、東倒西歪，甚至祭司和先知這些信仰上的領袖們也因醉酒而錯解真理、謬行審判，從醉酒就可以看出一個國家百姓的光景。」接著他用力站了起來：「來！我帶你們去看『以色列的聖者』所要求百姓的聖潔生活是什麼！」

　　我們一行人尾隨著以賽亞走到一處高地，此地的房子構造很有趣，可以說是依山建築，房子看起來就好像是一層層疊上去，因此我們站在高處很容易看到家家戶戶的生活狀況，就好像置身在一個劇場裡面，看著一幕幕戲碼上演。

　　「唉呀！我看到有一個人好像生病躺在床上，忽然有一堆人衝進去把他所有的家當都搶走了！那個人就跌倒在地上，好無助喔！」小莉尖叫道。

　　我也看到一幅悲慘景象：「好慘哪！我看到一個女人，可能是個寡婦吧，因為沒看到男主人，她辛辛苦苦地挨家挨戶去乞

討，所得到的東西仍不足餵飽家裡的孩子，眼看孩子們活活挨餓，她對著窗口大聲哭泣著！」

阿詮也憤憤不平地描述他所看到的：「真是豈有此理！簡直是剝削勞工！我看見一個葡萄園的主人，挺著肥油飽滿的肚子指揮工人做工，稍有不稱心，他就隨意鞭打工人、苛扣工人的工資，可憐的工人從早到晚胼手胝足，所得的仍不夠溫飽。」

外公也驚訝於他所看到的：「這地方不是常有敵人來侵襲環伺嗎？怎麼還是一副歌舞昇平的樣子？有那麼多的歌臺舞榭，許多人在其中作樂狂歡，又有許多穿著豔麗衣服的女人，全身掛滿了琳瑯滿目的飾品，有鼻環、耳環、腳環等等，她們不僅彼此競奇鬥豔，不斷在向男人目送秋波，那些看起來像上流階層的男人們莫不左擁右抱的。」

以賽亞聽到我們所見的景象，嘆息說道：「唉！耶和華栽種以色列家，就像栽種葡萄園一樣，祂指望結好葡萄，卻反倒結了野葡萄；祂指望的是公平，誰知倒有暴虐；指望的是公義，誰知倒有冤聲！你們所看到的都是不公義的社會所生的惡果，是百姓與上主的聖潔，反其道而行的真實生活面。」

「這樣看來上帝的聖潔是不是與公平公義有關？」阿詮若有所悟地說。

外公對阿詮點點頭說：「孩子，上帝的聖潔絕對不是一種無法形容的潔癖，而是一種具體可見的良善、公義與和平的生命品質，可以反映在一個人的內心和行為態度上，也可以擴大反映到上帝選民整體的社會制度，我想上帝所聲討的不只是以色列人個別的罪，也在於由個別的罪所造成整體社會的罪惡。」

外公的話使我想起什麼來：「最初我來到舊約世界遊歷的時候，曾當面請教過摩西關於上帝所頒佈的律法，原來上帝頒佈

律法所要建立的社會，是一個公平公義的社會，是弱勢者和寡婦都能被照顧到的社會。」

以賽亞聽到我的話，大吃一驚：「真的？你真的遇到摩西？真有這樣的事情？」他一副無法置信的樣子，可是他很快就恢復鎮定：「是的，你說的沒錯！原本上主所要建立的子民，是一個公義與良善的聖潔國度，可惜我的同胞是背逆的百姓；他們屈枉正直、欺壓窮人；到處獻虛浮的祭，卻不止住作惡；他們用嘴唇尊敬神，心卻大大遠離；他們在暗中行事，卻以為上主不鑑察？他們都故意不顧念、不留心上主的作為，他們都一同因為『無知』而墮落！所以上主耶和華神的審判必然臨到！唉！耶和華的膀臂並非縮短不能拯救，祂的耳朵並非發沈不能聽見，是我們的罪孽使我們與祂隔絕，是我們的罪孽，使祂掩面不聽我們！」以賽亞的話一句句擲地有聲。

義僕的形象

在以賽亞的義怒聲中，小莉忽然發出與此時氣氛相當不協調的驚嘆：「你們看！好美的夕陽！是我來這裡看過最美的夕陽！」

當我們的目光隨著小莉的驚嘆聲轉移，果然映照著在天際的是極美的晚霞，在柔美嫣紅的空中透著黃色、青色、紫色等五彩繽紛的雲層，非常光亮燦爛，那種黃昏之美的表現沒有一絲即將被夜色吞沒前的掙扎，而是陽光和雲層盡力釋放的傑作。

「活了這大把年紀，我好像沒有看過這麼美的夕陽！」外公也不禁讚嘆。

柔和的晚霞中那一輪逐漸下降的夕陽，仍輝煌得令人無法逼視，以賽亞對著那無法直視的光芒有感而發說：「有一個上主的日子將要來到！『那日子』耶和華神必要施行報應和拯救，在那日，耶和華所發出的苗必華美尊榮，地的出產必為以色列逃脫的人顯為榮華茂盛。主以公義的靈和焚燒的靈將錫安女子的污穢洗去，又將耶路撒冷中殺人的血除淨，那時，剩在錫安留在耶路撒冷的，就是一切住耶路撒冷、在生命冊上記名的，他們必稱為聖。」

「您意思是說上帝審判百姓的日子快要來到？」我恐懼地問，真無法想像如此美麗的夕陽，以賽亞看見的卻是一個民族的末日。

以賽亞解釋道：「正因為耶和華神是我們以色列的聖者，所以祂必要在不義之民中，施行判斷，可是又因為祂的憐恤，祂曾對我們說：『大山、小山可以挪開，我的慈愛和平安的約必不遷移、也不離開你』。」他一邊說著，在他的眼眶中隱含著淚光。

「可是這麼一來，上帝既要施行審判，又要彰顯祂的慈愛，祂到底會如何做呢？」這回阿詮好像很快就聽懂以賽亞的話。

以賽亞看著阿詮，面向我們面前的那些房子和居民，沈痛地宣告說：「以色列啊！你的百姓雖多如海砂，惟有剩下的歸回，原來滅絕的事已定，必有公義施行如水漲溢，因為主萬軍之耶和華在全地之中，必成就所定歸的結局！」

小莉拉著外公悄悄說：「以賽亞說的這些話，使我感到上帝的審判好像很恐怖的樣子！」

「是啊！正因為上帝的審判是嚴厲的，人們才需要學習敬畏，而且正如以賽亞所說的，在上帝的審判背後仍有拯救，他

意思就是說將有一批經過審判後的百姓要歸回，上帝因為憐恤祂的子民，所以必為他們存留『餘種』，那些剩餘下來的人如同經過火的熬煉一樣，他們必能體會上帝的恩惠，他們也才是真正忠誠的百姓。」外公回答小莉，又面對著我們三兄妹說：「我們剛剛看到以色列人的罪惡光景，其實在我們的現代世界中也好不到哪裡去，同樣不公、不義的事情充斥在世界各個角落，道德上的墮落也無以復加；我們來到這個舊約世界，親自體會到這樣的狀況，我們應該學會警醒，因為上帝雖然是慈愛，祂也是可畏的，在我們的現代世界中，上帝的子民不再單指以色列人，而是我們這些所謂的基督徒，我們的一言、一行是否也能反映上帝的良善和公義，我們真要時常反省自己啊！」

以賽亞聽到外公對我們三兄妹說的這番話，十分驚訝道：「聽您這一席話，難怪耶和華神說祂除了召聚被趕散的以色列人外，還必召聚與耶和華聯合的外邦人，也難怪耶和華說『祂的殿必稱為萬民禱告的殿』！凡有真心渴慕神的，必蒙祂的悅納！」

聽完以賽亞的話，我們幾個人沐浴在晚霞的餘暉中，心中感動莫名，上帝在歷史中花了長久時間所鋪排的救恩計畫，一時間在我們幾個人的身上，跨越時空的距離奇妙地交集在一起，我們被這種偉大的「交集」深深震撼著，感到全身有一種觸電般的顫抖。

「奇怪！我怎麼覺得全身抖個不停！」阿詮叫著。

「奇怪！我也同樣在發抖！」小莉也說。

就在我們心中喜樂的顫抖中，在暮色裡，我們看到有兩個人走來，以賽亞一看見他們便上前擁抱。

「來！這是我兩個兒子，一個叫作『瑪黑珥沙拉勒哈施罷

斯』，另一個叫『施亞雅述』。」

以賽亞的兩個兒子說：「我們聽說有貴客光臨，特來看看。」他們的年紀看來也不年輕了。他們說得客氣，我想他們一定也相當好奇我們這幾個現代人的長像。

「我記得你們的名字是有特別含意的。」外公對這兩兄弟微笑說。

「可不是嗎？我名字的意思是『擄掠速臨、搶奪快到的意思』。」瑪黑珥沙拉勒哈施罷斯說。他又指一指施亞雅述說：「他的名字則是『所剩下的必歸回的意思』。」

「好奇怪喔？我們華人的名字，大多取名叫什麼『福』啦、『壽』啦，種種大吉大利的名字，哪有像你們這樣的。」阿詮率直地說。

施亞雅述看著他的父親以賽亞說：「身為一位上主耶和華的真先知，我們父親所取的名字目的是要向世人傳上主的『信息』，一方面是他對上主的話作出信心的回應，一方面也在向世人預告上主的作為，說不定……在我們的有生之年會看見上主的工作。」他的語氣聽來也像以賽亞一樣充滿信心。

為了補充兒子的話，以賽亞緊接著說：「我的同胞既頑梗又驕傲，他們一再拒絕正直之言！」他又指著暮色中以色列人的居住社群，激昂地對我們說：「上主的日子必速然降臨，錫安也必再蒙救贖！到那時救贖的民必歸回，他們必歌唱來到錫安，永樂必歸到他們的頭上。看哪！這一片山谷！將來一切山窪都要被填滿、大小山岡都要削平、高高低低的要改為平坦、崎崎嶇嶇的必成為平原，到那時再也沒有悲泣和眼淚。」以賽亞的語氣緩慢下來，他的眼睛閃爍著一種光芒。接著他用一種緩慢的語氣說：「但那受過痛苦的……必不再見幽暗，在黑暗中行走

的百姓，看見大光，住在死蔭之地的人，有光照耀他們。」

「啊！是的！有一嬰孩為我們而生，政權必承擔在祂的肩頭上，祂名稱為奇妙策士、全能的神、永在的父、和平的君」，外公突然接著以賽亞的話說。

「咦？這不就是我夢中聽到的話！」小莉驚叫道，「哦……原來如此！我明白了！」她若有所悟。

聽到外公的話，以賽亞不可思議地睜大眼睛看著外公：「咦？你也知道？」

外公點點頭：「是啊！我是你的忠實讀者哩！」

以賽亞對著外公又說：「深哉！上主隱藏的奧祕和智慧！在那日，我看見上主耶和華神的僕人要振興雅各家，以色列必要再被堅立！上主已將祂的靈賜給所揀選的僕人，他必將公理傳給外邦，他既不喧嚷、也不揚聲，壓傷的蘆葦他不折斷，將殘的燈火他不吹滅，他憑真實將公理傳開，他不灰心也不喪膽，直到他在地上設立公理，海島都等候他的訓誨……。」

以賽亞若有所思地停頓下來，我們所有人默默地等候這一段沈默的時間。

以賽亞以相當不解的表情，又說：「轉眼之間，我又看到上主所差遣的僕人，他完全沒有佳形美容，使世人受吸引，他似乎被藐視、被人厭棄，多受痛苦又飽經憂患，……喔！原來是上主耶和華神定意將他壓傷、使他受苦，以他為贖罪祭……。這怎麼說好呢？我沒想到上主的僕人竟像是為世人背負罪孽的羔羊！所有世人的罪孽都背在他身上！」

外公看著以賽亞，他們正交會著彼此心中對上帝奧祕之事的體會，外公幾乎一字一句地回應說：「是的，上帝的那位僕人的確是為我們承擔罪孽的羔羊！他誠然擔當我們的憂患，背

負我們的痛苦，我們卻以為他受責罰、被上主擊打苦待了，那知他卻是為我們的過犯而受害，為我們的罪孽被壓傷！我們是因為他受的刑罰才能得⋯⋯平安，因他受的鞭傷我們才能得醫治⋯⋯」。外公竟然越說越哽咽，我看見他的臉龐汨汨流下兩行熱淚。

以賽亞先知也大為動容：「是啊！你說的沒錯！你是真的知道！」

不一刻，這兩個老人竟然面對面地相顧落淚，我和阿詮、小莉三人在一旁不知所措。

我們看著這兩位老人，一個是遙遙盼望著未來的老先知，一個是回到過去時空的現代老人，兩人竟然可以在此時心靈相遇，交會彼此心靈中對上帝救恩的感動。

夜色逐漸來臨，我看到一處岩石的洞穴中，有一棵不知名花草的綠色嫩芽，使我想到大樹雖然會被砍伐，可是它們的種子是不死的，就像這時刻以色列人的命運，他們因為朽爛而被砍伐，可是上帝仍然存留著餘種，使它們等候春天來到以滋生嫩芽。以賽亞先知作為時代的良知、也作為這個民族的一份子，我相信他更盼望的是在刑罰之後上帝的救贖工作。在他的時代，他可以說只是看見未來的一點濛濛光亮，可是對我們現代人而言，我們十分幸運，因為以賽亞的預言在後來的歷史中真的已經應驗了，我們透過聖經的記載了解了這些事情的發展。

信仰危機時的支柱

　　認識岳父的人都知道，他過世前幾年是最辛苦的日子。在哥倫比亞，反對基督教的人用石頭打他。在秘魯，他身經鱷魚、蟒蛇、食人魚的威脅。他在兩個不同的文化環境養育了六個女兒。但是比整天躺在床上等死，身體不聽任何使喚，實在算不了什麼。最後，他用盡力氣，只為了要做到吞食、呼吸這些簡單動作。

楊腓力
Philip Yancey

　　岳父在最後幾年經歷了信仰危機，他也坦承不諱。以前可以令他滿意的答案不再管用。他失去了屬靈的自信心；不是對神，而是對自己。待他愈趨煩躁、不耐、懼怕之際，為了自己不能沉著應對而流下痛心的淚水。死亡臨頭，他渴望自己能「漂亮的跑完全程」，這是他一直提的字眼。然而，他一再對自己失望，也怕令神失望。

　　岳父從舊約找到了猶疑卻堅定如石的信仰，在什麼也幫不上忙的時刻，維繫著他的心靈。即使懷疑重重，看到舊約裡神喜愛的一些人也與同樣的心魔掙扎，他就心感安慰。他發現神的膀臂不僅是在快樂昌盛的時刻，更是在痛苦時刻，環抱著祂所愛的人。我很高興，岳父在那段黑暗的日子，有舊約聖經成為他的支柱。（楊腓力著，《歡喜讀舊約》，47頁）

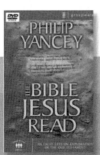

 # 外公的祕密

第一次看見外公掉眼淚，真是感到稀奇，然而他的眼淚裡竟然隱藏著一個祕密，是關乎我們所擁有的那幾張藏書票的由來。

小莉看著正拭著眼淚的外公，悄悄地對我和阿詮說：「沒想到外公也會哭！他這把年紀了還會掉眼淚，一定是有什麼傷心事沒告訴我們！」

「會不會因為我們時常惹他生氣？」阿詮猜測著。

我則從旁發現外公的滿頭白髮，歲月在他臉上刻滿了痕跡，在他的時代裡，像我們這樣的年紀，早就歷經窮困和顛沛之苦，他常告訴我們他是如何勇敢地面對種種人生風浪。「嗯……外公一定是有什麼事沒告訴我們！」我附和說。

「你們三個小毛頭在那裡吱吱喳喳什麼？」外公突然走過來。

「啊！沒……沒什麼……」，我們三個支支吾吾地。

「我們在討論您為什麼會哭呢！」小莉率直又撒嬌地說。

「喔……原來如此！」外公立刻有些不好意思的樣子。他沈默地來回走了幾步，好像在想一些事情，最後他抬起頭來對我們三兄妹說：「你們很好奇我為什麼會哭是不是？」

我們三個人點點頭。

「是這樣的，這件事和你們的那幾張藏書票有關！」

聽到這句話我們全身所有的好奇蟲都跑上來了，瞪大眼睛注視著外公。

「當我像你們這麼大年紀的時候，那可是個兵荒馬亂的時

代，人人只能自顧自己安危，那時在我的生命中卻發生了一件影響重大的事情……。」

「咦？什麼事？為什麼都沒聽您說過？」我問。

「哥，你不要插嘴嘛！」小莉急躁地說。

外公說：「喔！太早告訴你們，你們是聽不懂的！是這樣的，當年你們的曾外公原來是地方上的有錢人，可是那個年代經過幾次內憂外患，地方上興起了許多土匪，他們一再來搶奪我的家，幾次之後，我的家就越來越窮了，甚至到沒錢買米的地步。身為長子的我，看著你們的曾外公因此鬱鬱而終，心中開始憤世嫉俗，誓言有一天要掙回家業，於是我離鄉背景去外面闖蕩天下，心中的恨意使我不擇手段地賺錢……。」

「想不到您以前也是個不良少年！」阿詮驚奇地說。

外公對阿詮笑了一下，「那時我心中真是充滿了『恨』，恨國家、恨社會、恨人，真是無所不恨。直到我遇到一個人……。」

「是誰？」我們三人異口同聲問。

外公繼續說：「他是一個外國人，那個年頭外國人在我們地方上很少見，他是個醫生，那時我沿街叫賣雜貨時才認識他的，我看他是外國人好欺騙，賣他的東西都特別貴，但是他每次看到我都一副很高興的樣子。有一次他用不很流利的中文問我為何年紀輕輕沒去唸書而在街上賣雜貨，我狠狠地回答他說：『要你管！』，以為他被我嚇到，以後再也不敢買我的東西了，可是就在那麼一次，我在大太陽底下走得口乾舌燥，東西是一件也賣不出去，心裡面著慌的時候，那個外國人又出現了，他仍是一副慈藹的樣子，照樣買我的東西又好心地給我一杯水喝。當我要走時他對我說：『上帝愛你！』，我卻在心裡暗

自竊笑他是個大傻瓜，在這個只能自顧自己的時代，人與人之間哪有善意可言？」

「後來呢？」小莉追問。

「後來嘛，……我知道他一定會買我的東西，我就常去他那裡，與他越混越熟了，他鼓勵我要讀一點書，甚至願意出錢讓我去上學。」

「有這麼好的事？那你的東西還是賣他很貴嗎？」阿詮問。

「是啊！那就是人性的詭詐，我真是在利用他的善意！不過，到後來我才知道他明知我賣的價錢比別人貴三倍，他依然願意買我的東西。」

「有這麼好事？那個外國人是什麼樣的人？」我問。

「我只知道他是個醫生，是從很遙遠的地方來的，他常對我說身為醫生雖然能夠醫治人們身上的疾病，但人們心裡的病只有耶穌能醫治。」

「那他是向您傳福音？」我說。

「可是那時我的內心充滿恨意，他的話常常從我右耳進去、左耳出來，根本是聽不進去！就那麼湊巧，有件事發生了……」，外公看我們一副屏息靜聽的樣子，似乎也深陷回憶中，他繼續說：「那年頭是個動盪不安的時代，人心惶惶，不久之後，政局不穩，許多人都要逃難，年輕的我也跟著人潮逃到岸邊，打算坐船離開，但是每艘船都擠滿了人，我沒錢又沒勢的，用盡了辦法還是遲遲上不了船，眼看最後一艘船也即將開航，我心急如焚，忽然看到船上萬頭鑽動中，有一個熟悉的臉孔，不就是那位外國老醫生！他顯然也看到我，急忙從船上擠下來找我，從群眾中拉住我，他不知跟船員說些什麼，就把我往船上推，匆忙間交給我一個布包說：『耶穌愛你！』，我就

被人潮擠上船，我無法抓緊他的手也看不到他的臉孔，就在船開航前行的時候，我擠在甲板上看到他，他竟然在岸邊對我微笑、揮著手！那一刻，是我生平第一次流下淚來，沒想到一個非親非故的外國人竟然願意代替我留在不安全的岸上，是在那一刻，我明白了這世上有一種無條件的愛，我一再欺騙那位外國醫生，他卻用他的生命換給我一個新的人生！人世間居然有這種事！在我心裡面，前所未有的被那種無條件的愛所充滿。當船離開岸邊，漸行漸遠，我看著那個醫生的人影越來越小，不停地流著淚，於是下定決心要好好聽從和了解那位外國醫生對我說過的話。」外公的眼中泛著淚光說。

「是不是從那時候您就相信耶穌了？」小莉眨了一下眼睛說。

「這當中還有一小段的插曲，當我認識到那個外國人口中的耶穌，簡直無法相信聖經上所記載的關於耶穌的事情，而且耶穌是外國人，他會幫助我們嗎？就算耶穌能幫助我，那是不是我就不能用自己的手段賺錢了？像我這樣滿腹詭詐的人，耶穌真的會接受、愛我嗎？這些想法在我心裡面形成一道圍牆，我雖然開始讀聖經，就是無法接受這個信仰。有一天，我正好讀到以賽亞書，就是上面的那一段：『祂誠然擔當我們的憂患，背負我們的痛苦，我們卻以為祂受責罰、被上帝擊打苦待了，那知祂為我們的過犯而受害，為我們的罪孽被壓傷！因祂受刑罰為使我們得平安，因祂受鞭傷是為我們得醫治，我們都如羊走迷，個人偏行己路，耶和華使我們眾人的罪孽都歸在他身上……』，當我讀到這段經文時，有一個人的臉出現在腦海中，那人的眼光充滿無限的恩慈和憐憫，那是與我交換人生的那個外國醫生的臉。我十分感動地流下淚來，那時我才真正感受到

耶穌的確是代替我的罪過而死，為了我這個何等不配得到祂恩典的人！從那時開始，耶穌對我而言不再是個外國人，祂是一位真正為我犧牲、賜給我新生命的救主！」

「那您後來有沒有再遇到那個外國醫生？」阿詮問。

「唉！人海茫茫，因為戰亂的緣故，無法有機會聯繫，有時候在我們人生當中只有那樣一次遭遇和機會！從那個外國醫生的身上，可說是讓我看見了耶穌的愛和捨己的榜樣。」外公感嘆地說。

小莉聽了外公這一段感人的奇遇，她又發揮想像力說：「嗯！說不定那位外國醫生，他是耶穌的化身！」

外公點頭，幽默一笑說：「嗯！說不定真是小莉所說的。」

「那個外國醫生交給您的布包，裡面是什麼東西？」我想到外公遺漏未說的事。

「那個布包啊……是一本聖經，是當時少有的皮面金邊聖經，有點老舊，有著濃厚的皮味！就是我後來讀的那本聖經。記得我打開布包時，那本聖經裡面夾著一張紙條，寫著歪歪扭扭幾個字：『這書裡面有永生』。」

神祕的藏書票

「那麼『藏書票』是這麼來的嗎？」我急問。

「是呀！當我翻開那本老舊的金邊聖經的時候，發現裡面有幾張圖片似的東西，非常精緻，令我愛不釋手，後來我才知道那是一種版畫作品，它們印在一種非常特別的紙張上，有一次我找到一個古董商，向他請教關於那幾張圖片所用的紙，他瞧了好久說：『這幾張圖片很珍貴哩！別看它們的紙張黃黃的，

這可是一種古老的蒲草紙，是埃及的特產，書寫在上面的字或畫，可以保存千年以上，據說在埃及的法老王墓穴中，就是用這種蒲草紙記錄古埃及文明，聽說……古代的聖經有些也是用這種材質寫成的。」聽到古董商的說法，我非常訝異，我竟然得到如此特別的東西，那個古董商一直問我是如何得到這些小版畫的，他想出高價向我購買，擁有如此稀世珍品，我當然不賣。那個古董商一直糾纏我好久，我還是不肯賣給他。」

「哇！可以保持一千年以上的蒲草紙？真不可思議啊！」阿詮和小莉怪叫著。

「真是非常神祕哩！外公，你知道那些藏書票的年代有多久了？」小莉問。

外公回答：「是啊！我拿到時它們的表面已經有些變黃，我想也是蠻舊的了，不知那個外國醫生怎麼拿到的，而他又為什麼捨得送給我？這件事我一直覺得是我人生中的一個謎。」

「哇！那些藏書票不僅來歷神奇，它們還使我們莫名其妙來到這個舊約世界呢！」阿詮睜大眼睛說。

「是啊！記得有一次我仔細瞧著那幾張小圖畫，發現它們每一張看似獨立的圖片，可是左右兩邊都不太完整，嘗試將它們拼起來看看，發現它們是一組完整的長條形拼圖，就在我將它們拼起來的時候……」，外公看著我們突然微笑不語。

「唉呀！別賣關子嘛！到底接下來發生了什麼事情？」我們央求著外公說。

這時，室內的光線由明轉暗，我們不得不點起油燈，才能繼續促膝長談。我們三個圍著外公，好像重回到聽外公說故事的童年時代。

原來當外公無意中將那幾張藏書票拼起來時，他神奇地進

入另外一個世界，如同我們此時的經歷，不過他去的是新約世界。首先，外公在一個曠野裡面遇到一個「流浪漢」，嗯……正確說，那人應該是「施洗約翰」，據外公說他後來才了解「施洗約翰」很像舊約的以利亞先知，總之是那人引導外公遊歷了新約世界一番。

「您有見過耶穌嗎？他長什麼樣子？有看過耶穌的門徒彼得嗎？」我好奇問。

外公笑而不答，一副天機不可洩漏的樣子。

「沒想到您真的也進入過藏書票裡的世界！您後來還有再進去過嗎？」小莉睜大眼睛。

「就是那一次的經歷，使我茅塞頓開，聖經對我而言不再是枯燥乏味，可是後來不管我怎樣嘗試，就是無法再進入藏書票裡的世界，然而它們已經開啟了我對聖經的領悟，使我不需要依靠它們也可以認識聖經裡的話。」

「這樣說來，您對藏書票的祕密還是所知有限！那為什麼您會把它們分開送給我們？」我問。

「我想它們既然可以幫助我領略聖經世界的奧妙，也許有一天也可以幫助你們。」外公平靜地說。

「原來如此！唉！我真不該將聖經束之高閣！」阿詮恍然大悟說。

「外公，藏書票總共有幾張呢？」小莉問。

「我想想看……應該總共有五張」外公屈指算著。

「一、二、三、四……那我們分別進入舊約世界一共用了四張了！另外還有一張呢？」我對著自己、外公、小莉、阿詮數著。

「另外一張，我也是把它夾在一本聖經裡面，可是後來怎麼

找也找不到，我在想是不是無意中借給誰了？就是想不起來到底是給誰了？」

「喔！好可惜哦！」我們三個人惋惜著。

「不管怎樣，你們三個都有機會進入舊約世界，能大開眼界，並對聖經有新的領悟也算不虛此行了」，外公以十分感性的語調說：「是那本聖經陪伴我走過無數煩憂的日子，使我明白看似無常的人生中，一切仍然有上帝的掌權和引導。」

我看著外公，想像他年輕時所遇見的顛沛流離，好不容易熬到這把年紀，現在又必須承擔著兒孫們的許多問題，那本我在他書房裡見過寫得密密麻麻的老聖經，雖然已經相當老舊，昔日書頁金邊的色彩也褪去，它陪伴著外公度過許多憂苦的歲月。我也開始想像自己要如何度過這一生，有什麼樣的信念可以讓我在多變的人生中，像外公那樣生發信心和盼望？經過這一場神奇之旅後，希望自己也可以得到。

 激流中的勇者

沒想到外公和以賽亞先知一見如故，使得我們在南國猶大待了好些日子，由於希西家王內外兼修，又引導百姓恢復聖殿的崇拜，使得邊境一時平靖，未聽見亞述大軍馬蹄聲響，根據以賽亞說那是上帝垂聽了希西家王的禱告，延遲了審判，使得猶大國得到一時苟安。

我們祖孫四人獲得上賓般的接待，想家的心情常淹沒在對舊約世界的好奇之中。

有一天晚餐時，小莉瞪著桌上食物，口中喃喃念道：「我好想念媽媽的紅燒牛肉麵！」她敲著桌子，任性地喊著：「牛肉麵！牛肉麵！我要牛肉麵！」

阿詮也即刻跟進，一時間我也恨不得眼前有一碗熱呼呼的牛肉麵。

「啊，多想念的滋味！山珍海味也比不上！」我們兄妹三人面面相覷，牛肉麵使我們感覺到想家的心情是那般深切。

大概是因為我們魯莽的舉動，外公的臉一陣泛紅：「孩子們，我知道你們想家了！也是我們該回去的時候了！但是……」。

「但是什麼？」外公未說完的話，引起我們的注意。

「可不容易找到回家的路喔！」外公一副沒有把握的樣子。

「那怎麼辦？難道我們要一直留在這裡？」外公的話引起小莉的驚慌，她想起什麼似地，翻找著身上的口袋，「口香糖？我竟然沒有口香糖！」小莉頹喪地說。

「對了！小莉上次就是用口香糖回去現代世界的！」想到這次小莉身上竟然沒有帶口香糖，我也感到遺憾，「想一想，我們的身上還有沒有屬於現代世界的東西？」

阿詮立刻舉起手腕說：「我有手錶！」

「不行！手錶在這裡沒有用！指針根本就動都不動！」我開始喪氣起來，早知道要多帶一點裝備來舊約世界。

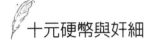十元硬幣與奸細

「別喪氣！總有辦法的！」阿詮邊說邊摸著身上的口袋，「嘻嘻！破口袋是有好處的，打電玩也有一點兒好處，你們看！我摸到什麼？」他把外套的口袋翻出來，原來有一枚硬幣從破口袋溜進外套的裡層，他取出硬幣得意地說：「十元硬幣行不行？」

沒想到剎那間，我們祖孫四人同時感到天地開始晃動，屋頂和地板的距離越縮越小，小到我們被擠壓得快喘不過氣來，一陣突如其來的強烈吸力，使我們「刷——」地一下消失在屋頂和地板的夾縫之中，然後我只聽見耳朵中轟隆轟隆的聲音。

「啊！我睜不開眼睛！」阿詮叫著，小莉的尖叫聲更是令人受不了，感覺我們的身體不斷在漩渦中打轉，沒有任何東西可以支撐。

阿詮突然大叫：「啊！以賽亞先知……他……被人殺了！」

原來阿詮在漩渦中一直在奮力撐開眼皮，而居然讓他看到一些東西，我想到我們突然消失，根本來不及向以賽亞先知辭別！

「啊！救我！」就在這時，有一股強大的吸力，將小莉吸向

漩渦的外邊，我和阿詮奮力地抓住她的手，一陣浪潮般的力量將我們三人往後推，感覺我們的身體好像是往外滑，等我們的腳站穩時，小莉喊著：「外公呢？」我和阿詮四下張望，發現外公真的不見了，並且我們是站在「地上」，一個非常陌生的地方。

「這回我們到底在哪裡？」阿詮問。

「我敢說這絕對不是我們的世界！」小莉環視四周說。

我的直覺則告訴我：「我們還在舊約世界！」想到此就令人身上起了一陣雞皮疙瘩。

「那怎麼辦？外公是不是回去現代世界？留下了我們？」小莉快哭出來了。

「怎會這樣呢？」我也覺得奇怪。

我們兄妹三人還來不及討論，只聽見周圍人聲騷動：「看哪有奸細！」

很快地一層層黑影逼近我們，情況變得混亂而緊張，「抓奸細！奸細！」的叫聲不絕於耳，感覺我們好像快被黑影吞吃進去，真是恐怖。

緊急間，頑強的阿詮準備背水一戰，只見他架好跆拳道姿勢，準備迎頭痛擊敵人，他怒聲回應：「誰說我們是奸細？」無奈他的跆拳終究抵不過人多勢眾，我們三人都被五花大綁。

「請放開他們！我向你們保證，這三個年輕人不是奸細！」一個沙啞低沈的聲音意外地在我們背後響起。

不待我們反應過來，只聽見劈啪一個拍掌聲，好似落在說話的那人臉上，兵士們紛紛轉過頭湧向那人：「你一定是奸細的首腦！」，不由分說，我們和那個人立刻被推進一間屋子裡。「砰！」一聲，門被關上。

沒有燈光的房子裡，小莉厲聲尖叫著，我和阿詮則用力捶打著房門叫道：「放我們出去！」我的全身都在發抖。

　　「年輕人，不要喊了！鎮靜下來！」忽然那人拍著我的肩膀沈靜地說。

　　一時間，我們三兄妹才意識到這黑暗的牢房裡，還有另外一個人存在。

　　月光由窗戶照射進來，我仔細端詳那人的臉，非常瘦削而憔悴，但也顯得相當鎮靜而堅強。那張臉又開口說話了：「年輕人！不要怕！他們無法傷害你們的！因為黑夜就要過去，白晝將要來臨！」

　　「喔，您是說天亮時我們就會被釋放？」阿詮驚魂未定說。

　　「哦，我不是那個意思，我是說我相信耶和華神的審判很快就要來臨！」

　　好一個「先知」的口吻，難道這人也是個先知？我們兄妹三人立時皆有同感，幾乎是異口同聲問：「請問您也是先知嗎？」

　　那人忽然語意幽幽地說：「是的，年日苦短，自我年輕蒙召作耶和華的先知到現在，屈指算來，歷經三朝，已近四十年之久了。」

　　我納悶著：「此人到底是誰？有誰會像以賽亞作那麼久的先知？」於是問道：「請問您可認識先知以賽亞？」

　　那人聽到我如此一問，顯然十分訝異，繼之是感嘆：「喔，他是比我早出生一百多年的前輩呢！聽說他在希西家王時代，帶來很好的影響力，可惜在惡人瑪拿西王當政的時候被處死。唉！一個人能堅持純正的信仰而死，也算是死得其所了！想我區區耶利米，離死亡也不遠了，希望我能像眾多前輩那樣至死

忠心……。」

「哇！原來您就是耶利米先知！」我們三兄妹叫著。

沒想到回去現代世界沒成功，卻跨越了一百多年來到耶利米的時代，到底是哪裡出錯？以致我們還留在舊約世界裡？

「年輕人，你們怎麼會來到這裡？」耶利米顯然對我們的來歷感到好奇，於是我們一五一十地告訴他是如何來到舊約世界的，他簡直是無法置信。

愛哭的老者

「可惜！你們來到的這個時代是最黑暗的……」，一句話未說完，耶利米就哽咽不成聲：「現……今……整個耶路撒冷已經被……巴比倫大軍……圍困……」。

「真的？！」我們兄妹再度驚叫起來，我們怎麼會又湊巧來到這樣一個危險的地方。

「因為我的同胞離棄了活水泉源，為自己鑿了一個破裂不能存水的池子！」耶利米一時間淚流滿襟。

面對一個哭泣的老人，我們感到手足無措。愛哭的小莉大概沒有遇到過這樣會哭的老人了，面對如此場景，反常地，她一顆眼淚都沒有掉下來，她相當鎮定並好心安慰著說：「耶利米先知，我想您一定相當擔心同胞的安危。」

「噢……不是！我著急的是審判臨頭了，我的同胞仍不願悔改歸向真神！」耶利米口氣變得急促。

阿詮搔著頭，一副認真思考的樣子：「這我就不懂了！我記得在以賽亞的時代，看到希西家王的改革，有許許多多的人離開拜偶像的祭壇，開始回到上帝的聖殿去敬拜了呢！」

「唉！真實的信仰不能光只有在表面的儀式上，希西家王的改革現在看來只算是曇花一現，在他之後歷經瑪拿西和亞捫王這兩個惡王的破壞，已經蕩然無存，雖然到了我開始作先知的時候，有約西亞王恢復聖殿的敬拜，並發現了摩西的律法書，但改革並沒有真正全面地深入人心中，反而帶來更負面的影響。」耶利米止住哭泣，像個歷史老師般為我們解說。

「是什麼負面的影響？」我追根究柢的興趣又來了。

「雖然有北國以色列亡國的教訓在前面，我的同胞並沒有真正聽進去上主的話，在周圍新強國巴比倫、埃及的恫嚇下，我的同胞越發地得罪上主，他們拜偶像拜得更厲害，在許多山丘上、樹下，隨處可見石頭、木頭做成的外邦偶像，約西亞王無法全面杜絕這樣的偶像崇拜風氣，在這種情況下，強調要恢復上主耶和華神聖殿的崇拜，只是讓百姓們多了一個自以為有恃無恐的保障，因為他們以為偶像照拜、聖殿照常獻祭，亡國的命運就不會臨到他們。」耶利米憤憤地說。

小莉不解問：「怎會這樣呢！怎麼可能同時事奉上帝又事奉偶像？以色列人經歷上帝那麼多拯救的奇事，為什麼還會去拜偶像呢？」

「我的同胞看見鄰國越來越強大，就以為外邦的『神』比較偉大，而不以看不見的耶和華為滿足、為完全可依靠的神，但是他們又不敢全然放棄聖殿的敬拜，以為那些祭物、儀式可以使耶和華神喜悅，這就是我的猶大同胞比已經亡國的以色列更為『奸詐』的地方！他們不過是假意地歸向上主耶和華而已！」

「他們可能是認為多拜一個神就多一層保障吧！」阿詮思考著說。

我附和說：「這或許是人類極其缺乏安全感卻又自以為是的

地方吧。」

　　在黑暗的屋子裡面，有月光從窗外照射進來，耶利米走向窗口，注視著窗外的月光說：「事情並不是那麼簡單，歷代以來耶和華神不斷差遣祂的僕人，幾乎是從早到晚不斷提醒我們要真心地『聽從』祂，因為我們與祂的關係好比農夫與所栽種的，祂栽我們是上等的葡萄樹，是上好的種子，我們卻變成外邦葡萄樹的壞枝子；祂待我們又像是父親，給我們兒女名分，賜給我們美地，就是萬國中最肥美的產業，我們曾說我們必稱耶和華神為父，也不再轉去不跟從祂，可是這一切的忠誠很快變成泡影；耶和華神紀念與我們先祖的約，如同神聖的婚約，我們卻向祂行詭詐，就像妻子行詭詐離開她丈夫一樣。」

　　「沒想到上帝和人類的關係會這麼深！您形容的真是貼切！」善感的小莉說。

　　「是的，神對祂所造的人類的愛是何等的深！儘管我的同胞不斷背逆，從我蒙召作先知以來，上主要我宣告審判的同時，仍盼望著人的回轉，祂也要我向我的同胞如此宣告祂的心意：『背道的以色列啊！回來吧！我必不怒目看你們，因為我是慈愛的，我必不永遠存著怒氣。哪裡有人的妻子離他而去作了別人的妻子，還可以再收回她來？若收回她來，那地豈不是大大玷污了，但你們若和許多親愛的行邪淫，還可以歸向我！』」耶利米傷感地說。過了一會兒，他的眼淚竟又流了下來，情緒激動地呼喊著：「我的肺腑啊！我的肺腑！我的心疼痛！我的心在我裡面煩躁不安！我不能靜默不說話，因為角聲和打仗的喊聲，將使全地荒廢！耶和華尋找公義誠實之人，卻遍尋不著，祂擊打不義的百姓，他們卻不傷痛；祂毀滅他們，他們仍不受懲治；因他們使他們的臉像石頭般剛硬，不肯回頭！」

耶利米的描述，使我對人性的背逆之罪感到汗顏，也驚奇人類對上帝的寬容之愛竟會如此無動於衷。

「說實在的，我也因為百姓如此恆久背道、不願得著痊癒而感到困惑！拜偶像使百姓們失去了誠實良善的生活、道德墮落，他們從最小到最大的都一味貪婪，從先知到祭司都行事虛謊，他們行可憎的事，卻不知慚愧、羞恥，我真恨不得他們不是我的同胞！可是當我下定決心不為他們代禱的時候，更深的哀痛、驚惶卻把我抓住，我才體會到什麼叫作身為民族的一份子，作為一個民族的先知，百姓的損傷也是我的損傷，我怎能靜坐不動、靜默不言！唉！在基列地豈沒有醫治的藥？為什麼我的同胞不願受醫治？」耶利米痛苦地說。

年輕的我們，很少遇見如此感時憂國的人，阿詮好心地對耶利米說：「請不要太傷心，小心哭壞了您的眼睛！」

先知聽了，哭得更難過，他抽抽噎噎地奮力擠出一句話：「我真……願我的頭為水，我的眼為淚的泉源，好為我百姓中被殺的……晝夜哭泣！使他們……願意回轉得痊癒！」

聽到這些話真是令好男兒莫不動容！我們兄妹三人皆眼眶濕潤。

走鋼索的先知

牢房外，月光原本十分皎潔，轉眼之間越來越暗，我們沒有意識到那是黎明前最黝暗的一刻，忍不住打了一個小盹。

眼睛再度睜開來時是被「砰！」的開門聲驚醒，「起來！起來！」士兵魯莽地叫醒我們，我們的眼睛被強蒙上布條，並且被用力推著走出去。

跌跌撞撞地走了一段路，當眼睛上的布條被取下來，發現我們是在一間泥屋裡，而耶利米沒有和我們在一起，站在我們眼前的是一個中年男子，看來相當和善。

　　「請不要害怕，我是耶利米的朋友名叫巴錄，我好不容易才把你們弄來這裡，目前這裡還算安全。」

　　「那耶利米先知呢？他去哪裡了？」我們擔心地問。

　　「這個嘛……唉！不瞞你們說，耶利米目前恐怕在死牢中了！」巴錄很沈重。

　　「怎麼會？他犯了什麼必死的罪呢？」阿詮大聲問。

　　「噓！小聲一點！耶利米預言耶和華神要將我們的國家交在巴比倫手中，因此他被全國上下視為與巴比倫私通的賣國賊，西底家王任憑手下官員要致他於死地。」巴錄小聲說。

　　小莉著急說：「他絕對不是賣國賊！我們可以證明他對國家是赤忱忠心的。」

　　「都是因為耶利米先知所傳的信息太危險了！」巴錄說：「當國家正遭受敵人圍攻的這時候，哪裡有一個自稱愛國的人會勸大家出去向敵人投降？」

　　「您是說耶利米先知就做了這樣的蠢事？」我也覺得如此的舉動不可思議。

　　巴錄聽到我說的「蠢事」兩字，他很不以為然地回答：「不，不是這樣，耶利米先知是忠於耶和華神的吩咐，他知道巴比倫人是耶和華神用來管教以色列人的媒介，如果以色列人願意投降，反倒可以減輕殺戮，得以存活，因為耶和華說：『日子將到，我先前怎樣留意將以色列家和猶大家拔出、拆毀、傾覆，也必照樣留意將他們建立、栽植，在荒涼的猶大城邑和耶路撒冷街上必再聽見歡喜快樂的聲音』。」

巴錄停頓一下，似乎有所猶豫，然後他說：「各位有所不知，前陣子耶利米還被關在護兵院裡的時候，曾向他叔叔買了一塊地，地契交由我保管，像目前這樣戰亂的時候，國家已朝不保夕，還有誰會置買田產呢？眾人眼中都以為耶利米是瘋子、是傻瓜，其實不然，因為他曾向全國預告說耶和華神將使這地荒涼，百姓要服侍巴比倫王七十年，七十年期滿之後，耶和華神要刑罰巴比倫，使被擄的百姓可以歸回這地，將來這裡會有人再買地、種葡萄園，耶利米買地的動作表示他相信耶和華神的應許，一方面也在為神的話作見證，使百姓能對神的應許有信心。」

　　我嘆息說：「喔！像耶利米這樣的先知真是難為！」

　　阿詮口中不知如何飛來一句話，他說：「我覺得耶利米應該叫作『走鋼索的先知』！」

　　「什麼叫作『走鋼索』？」巴錄搔一搔頭，表示聽不懂阿詮的話。

　　經過我們比手畫腳地解釋，巴錄會心一笑，鎮重地說：「耶利米從回應耶和華神的呼召作先知以來，他常常面臨生死關頭，記得在約雅敬王登基的時候，有一次耶利米在聖殿中講道，指斥百姓若再不聽從上主的話並離棄個人的惡行，上主就要使聖殿變為荒場、耶路撒冷城成為無人居住之地，話一說完，所有的官長、祭司、百姓馬上上來捉住他，對他拳打腳踢要置他於死地，幸好有個官長叫作亞希甘的保護他，使他免於一死。」

　　小莉小心翼翼問：「耶利米先知真的不怕死嗎？」

　　「怕呀！怎會不怕！面對全國強大的反對勢力，耶利米時常感到自己的任務真是困難艱鉅，不是他所能負荷的，因此他有

時候會咒詛自己的出生，希望自己不生在這世上倒好，他也時常抱怨耶和華神給他這樣沈重的任務實在是無理可言。」

「他的壓力實在太大了！」我說。

巴錄反問我：「什麼是『壓力』？」唉！我們與巴錄先生真是有「代溝」。

巴錄清清喉嚨，繼續說：「耶利米又非常固執，當反對他的勢力越強，他越是要忠於傳達上主的話。記得約雅敬王第四年的時候，耶利米雖然被禁止去聖殿講道，他要我幫他記錄上主的話，並要我去聖殿門口讀給所有百姓聽，他告訴我說：『耶和華如此說：或許百姓聽了這些話，願意在我面前悔改，使我的怒氣不致在百姓身上發作。』沒想到耶利米要我記錄的那些書卷傳到約雅敬王的手中，他看見神的警誡，竟然一點都不傷痛、不畏懼，當眾把那書卷燒了！他還吩咐人捉拿我和耶利米。啊！你們有所不知，那次耶利米的宣告是耶和華神給以色列全國的最後機會！即使書卷被燒，仍堅持不放棄的耶利米，還要我重新謄寫一次同樣的內容傳達給約雅敬王！」

「真是一個有血有肉的先知！」小莉感動地說。

「難怪聖經上記載耶利米是堅城、鐵柱、銅牆！」我說。

「什麼意思？」阿詮問。

我耐心向阿詮解釋：「堅城、鐵柱、銅牆，是聖經中對耶利米的形容，表示他對罪惡絕不妥協，又非常堅固、耐用。」我一邊說，一邊在腦海中思索著耶利米的特質，實在不知他是如何協調豐沛的情感和鋼鐵般的意志這兩種相反的人格特質，他大概是屬於天賦異稟的那種人吧。

最後的信念

巴錄離開後，我們在那房子裡度過了幾天，儘管聽見外面傳來許多聲音，令我們感到不安，巴錄交代我們絕對不可出去，因為時局非常混亂。他每天派人送來幾個餅，老實說根本不夠我們吃，我們都飢腸轆轆，可是送餅來的人說，這是城裡面僅剩的糧食了，如果巴比倫大軍再不退去，城裡就要絕糧了。

有一天早上，當我們都十分期待送餅的人快快來到時，「砰！」一聲，門被急促地打開，送餅人一副驚恐的神色，他上氣不接下氣說道：「巴……比倫人已經攻……破城門了！現在他們進入了西底家王的王宮！你們最好趕快……逃命去吧！因為巴比倫人到處放火抓人！」

我慌張地問：「我們可以逃去哪裡呢？」。

小莉則著急問：「請問耶利米先知下落如何？」

送餅人急忙答道：「哦……聽說已經有人從死牢中把他救出來，還聽說巴比倫王對他很好……啊！你們聽！巴比倫人的嘶喊聲越來越靠近了！你們還是趕快逃命吧！」

我們緊跟著送餅人飛奔而出，眼目所見皆是斷垣殘壁、冒煙的房子、刀光劍影下到處急竄的人群。我們也躲躲藏藏地逃避著四處搜索的軍隊。

「咦？糟糕！送餅人哪裡去了？」轉眼間，在逃難的混亂中失去送餅人的蹤影，我們發現跟丟了。

混亂中，小莉被一個戴著頭巾的人拉著跑，我和阿詮見情勢不妙，一刻不放鬆地緊追著小莉，想救回她來。我們穿過好幾個巷弄，追到一間房子裡，抓著小莉的人才停下來，他卸下

頭上的圍巾，轉過頭來對我們一笑：「你們不要怕！是我！」立時使我們卸下緊繃的情緒。

「原來是巴錄先生！」我們興奮地說。

巴錄鎮靜地說：「這裡是護兵院裡一個最偏僻的房間，所謂最危險的地方也是最安全的地方，我想敵人暫時不會搜查到這裡，因為這地方⋯⋯」。

「你們來看！牆上有人題字！」未等巴錄說完，眼明手快的阿詮已發現了什麼。果然我們看見兩邊牆上有著顫抖的紅色字跡，一邊牆上寫著：

耶和華說：日子將到，我要給大衛興起一個公義的苗裔；祂必掌王權，行事有智慧，在地上施行公平和公義。在他的日子，猶大必得救，以色列也安然居住。祂的名字必稱為耶和華是我們的義。

另一邊牆上則寫著：

那日子以後，耶和華必與以色列另立新約，祂的律法會寫在我們的心上，祂必成為我們的義，我們不需再教導自己的鄰舍和弟兄說：你該認識耶和華。因為我們從最小至最大的都必認識祂，祂要赦免我們的罪孽，不再記念我們的罪惡，祂要作我們的神，我們要作祂的子民。

「這是誰寫的呢？」我十分好奇。

巴錄輕聲說：「這地方是耶利米曾經被關的房子，牆上的字是他用自己的血寫成的，我想他因為面對死亡的威脅，還是殷切盼望能留下耶和華神的話語給全國百姓。」

「那這就是耶利米的血書了！」小莉很嚴肅。

我非常感動：「真不愧是一位忠心的時代先知！」

「請問耶利米在牆上寫的這些話是什麼意思？」阿詮指著牆上的字問。

巴錄搖搖頭：「不瞞你們說，這些話的意思我也似懂非懂！先知曾告訴過我，雖然上主的憤怒會臨到，可是祂必不毀棄祂的約！耶利米還相信，聖殿雖然會被毀壞，上主耶和華的子民雖然將分散在外邦，可是真正的信仰仍然會繼續下去，那真正的信仰就在那些以誠實敬愛上主的人心裡面……，我大概只了解到這些事情了。」

「哇！這是何等大的信心！」我說。

小莉小聲問：「請問先知目前平安嗎？」

巴錄的神色有些不定，語調轉為急促說：「是的，巴比倫王攻進城時竟然釋放了耶利米，而堅持不投降的西底家王卻兩個眼珠子都被挖出來；所有耶路撒冷的達官貴族全都被帶去巴比倫；連聖殿裡的貴重器物也被搜刮帶走，剩下的則被火燒個精光；整個耶路撒冷城被劫掠一空，可憐哪！只剩下一些窮人、瞎子、瘸子……，城裡到處火光一片，哀嚎聲不絕。耶利米在這時候正到處去安慰百姓，原本巴比倫王要給他好日子過的，可是他堅持要留下來，說要和耶路撒冷城裡剩下的百姓一起看守殘破的家園。啊！我要趕緊去和他會合呢！」巴錄說完，連忙轉身走出門。

「巴錄先生，等一等我們！」我們所在的地方，巴錄說是安全，可是我們也很害怕被孤孤單單地留下來，寧可追隨巴錄冒險去。

倉皇間，阿詮突然發現什麼，他大聲叫道：「瞧，我的手錶

動了！」

我也趕緊看我的手錶：「咦！真的動了！」

在我們耳邊響起一個巨大的爆裂聲，一陣巨大的風將我們的身體捲起來，我們好像進入一條長長的隧道，身體不停地飛馳著，眼睛根本無法張開，一句非常清晰的話迴盪在我們耳中：「**千年如已過的昨日，又如夜間的一更**」。

媽媽的牛肉麵

「砰！」我的眼睛再度睜開來，開門出現的卻是媽媽的一張臉：「你這孩子，睡了那麼久，該起床了吧！快來吃飯！」

哦，自己真的是睡得夠久了！感覺腰酸背痛的，奇怪得很，腦海中舊約世界的冒險經歷依然清晰在目。「嗯？好香的味道！難道媽媽真的燉了牛肉麵？」

聞到陣陣從廚房傳來的香味，肚子開始咕咕叫起來，待我走進餐廳，外公笑盈盈地就坐在那裡，「真的有牛肉麵哩！」小莉也邊嚷著邊走進來。飢腸轆轆的我們顧不得說話，呼嚕嚕大吃起來，因為媽媽的牛肉麵是此刻我們最想念的滋味。

吃到一半，我想起什麼似地問外公：「您為什麼丟下我們，自己先跑回來了？」

外公神祕笑道：「我也搞不清楚哩！回來後沒有看到你們，其實我是蠻著急的，不知道你們跑到哪個年代去，也很擔心你們的安全！」

小莉嘴裡的麵還沒有吞下去，嘟嚷說：「那這次我們是怎麼回來的？」

外公從口袋裡拿出幾張似曾相識的小紙張，在我們面前搖

一搖說：「我試了幾種辦法，最後把你們的藏書票全都找來再拼一次看看，事情就發生了，你們就一個個都回來了！」

「真是神奇！」小莉作了個怪臉說。

「說說看，你們後來去哪裡了？」外公趁著媽媽進廚房時，小聲問我們。

「我們去了耶利米先知的時代！」小莉邊吃邊說：「耶利米真是一個寂寞的先知！」

「可不是嗎？如果是我的話，既要忠於使命又要忍受孤單寂寞，那是不可能做到的！」我喝著湯汁說。

「外公，耶利米最後有兩句話的含意我不太明白，一句是：『日子將到，我要給大衛興起一個公義的苗裔；祂必掌王權，行事有智慧，在地上施行公平和公義』；另一句話是什麼叫作『那日子以後……他們個人不再教導自己的鄰舍和自己的弟兄，……因為他們從小到最大的都必認識神』。」小莉還念念不忘耶利米最後寫在牆上的字。

外公趕緊拿來他的聖經，戴起老花眼鏡說：「喔，妳說的是耶利米書上的這段話啊！『給大衛家興起一個公義的苗裔』指的就是耶穌基督，耶穌出生成為大衛的後裔，最終祂從死裡復活，顯明祂就是神，耶穌所要建立的是一個公義與和平的國度；而妳提到的另外那一段話也很重要，新約聖經的作者引用好幾次呢！」外公又賣起關子來。

「唉呀！您就快告訴我嘛！」小莉央求著。

「呵呵呵……簡單來說，其實從舊約中『約』的發展來看，耶利米的預言已透過耶穌基督實現出來，舊約的律法原本是刻在石版上，可是人卻無法切實遵行具體可見的條文，最根本的原因是出在人內心裡面；而如今藉著耶穌為我們受死所立的

『新約』，是人心甘情願順服上帝，不是因為外在條例的約束或威脅，而是受到耶穌的愛所激勵；一方面，基於上帝的赦免之恩，透過耶穌所立的新約，不管男女、老幼、尊卑，由以色列民族擴及全世界，每一個人都要以個別身份去回應上帝的愛，那些願意接受耶穌基督的人，在基督裡都可以認識上帝。」

「哇！真是太妙了，舊約先知的那些預言竟然在耶穌的身上都應驗了！」小莉拍手說。

外公說完，看著我和小莉問：「怎麼沒有看到阿詮？」

「對喔！我都吃飽了！怎麼阿詮還沒來吃？」我摸摸充實的肚子說。

這時媽媽也走過來說：「阿詮呢？這傢伙是不是又溜出去玩了？我看牛肉麵就不用留給他了！」

「喔！不！他一定會想吃的！」我趕緊搶下媽媽手上的那一鍋牛肉湯。

「哦？你什麼時候對你弟弟這麼好？」媽媽半訝異半諷刺地說。

「我……」，真不知如何回答。

第 **4** 部
復和與盼望

新生命

EX-LIBRIS

同心建造

吃完牛肉麵之後，感覺很久沒有如此這般心滿意足，可是牛肉麵都快涼了，還是沒看見阿詮的人影。

媽媽的心情好像很好，她笑盈盈地收拾好東西並進入房間裡，穿著一件洋裝走出來，在我們面前展示說：「你們看我這件衣服怎麼樣？」

小莉讚美說：「很好看哩！以前怎麼都沒看妳穿過？」

我也趕緊附和道：「對嘛！您這樣穿很迷人呢！」

「你們兩個真是馬屁精！」一陣緋紅飛上她的臉，她拿起包包說：「我現在要出門，沒時間伺候你們了！」

「妳要去哪裡？」我和小莉好奇地問。

「我要去學畫畫，我對畫畫一直很有興趣，只是以前都沒空去學！」媽媽邊穿鞋邊說，她走出大門後，回頭又交代一句：「等阿詮回來要他把牛肉麵全部吃光！」

「是！遵命！」我和小莉點著頭。看著媽媽的背影，我和小莉都覺得媽媽好像已經開始走出她自己的框框。

媽媽出門後，小莉對我說：「我發現二哥常穿的那雙鞋子還在呢！」

「是嗎？難道他還在睡大頭覺？」我猜測著。

趕緊和小莉去到阿詮的房間，發現他真的還躺在床上呼呼大睡。而他的電腦開著，螢幕保護程式裡是一條魚，正在螢幕上游來游去，瞪著大魚眼看著我們。

「快醒來！火燒屁股了！」任憑我和小莉又搖又叫，阿詮的

眼皮就是懶得張開，沈沈睡著。「哪有人睡得這麼死的！喂！你的老師來了！」

外公也跑來看阿詮：「怎麼還在睡？」

這時阿詮發出一些聲音，好像在說夢話，可是喃喃自語不知道在說些什麼。他驚叫著：「啊！有獅子！當心獅子吃人！」

我們想要搖醒他，他卻還呼呼大睡著。

「怎會這樣呢？」我們都很納悶。

外公拍了一下大腿說：「我知道了！阿詮一定是還沒有回來！他還在舊約世界裡面！」

我和小莉都嚇了一跳：「怎麼會這樣？您不是把藏書票都拼起來，才使我們回來的嗎？」

「我有誤差……有誤差！記得跟你們說過我有一張藏書票找不到，不知道被我塞到哪裡去，你們的藏書票我是拼起來了，其實並不完全，可能還少那一張，所以漏了一個阿詮沒有回來！」

「哇！真有這種事！那接下來我們該怎麼辦？怎麼救阿詮回來？」我焦急問。

小莉也著急說：「我們要去哪裡找那張藏書票呢？」

「別慌！別慌！讓我想想看。」外公坐下來思考。

小莉忽然發現新大陸似地說：「你們看！電腦螢幕上的魚好像在跟我們說話！」

果然我看見阿詮的電腦螢幕上，那一條游來游去的魚嘴巴忽大忽小，真的好像在跟人說話，接著牠搖搖尾巴游走了，螢幕上出現了一個十分眼熟的網址：*www.grace.kingdom.heaven*。

「哇！」這回驚叫的是我，因為第一次進入舊約世界的時候，就是有一個叫作「同在者」的給我同樣的網址，指引我進

入舊約世界，這回是不是要告訴我去哪兒找外公遺失的那張藏書票？

我趕緊上網搜尋那網址，只看到一句沒頭沒腦的話：「踏破鐵鞋無覓處，得來全不費功夫！」讓人白白驚喜一場。

小莉看我一副洩氣的樣子，慧黠地說：「別急！我想這句話一定是有意義的，很可能是在告訴我們那張藏書票就在不遠的地方，可以很快就找到。」

「小莉的話有道理，我想可能還在我的書房，可是我就是忘記塞在哪裡了？不過我有信心一定會找到！」外公站起來，走出阿詮的房間。

不一會兒，我和小莉跑去外公的書房裡，翻箱倒櫃地幫忙尋找那張遺失的藏書票。我們幾乎都把桌底掀起來了，還是沒找著。

「外公，會不會是你借給誰而忘記了？」我問。

「有可能喔！可是我就是想不起來到底是借給誰。」外公搖搖頭。

我們看著外公書房裡雜亂的書櫃，感到一籌莫展時，忽然出現一個熟悉的聲音，「你們都在這裡啊！」原來是爸爸來了，他這時突然來到外公書房，我們看到他手上拿著一本聖經。

「我是來告訴你們，今天晚上我要和你們媽媽一起出去吃飯，晚餐你們就自己解決吧。」爸爸有些靦腆說。

「好哇！」我們的眼睛都亮了起來，在我們的記憶中爸媽很少有這樣的約會！在媽媽那次突然離家出走之前，他們冷戰了很長一段時間，而如今有了令人驚奇的轉變。

「對了！我同學說在忠孝路有一家餐廳叫作『羅蘭沙』，非常有情調！你可以和媽媽去那裡吃飯。」小莉對爸爸建議著。

我也搶著建議說：「我知道還有一家更好的餐廳！」

「好啦！好啦！你們的鬼點子真多！」爸爸瞪了我們一眼，接著他對外公說：「前幾天我整理東西，發現了這一本聖經，是好多年前您借給我的，我最近整理東西時，翻了一下，看到裡面有一張非常漂亮的圖片，想到要趕快歸還給您！」

我的心臟差點蹦出來，世上居然有這麼巧合的事！真沒想到那張遺失的藏書票居然是在爸爸的手裡！真是「踏破鐵鞋無覓處，得來全不費功夫」！

爸爸想到什麼事情似的，問外公：「對了！聖經詩篇中有句話『若不是耶和華建造房屋，建造的人就枉然勞力』是什麼意思？」

我和小莉都驚奇地看著爸爸，不知什麼時候開始，他重新注意聖經上的話。

外公顯然也很驚訝的樣子，他以鼓勵的口吻對爸爸說：「這句話是提到一種人生的智慧，就是我們人生所獲得的一切成就，並不完全單靠自己努力而來，當中其實有上帝的賞賜和保守。」

「是這樣啊！我了解了。」聽到外公的回答，爸爸略表滿意地點一點頭。

爸爸離開後，我們祖孫為眼前所發生的巧合感到驚奇無比，相顧大笑道：「沒想到爸爸媽媽重新約會了！更沒想到那張藏書票是爸爸自己送來了！」

我們一起看著那張藏書票，它的圖案是以夜景呈現，上面主要是一個破落的房子，房子上面有一輪月亮，而房子的後面是一片森林，圖案的最上面寫著「同心建造」四個字。

「到目前為止，一張藏書票似乎只有一進一出，這一次誰要

進去帶二哥出來？」小莉看著我和外公問。

我們三個面面相覷。

我想到小莉畢竟是一個女孩子，不適合單獨冒險，而外公老了，也不再能去舊約世界，雖然我留戀家裡舒適的床，可是這一趟似乎應該是我的任務，藉此也可以表達我和阿詮的兄弟之情。雖然心中掙扎著，還是用力地對外公和小莉說：「好吧！我去！不入虎穴焉得虎子！」

就在我說「我去」的時候，外公和小莉的影像就在我眼前越來越模糊，我揉揉眼睛，無法相信眼前所見，可是外公和小莉真的就像一縷輕煙般地消失在我的眼前，接著有一道刺眼的白光出現，有一股推力把我推向白色的光裡，當我進入其中，有五顏六色的光芒，交互輝映著一個色彩繽紛的天地。

最後我走進那些五顏六色的光所形成的一個黑色地帶，當我的眼睛終於可以適應黑暗時，抬起頭，我看見滿天的星斗正對著我眨眼睛，我向後轉，看見金碧輝煌的一輪明月，映照著許多屋宇，而不遠處有座森林，我聽見蟲鳴和夜鶯的歌。我真的又再度進入藏書票裡的世界，眼前所見是如此的具體，比最後那張藏書票原來的畫面還要生動、美麗。

黑夜裡的警醒

當我正凝視著夜色之美，一陣突如其來的蹄聲使我心慌起來，趕緊躲在一個樹叢後面，立即有個黑影子騎著一匹馬從我所在的樹叢一躍而過，我的腦袋差點被踏成一團稀爛，看著揚長而去的人影，我好奇怎麼會有人無視於如此美麗恬靜的夜色！那人匆匆忙忙的是要趕去做什麼？那人的身材看起來跟阿

詮有些相像，「會不會那個人就是阿詮？」我想起此行的任務，決定跟蹤那黑衣人。別人騎馬，我可只有兩條腿，就看我飛毛腿的厲害了！

那個黑衣人沿著溪谷爬上山坡，在一處殘破的城牆邊，他從馬背上下來，躡手躡腳地左看右看，一會兒又騎上馬到另一邊察看，不知是否在尋找什麼寶物。我跑得氣喘吁吁，儘管再三遮掩沈重的呼吸和腳步聲，在寧靜的夜晚裡還是藏不住。

「誰！是誰！」那黑衣人機警怒斥道，聽到他的聲音我確定不是阿詮。

那人騎上馬立刻快衝到我所藏匿的草叢，情勢所逼，我只好現身，在月光的照耀下，那人看到我，顯然也嚇了一大跳。

「參巴拉派來的探子，膽敢監視我？我可是有王的詔書允准我重修城牆！」月光照射下，那人怒目圓睜，好不威嚴。

「請別誤會！我不是什麼『山芭樂』派來的，我只是來尋找我的弟弟！」我怯生生回答。

「胡說！看你這副裝扮，不是『參巴拉』的探子是什麼？」那人厲聲說。

「我真的不認識什麼『山芭樂』，我叫王信輝，是從你之後的世代來的。」說實在我也搞不清楚目前到底在舊約的哪個年代。

黑衣人步步進逼，我則節節後退，他所騎的馬，鼻孔裡不斷噴著氣，馬蹄朝著我踏來，情勢非常緊張，在亮澄澄的月光下，我急中生智，想到最後那張藏書票上所寫的字，便大聲喊著：「同心建造」。

那人下了馬，走到我面前，端詳了我一下說：「既然你說得出我們的暗號，那就不是參巴拉派來的人了！」他的語氣立即

轉為溫和。

　　我鬆了一口氣，他接著警告我絕不可洩漏他的行蹤。他拉著我四處去巡視，我才知道他是趁著黑夜察看城牆的殘破狀況，他非常專心且嚴肅，我不敢問到底他是誰，也不知道他骨子裡賣著什麼膏藥。

　　他每察看一處城牆，都仔細地做記錄，做事的專心程度實在令人佩服，好幾次他幾乎都忘了我的存在。他的腳步也快如疾風，我常遠遠落後，非得大喊大叫，他才會回頭等我一下。

　　最後我對他的行動實在忍不住了，便問道：「這些城牆都在這裡，又不會被偷走，為什麼您要這樣巡視？」

　　他指著一處完全傾倒的城牆，沈痛地說：「你看！這些城牆代表我們民族所遭受的苦難，我們的城如此的荒涼，不僅城門被火焚燒，到處也都被破壞不堪，我們一定要排除萬難，重新建造城牆，免得我們再受敵人的凌辱！求上主加給我力量，我尼希米立志要完成此工！」

　　聽到「尼希米」三個字，此時此景我恍然大悟，原來我是來到以色列人被擄歸回之後的重建時期。

　　「原來您是尼希米先生，失敬，失敬！」

　　「咦？你聽過我的名字？」

　　「當然，我是從未來的世代來的！」我禮貌地說。

　　「那你是先知嗎？」尼希米仔細端詳著我說。

　　「啊！不是！我只是你之後很久很久以後出生的人。」我解釋道。

　　尼希米好像似懂非懂的，他不再追問我的來歷，指一指城牆說：「對我們而言，當這些城牆重建完成，我和我的同胞才有『未來』可言！」

「為什麼這些城牆和你們的未來有關？」我不解地問。

「是這樣的，自從波斯王古列元年下召，允許被擄至巴比倫的以色列人，可以歸回耶路撒冷重建聖殿，到我為止已經一百多年了，在第一代歸回者所羅巴伯等人的率領之下，雖然聖殿的重建工作已經大致完成，但是在整個猶太地區仍然是百廢待舉，許多地方還是十分荒蕪，歸回的人由於人口不多，在政治上一直沒有受到官方保障，不但沒有軍隊的保護，加上大部分的城牆已殘破不堪，無法有防禦功能，使我們歸回的同胞屢次受到四鄰的搶奪和攻擊，生活充滿了恐怖和危機，因此我認為重建城牆，才是我們在故鄉繼續生存、發展的解決之道。」

在月光下，我看見尼希米臉上所流露的堅毅，和一種捨我其誰的使命感。

歸回重建

「這麼說來，耶利米等先知們，他們所說的，以色列人將在被擄七十年後歸回的預言已經實現了！」我心裡面為著先知們預言的準確性感到驚奇。

聽到我說的話，尼希米顯然十分震驚：「這件事你知道？你還說你不是先知？」

「不！我絕不是先知，我是你的後知晚輩哩！我要向你請教許多問題呢！」被誤認為是先知，真是令人捏一把冷汗。

尼希米仍然帶著懷疑的口吻說：「是這樣嗎？」

為了轉移焦點，我趕緊問道：「聽您剛才說，以色列人歸回的人口並不多，那麼是什麼樣的人會放棄安逸的生活，寧可回到殘破的故鄉，一切從頭開始？」

尼希米抬起頭，注視著那一輪明月說：「從巴比倫到波斯政權，對我們民族採取較寬容的政策，大體而言，從猶大亡國後許多被擄至巴比倫的人境遇並不算太差，有的人還做生意致富呢！當然也有像我這樣少數在宮廷中做官的。從我們以色列人被擄到巴比倫，屈指算來，到我為止也有上百年了，老一輩已凋零，新一代大多已適應異鄉的生活並且安居樂業，因此願意回到故鄉的人就不多了，儘管是少數，願意回到故鄉的人，可以說都是像我這樣懷念祖國，並且堅持信仰傳統的人。」他的語氣充滿著一種自信。

接著在寧靜的月色下，尼希米為我講述一段他的同胞被擄歸回後的經歷。

根據尼希米的描述，從巴比倫回到耶路撒冷的路程常有盜賊出沒，雖是漫長和危險，回到耶路撒冷之後的重建工作和生活更是格外不容易，因為人口尚少，先後幾批的歸回者成為當地的弱勢族群，不僅對內有許多重建工作，對外還得要面對許多外族人的威脅，那些居住當地多時的外族人，他們擔心那些從巴比倫歸回的人，會使他們的既得利益受虧損，他們時常虎視眈眈地注意歸回者的重建工作，隨時準備要去破壞。第一批回到耶路撒冷的歸回者在所羅巴伯等人的領導下，好不容易完成重建聖殿的工作，因為在聖殿重建期間，他們的工作一再遭到敵人的阻擾，使重建者曾經灰心喪志，而停工了好長一段時間，好在有上帝派遣祂的先知哈該，他鼓勵民眾要剛強做工，因為上帝保證要和歸回者同在，聖殿必要恢復從前的華美；而另一位先知撒加利亞，則勸勉他們重建的工作不是依靠人的勢力、才能，而是依靠上帝的靈才能成事。因此最後在眾人的努力奮鬥之下，聖殿歷時三年多就建造完成。但是歸回者的敬拜

生活雖然恢復了，直到如今，他們仍要在殘破的故土上面對許多艱困的生活挑戰。

「因此當我在波斯王朝，聽到我的同胞生活的慘況，就再也不能安於在王宮中作一名酒政官，我認為重建家園的這一棒，如今是我這一輩的人該出來承接了！」尼希米堅定地說。

話一說完，他站起來，逕自對著夜空大聲禱告：「沒想到我們被擄至巴比倫之後，如今可以歸回！誰知道被摧毀一空的聖殿，如今重新建造完成！這都是出於耶和華神的憐憫和恩惠！如今只剩下城牆了，有了城牆，歸回的百姓才可以安然居住，生活才能有發展，願耶和華神大能的手幫助我們！」

靜悄悄的深夜裡，尼希米的禱告似乎直入雲霄。因為從我耳中立即傳來一陣敲敲打打的聲音，還有許多人聲呼喊著：「來吧！我們起來同心建造！」

當黑夜過去，黎明破曉，在我眼前隱然出現了一座有著古舊圍牆的城，有許多人一手拿著工具一手拿著兵器，奮勇修築城牆。我也知道「山芭樂」是誰了，原來我把「參巴拉」聽成了「山芭樂」，他是當地一位很有勢力的外族人，可說是尼希米的政敵，他率領一些人，無所不用其極地要阻擾歸回者重建城牆的工作，他們不僅嗤笑和攻擊，也設計要陷害尼希米。有一次他們哄騙尼希米出城去和他們會面，目的是要致他於死，幸好聰明的尼希米沒有上他們的當；又有一次，他們為了要使尼希米在民眾面前丟臉和喪失威信，雇用一個假先知去恐嚇尼希米，騙說有人要殺害他，要他躲進聖殿裡去避難。敵人的伎倆，更顯出尼希米過人的勇氣和決心，縱使面對生命危險，尼希米坦然說：「像我這樣的人豈要逃跑？像我這樣的人豈能躲進殿裡保全生命？我不進去！」

尼希米不僅自己絕不受敵人的威脅，他也幫助同胞們克服一切的攔阻和灰心，在逆境中的重建工作，他的教戰守則是：「禱告、警醒、工作、爭戰」。他自己在當中也以身作則，不曾鬆懈。在他充滿魄力和勇敢的領導下，眾人同心協力地工作，使一道道原本荒廢了百年以上的城牆，很快就堅固豎立在眾人眼前。

當城牆的重建工作完工時，我聽到以色列眾人欣喜地唱道：

> 若不是耶和華幫助我們，
> 若不是耶和華幫助我們，當人起來攻擊我們、
> 向我們發怒的時候，就把我們活活地吞了。
> 那時，波濤必漫過我們，河水必淹沒我們，
> 狂傲的水必淹沒我們。
> 耶和華是應當稱頌的！祂沒有把我們當野食交由他們吞吃。
> 我們好像雀鳥，從捕鳥人的網羅裡逃脫；
> 網羅破裂，我們逃脫了。
> 我們得幫助，是在乎依靠造天地之耶和華的名。

在眾人的歌聲中，我看見那一道道的城牆把恐懼和不安關在外面，城牆裡面有著得勝的歡呼，眾人的歡樂聲甚至遠遠傳至城外，叫敵人聽了不得不戰兢恐懼。

團契生活

　　本世紀關於團契生活的意義，寫得最棒的書之一，或許根本就是最棒的一本，是潘霍華寫的《團契生活》。這本書從此詩開始：「看哪，弟兄和睦同居，是何等的善，何等的美！」（和合本）這是潘霍華畢生最愛的課題。《聖徒相通》是他在廿一歲寫的博士論文，也是他的第一本著作。他的《追隨基督》則是為廣大基督徒伙伴們寫的行路指南。在納粹統治

畢德生
Eugene H. Peterson

期間，他曾帶領一群流亡的神學生團體，每天生活在一起，尋求在基督裡成為一個信仰大家庭的意義，並訓練他們怎樣在教牧事工上，帶領他人進入真實的團契。《團契生活》就是這一時期的作品。

　　在納粹第三帝國的最後幾年，他被希特勒監禁在牢裡。但即使是監獄的圍牆也阻隔不了他和主內弟兄姊妹在基督裡的團契。他為他們代禱，寫信給他們，更深地經驗在基督裡的團契。最後他被處死。他生命的起頭從追求詩篇一百三十三篇第一節開始，而他生命的終點則是對最後一節的詮釋：「那裡有上帝命定的福份，有祂頒布的永遠生命。」（畢德生著，《天路客的行囊》，217～218頁）

南地的水復流

注視著歡樂的人群，我想起了阿銓，此刻他是否正孤孤單單的，又是否他也在這個時期之中？於是我到處去詢問他的下落，有人告訴我也許「以斯拉」會知道阿銓的行蹤，因為他曾帶著一些人由巴比倫回到耶路撒冷。

在城裡面的一個廣場上，所有的人都聚集，圍著一個木造講台，台上站立著一個人，口中唸唸有詞，據說那就是以斯拉。眾人圍繞著他，大家都屏息靜聽他說話。當他一展開手中的書，眾人立刻都站立起來舉手說：「阿們！阿們！」。

我聽到在台上的以斯拉以嚴謹的聲調，讀著他手中書上的話，有許多人聽了淚流滿襟，一發不可收拾地眾人都哭泣起來，整個場面籠罩著一片悲戚。

這時，在台下的尼希米衝到台上，他和以斯拉大聲呼籲眾人：「你們去吃肥美的、喝甘甜的；有不能預備的，就分給他。因為今天是耶和華的聖日，你們不要憂愁，因為依靠耶和華而得的喜樂是你們的力量！」

群眾中有人開始唱起歌來，一呼而百應，成為一場十分令人感動的大合唱：

> 當耶和華將那些被擄的帶回錫安的時候，我們好像作夢的人！
> 我們滿口喜笑、滿舌歡呼的時候，
> 外邦中就有人說：耶和華為他們行了大事！
> 耶和華果然為我們行了大事，我們就歡喜！

耶和華啊，求你使我們被擄的人歸回，好像南地的河水復流！
流淚撒種的，必歡呼收割！
那帶種流淚出去的，必要歡歡樂樂的帶禾捆回來！

眾人擦乾眼淚，愁容轉為歡喜，他們立刻井然有序分散開來，真的開始去預備吃喝的東西。

我好奇台上的以斯拉到底讀的是什麼，為何使百姓的情緒如此激動，可是美食當前，我只好先把問題擱一邊。因為我已經聞到食物的香味，感到食指大動。

百姓們心裡的歡喜藉著一桌桌的盛宴表現出來，在杯觥交錯間，人人彼此無私心地分享眼前的食物和心中的感恩，大家心中充滿了無比的喜樂，一種「團契生活」的甜蜜洋溢在其中，我真以為這就是「天堂」了。

在其中我也被熱情招待，嗯！異國美食在我口中真有一種難以形容的滋味，當我不好意思地面對桌前被我吃得一點不剩的空碗盤時，招待我的人哈哈大笑說：「別客氣！聽說有個外地來的小伙子吃得比你還多呢！」

「是嗎？真的有吃得比我還多的人！」摸著自己的肚子，真無法相信有人比我的胃口還大。

於是我跟著眾人去瞧瞧那個「大胃王」，果然，在堆積如一座小山的空盤後面，那人還在埋頭吃著。

「阿詮！」我喜出望外，驚叫出來，他鼓著腮幫子抬起頭看著我，口中嚼著食物，眼裡也充滿著意外和驚喜。

「你……怎麼也會……在這裡！」阿詮狼吞虎嚥，勉強說著話。

「你怎麼這麼會吃？」我十分訝異他面前堆積如山的空盤，

因為他比較挑食，一向骨瘦如材，反而是我比較好吃，容易發福，不知道從什麼時候開始他的胃口變得這麼好。

最後一口吞嚥下去後，阿詮終於停止吃東西，對著我做出一個勝利手勢：「瞧！我贏了！」

原來他是跟人比賽吃東西，真是好強成性呀！看著他吃得滿臉油污，一時間我覺得阿詮也蠻可愛的。沒想到在此時此景中，我可以和他相會，格外珍惜起和他的兄弟之情。

「沒想到還可以見到你！我以為我這輩子要留在這裡作古代人！」阿銓滿臉通紅說。儘管他穿上舊約時代的衣服，我還是可以一眼認出他來。

「我可是專程來找你的！」我也有點臉紅說，大概男生都不習慣如此直接表達感情吧。

「你和小莉到底去哪裡了？」阿詮問。

我就把我和小莉如何到現代世界、現在又如何回到這裡的經過講了一遍。

「那你真的是專程來找我的囉！你真的來找我……」，阿詮臉上流露著欣喜，隱約有著淚光。「都是我不好！當手錶開始動的時候，有一陣大風吹得我睜不開眼睛，突然間我發現地上有一卷巴錄先生忘了拿走的耶利米手稿，逆著風向我掙扎要去撿起來，沒想到一轉眼就看不見你和小莉的蹤影了！」他緊緊抓住我的手，好像深怕我再度溜走。

我終於放下作哥哥的矜持，伸出手抱住阿詮，淚水毫不顧忌地湧流出來。兄弟倆開始放聲大哭，眾人都側目驚訝地看著我們，我無視於別人的目光，因為心中長久以來的重擔已然落下，我總算失而復得，找到我的兄弟。

以斯拉的改革

「你知道為什麼我變得這麼能吃嗎？」阿詮興奮地說。

我看著他匪夷所思地搖搖頭。

阿詮繼續著：「因為我當過難民哩！」

「真的？」我瞪大眼睛，「說說看，你遭遇了什麼事情？」感覺阿詮好像換了一個人，從前那種漫不經心和油腔滑調都不見了。

「當你們都不在的時候，我獨自經歷了許多事情，看得多也想得多！」他滿臉誠懇。接著忽然拐了一個彎問我說：「你知道為什麼先前以斯拉在百姓面前讀了一些話，百姓就都哭了？」

「是啊！我本來想有機會去問以斯拉的。」我想到原本在想的問題。

「你記不記得我們在耶利米的時代，當猶大國面臨危急存亡時，耶利米不斷向全國上下宣告上帝的話，都一再被拒絕，終於導致他們亡國的命運；那時他們違逆上帝話語的光景，如今經過一番被擄歸回的經歷，他們的反省是很深刻的，所以當以斯拉宣讀摩西律法書，當百姓們能有機會再聽到上帝的話，他們就都哭了。」

「喔！原來是上帝的話語使他們感動！」我邊說邊看著阿詮，在他稚氣未脫的臉龐下，說出這樣有思想的話，他一定是經歷到一些特別的事情。

「說說看，你到底遇到了什麼事情？」我既好奇又急著想知道阿詮的遭遇。

這時，大人物以斯拉居然正朝著我們走來，他瞧著我們兄弟倆說：「你們兄弟重逢真是令人高興！」他的出現打斷我和阿

詮的談話。近看之下，以斯拉的相貌堂堂，有著一種儒雅的風範，比起尼希米的嚴峻，他可溫和、親切許多。

「我是來告訴你們，我們即將開始守節了，我要教導百姓摩西的律法書，使他們可以因為明白上主的話而潔淨自己、轉離開一切的惡行。」以斯拉才說完，集會的號角聲立刻響起，他向我們揮了一下手就離開了。

我們目送著以斯拉的背影，阿詮說：「以斯拉是一個文士，也就是一個相當有學問的人，他是被擄到巴比倫的以色列祭司的後裔，他原本在波斯王朝中也有著美好的出路和生活，可是他心中念念不忘上帝的應許，以及非常破敗、急待重建的故鄉，因此呼召了一群志同道合的人，與他一同長途跋涉回到故鄉耶路撒冷。正好我遇到了以斯拉，就跟他來到這裡，才能夠在這個時候和你相會。」

我們停止了談話，因為百姓們已開始聚會，他們安靜得一點聲音都沒有，只聽見以斯拉的朗誦聲音，他還是站在那個木台上，整個場景宛如現代世界裡所謂的「講道」敬拜；特別的是，群眾們為了表示對從前行為的懊悔，不分男女、老少每個人都身穿麻衣，他們從早到晚，聆聽以斯拉所教導的律法書，沒有一個人感到厭煩，他們對以斯拉所教導的反應是時而跪在地上禱告，時而把地上的灰塵揚起來灑在頭上痛哭。

在群眾長時間的聚會中，我這個現代人逐漸感到些許的不耐，渾身發酸，恨不得能站起來跑步幾圈，而一向好動不停的阿詮，他居然還能夠沈穩地坐著，真是令人驚奇。他發現到我的坐立難安，悄悄對我說：「你看他們可以這樣長時間的聚集而深深痛悔，我體會到什麼叫作『格面先要格心』這句話！」

「是的！」從我們身後響起以斯拉的聲音，他拍著阿詮的肩

膀。不知什麼時候他下了那個木台來到我們身邊，他指一指尚在靜默中的群眾說：「上主的律法使我們想起自己和列祖以來的罪，這時的百姓們用『披麻蒙灰』來表示深刻的懊悔。經歷了被擄歸回後，如今我們明白民族的復興之道，惟有真誠回到上主的話語裡面，心悅誠服地順服真神，並按著祂的誡命而活，我也是為著這個目的而回到故鄉這裡。我們所有百姓，為了表示真誠的悔改，決定要付諸行動了！」

以斯拉的話尚未說完，尼希米也來到，他手上拿著一份文件，興奮且自豪地揚起手中的那份文件說：「我是第一個簽名的！」

以斯拉目視尼希米一馬當先的舉動，他微微笑著，我和阿詮則對尼希米的行動感到莫名所以，尼希米自顧自與以斯拉說話，他非常興奮：「沒想到這件『難事』就這樣解決了！沒想到百姓們聽到上主耶和華神的律法之後願意作出這樣的回應！」他轉而向我和阿詮說：「年輕人！你們一定也要多讀上主的話才能有智慧去過生活喔！」緊接著，他要趕去辦理其他事情，他真是一個行動派。

「這真是耶和華的聖日啊！」以斯拉終於也忍不住他的興奮之情了。

我和阿銓還是一頭霧水，到底發生了什麼事情，使以斯拉和尼希米都這麼高興？

「我剛剛不是說為了表示悔改，我們百姓都要付諸行動嗎？尼希米拿著那份文件，就是百姓們的立約，表示我們下定決心要革除一些惡習，願意者可以簽名，表示決心要活出上主的律法所要求的生活。」

「那麼剛剛尼希米提到這是一件『難事』是什麼意思呢？」

我問。

「是這樣的，在我們百姓的立約聲明中，包括有：不再與外族通婚、要嚴守安息日、每七年休息一年不耕種，也不追討債項，以及十一奉獻、納『年捐』來維持聖殿的運作等等內容。其實這些要求，對目前百姓窮困的生活而言，每件事都不容易做到，都在考驗我們是否真願意用信心來依靠上主而生活，信賴祂的供應。」以斯拉停一下，又說：「不過這當中最難做到的，應該是指百姓與外族通婚的習慣，這件事從被擄歸回以來，在百姓當中一直無法禁絕，使我和尼希米都感到痛心和棘手，如今上主的律法改變人的心，是百姓們自動自發決定要棄絕此事。」

「為什麼禁止與外族通婚這件事對你們這麼重要？」阿詮問。

以斯拉收起笑容：「這要從我們民族進入迦南地說起，我們歷世歷代一直沒有聽從上主藉著摩西警戒我們的，不可與外族摻雜以致學效他們一切敗壞的風俗，就是因為我們的列祖長久不斷地與外邦人通婚，引誘我們離棄耶和華神，以至於信仰和道德淪喪，種下我們亡國之因！現在我們要在上主所應許的這一片土地上重新站起來，就要記取教訓，不再與外族通婚，使我們民族的信仰可以永續下去；另一方面，我們歸回的人口本來就不多，若繼續和外族通婚下去，就會有滅種的危險。」

「我還是不明白，既然你們歷世歷代一直沒有聽從上帝的話，甚至上帝派遣很多先知，你們還是不聽從，現在為什麼有這麼大的轉變呢？」我不解地問，因為在舊約世界的遊歷，我一再目睹以色列人三番兩次的犯罪墮落。

以斯拉摸著他下巴的山羊鬍說：「嗯！這是個好問題……，

我想這個大轉變應該與我們亡國被擄有關，當百年前，巴比倫人攻進耶路撒冷、擄掠一空，徹底粉碎了我們民族向來自傲的信念，那就是耶和華曾應許大衛家永無止盡的王朝，以及祂揀選耶路撒冷為祂臨在的聖殿，因這樣的信念，我們祖先從上層階層到百姓，都自以為安穩，便以先知們的警告為異端。當敵人軍臨城下，不但沒有意識要聽從先知的話悔改，並遠離耶和華所厭惡的一切惡行，還是一味地以為耶和華神會拯救，沒想到耶和華神就任憑耶路撒冷被夷為廢墟，聖殿也遭敵人毀壞，耶和華神的憤怒簡直就把我們民族連根拔除！然而因為祂是信實的神，必不毀棄祂的約，我們民族在被擄七十年後，耶和華神感動波斯王古列的心，使我們民族有一線生機，可以重新歸回故土，重新開始，因此被擄亡國這件事，可說是耶和華神對我們民族的管教，使我們能有反省，開始檢視過往的錯誤。」

「唉！人就是要吃點苦頭才知道要悔改！就像我一樣！」阿詮嘆息著。

我有感而發說：「上帝讓你們從被擄之地歸回，簡直就好像第二次出埃及一樣！」

以斯拉聽了眼睛一亮說：「是呀！能從巴比倫、波斯這強盛之地，重新回到迦南，這個屬於我們的應許之地，真的有點像摩西時代我們民族的出埃及經驗！」

阿詮唱起了一首歌，雖然五音不全，甚至有點荒腔走板，不過那歌詞的氣勢真是令人感動：

我們曾在巴比倫的河邊坐下，一追想錫安就哭了。
我們把琴掛在那裡的柳樹上；
因為在那裡擄掠我們的，要我們唱歌，

搶奪我們的，要我們作樂，説：給我們唱一首錫安歌吧！
我們怎能在外邦唱耶和華的歌呢？
耶路撒冷啊，我若忘記你，情願我的右手忘記技巧！
我若不記念你，若不看耶路撒冷過於我所最喜樂的，
情願我的舌頭貼於上膛！

　　阿詮顯然毫不在意自己的歌聲，他對我說：「這首詩歌是以斯拉所率領的一群歸回者，他們在長途跋涉回故鄉的旅途中所唱的，為著是彼此激勵回歸的心志，使我感受非常深刻，我的記憶力向來不太好，可是這首歌我努力記下來了！」

　　阿銓的歌聲雖然不是那麼好，可是這首歌所流露的感情，令人體會到那種亡國的傷痛。

　　以斯拉聽了阿銓所唱的歌，也相當感動地說：「所不同的是，我們這次的『出埃及經驗』，實在是讓我們學到寶貴的教訓！」他看著仍在聚集的群眾，又說：「是的，這首詩深刻表達了我們被擄之後的悲痛，如果我們祖先當初願意順服上主藉著先知所傳的信息，如今的處境會何等不同！當擄掠我們的人強迫我們，在他們面前唱歌取悅他們時，我們如何能唱得出來呢？我們內心的傷痛，使我們強烈地思念耶路撒冷，深切盼望重回應許之地。如今我教導耶和華神的律法給百姓們聽，他們立刻有這樣的回應，我想應該是我們民族經歷這一切苦難後，深切的信仰反省所帶來的。」

　　與以斯拉的談話中，不知不覺天色暗了下來，號角聲又響起，這次是報告「安息日」來臨，百姓又要開始敬拜的生活。以斯拉走入群眾中，繼續教導記載在書上的摩西律法。

　　因為是「安息日」，我和阿詮是「外來客」，我們只好進入

一間特別為我們預備的房子。

# 焦慮與盼望

眾人還在聚集敬拜，我們兄弟倆可以清楚聽到他們敬拜讚美的歌聲，感到心情也跟他們一樣有著無比的喜悅，但是因為他們另外為我們預備了食物，聞到香味更使我們覺得安息日是應該用來慶祝上帝的恩典的，就不客氣地大吃起來。

「慢點！吃慢一點！你幹嘛吃得那麼快？我又不會搶你的！」我對阿詮說，他的吃飯速度實在驚人。

「我一時還改不過來，以為還在比賽！」阿詮放慢嘴中的速度，手上也放下原本要往嘴裡塞的食物。

「對了！你是如何變得這麼能吃的？你以前相當挑食呢！」我想起阿詮尚未說完的遭遇。

阿詮嚥下口中的食物說：「我不是告訴過你我當過難民嗎？我曾經餓了幾天幾夜沒東西吃，等到好不容易有東西吃，自然就不挑食了，我才學會『珍惜』的道理，就好像以色列人一樣，非得要到亡國時，才會珍惜上帝給他們的恩典。」

阿銓連說話也變得如此頭頭是道，使我加倍好奇他的遭遇，為何他有這樣一百八十度的改變，「你到底遇到什麼事情？」

阿詮舔著嘴角，慢條斯理說：「這個嘛……說來話長！」他的眼睛骨碌碌轉著，不脫調皮本色。

在一番言語的拉扯和抬槓下，鍥而不捨的我，總算套出阿詮的神祕遭遇。

是這樣的，當我和小莉在一陣大風中回到現代世界，在那

剎那間，阿詮逆著風想要去拾起巴錄先生所遺留在地上的耶利米手稿，沒想到巴比倫大軍攻城之後，一下就來到阿詮所在的地方，他雖然奮力抵抗，還是不得不乖乖就擒，敵人看到他手上亮晃晃的手錶，感到十分稀奇，卻不知道如何從他手上拿下來，就在拉扯間，阿詮用被綁住的雙手猛然敲擊敵人的頭，居然被他逃脫了，為了躲藏敵人的追殺，他藏在荒野之中，餓了幾天幾夜，差點昏死過去。他身上的那卷耶利米手稿也在逃亡中遺失了。

後來阿詮逃到城裡面尋找可吃的，目睹一片殘敗、淒涼的景象，他夾雜在猶大人的難民潮中，發現有一小群所謂的「知識分子」，他們原來的身份不是祭司就是利未人，他們在傳頌著一份稿件，聽說可能是耶利米所寫的，阿詮推測可能是他弄丟的那卷手稿，當他知道耶利米所寫的束西還留在民間，他感到欣慰，可是那些人傳頌那份卷軸時，幾乎是邊讀邊哭，他們誦讀的聲音相當悲傷：

主何竟發怒，
使黑雲遮蔽錫安城！
祂將以色列的華美，
從天扔在地上！
在祂發怒的日子，
並不記念自己的腳凳，
主吞滅雅各一切的住處，
並不顧惜！

他們哭泣完又繼續誦讀，讀一段後又再哭，阿詮稀奇他們

哪來那麼多的眼淚，然而只有身在他們當中，才能感受到他們的那種亡國之痛。最後，當他們讀到手稿中的一段時，阿詮發現他們的眼淚止息了，他們紛紛擦乾眼淚，互相擁抱，阿詮詫異到底發生什麼事，有人就唸他們所讀到的一段話給他聽：

> 我想起這事，
> 心中就有指望：
> 我們不至消滅，是出於耶和華諸般的慈愛，
> 因祂的憐憫不至斷絕。
> 每早晨這都是新的，
> 祢的誠實極其廣大。
> ……
> 凡等候耶和華，心裡尋求祂的，
> 耶和華必賜恩給他。
> ……
> 因為主必不永遠丟棄人，
> 主雖使人憂愁，
> 還要照祂諸般的慈愛發憐憫！
> 因祂並不甘心使人受苦、使人憂愁。

那卷手稿深切地抒發了人們亡國的哀愁，同時也在勸勉人不要光只是停留在自怨自哀裡，還是要將注意力轉向那位信實、慈愛的主，等候祂再度施恩拯救。處身在這些難民中，阿詮發現雖然猶大國滅亡了，卻還有一小撮敬虔的人存在，這小群人就好比黑暗中的一盞明燈，是國家僅存的希望。

在亂世中這小群敬虔的人，無法翻轉國家整體的罪惡，在

國家滅亡時，卻要承擔整體百姓的惡所帶來的苦難。在哀痛中他們有反省也有所質疑，那就是上帝為什麼取消了他們作為祂子民的恩寵？上帝的審判要到什麼時候才結束？他們還能渴望有復興的日子來臨嗎？這些在亂世中複雜糾葛的思緒，大大衝擊著阿詮，為他單純的心靈世界開了一扇窗。

「信心」來叩門

阿詮親自經歷到上帝對那些人的疑問並沒有置之不理，當他們以禁食禱告聚集，尋求上帝的旨意，上帝的回應真的就來叩門了。

阿銓說到有一次事件，當那些敬虔人聚集時，「碰碰碰！」突然而來的敲門聲使他們所聚集的房門震動著。

門一開，敲門的人進來後就昏倒在地，門內的人立刻慌忙急救，等那人意識稍微恢復，他口中喃喃說著：「我……叫作哈……巴谷，是……耶……和華的先知，我要……尋找……對神忠信的百姓……，聽說……這裡有人在禁……食禱告……」。

由於大部分猶大國的精英都被擄到巴比倫了，這人是先知哈巴谷，他聽說在逃難的百姓中，仍有敬虔的人，於是不辭辛苦找到這裡，一進門就累昏倒。

有人問他：「為什麼要找我們？耶和華不是已經離棄祂的百姓了？」

休息片刻後，衰弱的哈巴谷竭盡氣力說：「不！千萬不可灰心喪志！耶和華神的話語尚在人間，祂的話語必然帶來安慰！」

等哈巴谷先知完全恢復元氣後，他展開所帶來的，一份他寫得密密麻麻的手稿，他告訴大家對於國家的危難，他的痛苦

和強烈質疑就和他們一樣，也曾經當面質問過上帝。

「在我們即將亡國於巴比倫手中之前，我呼求耶和華，為何祂還延遲不審判全國上下所充斥的罪惡和顛倒的公理，祂回答興起巴比倫人是要作為祂審判的媒介；當我想到巴比倫人豈不比我們的百姓還敗壞嗎？耶和華神為何要用邪惡的巴比倫人來懲罰比他們還要公義的百姓？於是我憤慨地站在守望樓上，要看神以什麼答案來回答我……」，平靜的語氣中，哈巴谷仍顯出有點激動，在熊熊的火光中，眾人圍著他，專心聽他說話。

「真的可以這樣直接面對面質問耶和華神嗎？」當中有人私下耳語著，這個問題也是阿詮從未經歷的信仰經驗。

面對眾人的耳語，哈巴谷鎮重說：「我雖然倔強，耶和華卻以祂的恩慈接納我的疑問，我才明白祂的應許絕不是虛謊的，雖然延遲，卻必然來到，祂最終也必以公義審判邪惡的巴比倫人，巴比倫的榮耀在耶和華神手中必將歸於虛空。耶和華說：『迦勒底人自高自大，心不正直，惟義人因信得生！』意思是說，上主耶和華神必審判所有行惡之人，我們在等候祂的全權作為中，應該要忍耐等候，憑著信靠上主的信心而活。因為將來有一天，那認識耶和華榮耀的知識要充滿遍地，好像水充滿洋海一樣。」哈巴谷說完，眾人的信心受到鼓舞，莫不拍掌叫好。

聽到哈巴谷說的話，當中有一個人淚流滿面站起來：「雖然耶和華的聖殿被毀壞，上主藉先知所說的話仍與我們同在！」

「是的，在這樣苦難的時刻裡，我們不可灰心，要舉起我們的信心來仰望神！」哈巴谷點頭鼓勵著。

「對！我們要對耶和華神有信心！」眾人站起來舉手齊聲說。

阿銓又聆聽到哈巴谷先知所讀的一段他所寫的話，阿銓深深感到那也是這一小群人在危難時代裡的信心告白：

　　雖然無花果樹不發旺，葡萄樹不結果；
　　橄欖樹也不效力，田地不出糧食；
　　圈中絕了羊，棚內也沒有牛；
　　然而我要因耶和華而歡欣，
　　因救我的神而喜樂。
　　主耶和華是我的力量，
　　祂使我的腳快如母鹿的蹄，
　　又使我穩行在高處。

　　在這樣的場景裡，阿詮對自己內在的生命有一個深刻的體悟，那就是他的心靈昔日是眼瞎的，如今才窺見信仰的真貌；義人的「義」在風雨如晦的時代裡，依舊可以閃亮發光，這可以是一種自我的抉擇，但這種抉擇又奠基在真正的信仰裡面。

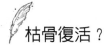
枯骨復活？

　　苦難的年代裡，阿詮仍然看到上帝的作為與百姓同在，因為祂還是在派遣先知傳揚信息，好叫百姓可以明白祂的作為。

　　繼哈巴谷先知不久，那一小群人又獲得一封遠從巴比倫傳來的書卷，是一個被擄到巴比倫的人因為掛念故鄉人的安危，努力傳遞來的書卷。阿詮聽說那書卷有點像我們現代世界裡的新聞報導，它的內容主要是提到在巴比倫也有耶和華神先知的工作，目的是使留在故鄉的敬虔人知道，上帝也同樣與被擄至

巴比倫的百姓同在。

那封書卷的內容主要提到在巴比倫有一位叫作以西結的先知，他用一些怪誕的舉動在傳遞上帝的話，比如他當眾側臥，又用糞燒烤大麥餅等，莫不是要激勵那些被擄的百姓，看見那些象徵性的動作就要謙卑悔改；那位以西結先知指出國家滅亡是上帝的審判，百姓若願意轉離惡行，就會重新被接納；另一方面，他所傳遞的信息也在擊碎百姓當中一些不切實際的樂觀主義，也就是那些還依恃大衛王朝和聖殿的人，他嚴正指出上帝的榮耀已經離開聖殿和祂的寶座。

眾人讀著那封信，紛紛議論道：「難道耶和華神不再揀選錫安為祂的寶座了？」

這群人當中有位最年長的人發言了：「別急！別急！繼續聽下去就知道了！」

於是負責讀信的人繼續唸道：「以西結先知的信息如下：主耶和華如此說：『看哪！我必親自尋找我的羊，將他們尋見；牧人在羊群四散的日子裡怎樣尋找他的羊，我必照樣尋找我的羊。……我必從萬民中領出他們，從各國內聚集他們，引導他們歸回故土……。我必在美好的草場牧養他們。』」

「原來耶和華神是要從四散的人群中，親自尋找真正屬於祂的百姓！祂要成為我們的大牧人！」「祂也要親自帶領四散的百姓歸回我們原來的地方哩！」眾人恍然大悟說。

負責讀信的人說：「等一等！那位以西結先知又提到一件事，意思是說耶和華神的王國是永遠的，祂要興起一位像大衛的僕人，祂要與我們立平安的約，作為永約，祂又要在我們中間設立聖所，祂要永遠居住在我們中間，祂要作我們的神，我們要作祂的子民。」

「這是什麼意思呢？是不是要從大衛家為我們重新興起一個王，好拯救我們脫離外族的欺侮，帶領我們復興國家？」眾人又開始議論紛紛。

在一旁靜聽多時的阿詮終於忍不住插嘴道：「根據我來到這裡的見聞，以西結先知的預言應該不是指將來有一個王要帶領你們脫離外族的欺侮，他所指的應該是耶穌的誕生和工作，耶穌要死在十字架上才能完成拯救所有人的工作。」

「耶穌？他是誰？」聽到如此驚人之語，眾人譁然，有人捶胸無法置信：「怎麼可能？上帝所興起的那位王怎麼會死？」有人搖著阿詮：「你意思是說將來真的有一位王要來拯救我們？等復興我們的國家之後，他才會死？！」

「不！我不是那樣的意思。」阿詮感到真是雞同鴨講，一時無法與眾人溝通，那些人因他的話造成一陣不小的騷動。阿詮心想難怪他們無法了解他的話，因為新約的時代離他們還甚遠呢！

「各位！不管怎樣，我們要相信在書卷上報導的這位以西結先知，他一定是耶和華的先知！因為他不僅傳遞嚴厲的信息也帶來安慰的佳音！」有一位年輕人挺身而出，平息眾人的七嘴八舌。

眾人的焦點再度回到那個書卷，負責讀信的人讀著讀著，跳起來說：「哇，不可思議！卷上說那位以西結先知還預言耶和華神要使祂的百姓得到復興，就像使一堆枯骨復活一樣，就是說沒有什麼難事可以阻擋耶和華神的工作！祂將使雅各被擄的人歸回，要再憐憫以色列家，又要為祂的聖名大發熱心！」

「耶和華神真的要再一次憐憫我們，使我們被擄到外邦的那些同胞可以歸回重建國家？」眾人驚奇地說。

「這麼說來，我們真的將再有復興的機會哩！真無法想像已成為廢墟的國家還能復興！」眾人的眼睛開始發亮，他們的信心再一次被點燃起來。

　　阿銓與那一小群敬虔份子相處了一些時日，他真實發現真正的信仰不在有形的聖殿之中，而在那些有實質忠誠的人心裡面。雖然國破家亡，他們在時代的困局和苦難裡面，上帝的安慰在他們中間卻沒有間斷，上帝所勾勒的一幅未來遠景也深深烙印在他們的心田。

21 逆境中的信心

微弱的燈火下，阿詮侃侃訴說自己的遭遇，我們兄弟倆沒有如此這般促膝長談的經驗，我發覺阿詮的心靈成長許多，這樣的時光真是值得格外珍惜。

我問：「後來你和那些敬虔人分散後，你又去了哪裡？」

阿詮說：「我和那群人生活了一段時間，由於糧食快吃完了，只好分散各奔前程，那時候，除了興盛的巴比倫外，其他國家也在爭霸權，發動了一些『國際戰爭』，到處都有難民潮，我就跟著難民們東奔西跑。有一次，我跑到一個相當繁華的城市，看到許多堂皇富麗的神廟，才知道那就是巴比倫城。在那裡我發現有許多人聚集在一個大坑前，不知在看什麼把戲，喜歡湊熱鬧的我，當然也擠進人群中，我看見那個大坑裡，被放進好幾隻獅子，那些獅子憤怒地咆哮著，我擔心牠們會突然跳出來，那些獅子非常兇猛；後來兵丁押解來一個人，立刻要將他丟進獅子坑中，那真是一種殘忍的處罰方式，看著那個手無寸鐵的人，我毫不猶豫就衝進去阻擋兵丁的行動，我用我的跆拳打了幾個兵丁，他們連忙加派人手圍攻我，他們用力一推，我和那個手無寸鐵的人都被推進坑裡面！」

「糟糕！你也被推進獅子坑中！後來怎麼樣？」我盯著阿詮看，看他身上有無獅子的抓痕。

「對啊！當我一被推進坑中的時候，恐懼立刻抓住了我，我多麼不想死！因為我還沒活夠哩！我一邊聽到兵丁用大石頭堵住坑口，一邊聽到獅子的咆哮聲，我兩眼緊閉，害怕那種即將

被撕裂、活吞的感覺，啊！那時我簡直快嚇死了！」阿詮餘悸猶存。

「接下來呢？你快點說嘛！」我催促著，覺得自己的心臟也快蹦出來。

「當我聽到獅子就在我周圍來回咆哮著，可是牠們遲遲沒有接近我，還沒有開口咬我，於是我張開眼睛，在幽暗的洞裡面，那個跟我一起被丟進獅子坑中的人開口說話了：『年輕人，你現在很害怕嗎？剛剛看你很勇敢哩！』我雖然看不見人，可是覺得那人的聲音聽起來非常平靜，那人又對我說：『不要害怕！瞧，這些獅子傷不了我們的！』我顫抖地說：『你怎麼知道這些獅子不會咬我們？搞不好牠們是在戲弄我們，要等我們筋疲力竭之後，把我們活活吞下去！』那人聽了哈哈大笑，獅子好像被他的笑聲嚇得停止咆哮，那人說：『你年紀輕輕就這麼怕死？』我反問道：『難道你不怕死？』那人依然笑著說：『死亡雖然可怕，可是當人將生死置之度外的時候，他就有勇氣面對死亡。』聽那人如此一說，令我好奇是什麼樣的人會將生死置之度外？那人又問我：『年輕人，你剛剛為什麼要救我？』我回答：『我也搞不清楚，大概是路見不平吧！』那人又說：『你有沒有什麼信念來支撐你的行動？』我想了一下，發現自己做事一向不經思考，只憑著血氣之勇，我反問那人道：『難道你有什麼信念嗎？』那人回答得非常鏗鏘有力，他說：『從我年輕時，就在預備要為上主耶和華神作見證，這一次對我而言更是生死攸關的考驗，我也以為自己必死無疑，沒想到信實的神使這些獅子無法親近我，難道你沒發現？牠們到現在都還不能對我們怎麼樣！』那一刻，我在黑暗的洞中，明顯看到一種信心的光芒，使我覺得很羞愧。」

「那你們到底在洞裡待了多少時間？」我又問。

阿詮想一想：「我也不知道時間到底過了多久，我們談著話，後來聽見坑口有人呼叫著：『永生神的僕人但以理啊！你所常事奉的神能救你脫離獅子嗎？』那人就大聲回應說：『願王萬歲！我的神差遣使者封住獅子的口，使獅子無法傷我，因我在我的神面前無辜，在王面前我也沒有做過虧損的事。』從那些話，我才知道那人叫作但以理。他回話之後，坑口的大石頭很快就被移走，我們再度重見光明。原來是波斯王親自來察看但以理的生死情況，看到但以理從獅子坑中出來竟然毫髮無損，波斯王高興得不得了，連忙吩咐人好好侍候但以理，圍觀的群眾也都熱烈歡呼。我看到剛脫離死亡深淵的但以理，仍是謙和地面對群眾的擁戴，他對我點頭示意，好像在告訴我，我們打了美好的一仗。」

逆境中的操練

「哇！你居然見到我心目中的聖經英雄，我非常佩服但以理的信心和勇敢哩！」我羨慕地說。

阿詮說：「你早就知道但以理的故事？」

「是啊！因為我聖經看的比你多呀！」我有點得意。

「不過……，算我運氣好，我和但以理面對面說話哩！」阿詮也洋洋自得起來。

「唉！算你有福氣！繼續說下去吧。」

阿詮繼續說：「我在坑裡的時候，請教但以理他的信心是從哪裡來的，於是他說了一些他的同胞被擄至巴比倫如何持守信仰的故事。為了求生存，他們在異鄉的生活，充滿著挑戰和試

探，特別是當中的猶太菁英階層，他們在巴比倫和波斯王朝身居要位，他們的見證對百姓有重要的影響，但以理說他們的信心是一步步不斷操練來的。當他年輕的時候，曾經和三位朋友立志要在外邦中活出摩西律法所要求的生活，他們決定不吃王上所賜的御食，免得沾染不潔，他們主動向太監長要求吃十天的素菜和白開水試試看，如果十天後面黃肌瘦，就只好吃王的飲食。那次的經歷，對他們而言，是一個信心的實驗，一方面他們也想透過這實驗，了解上帝在外邦是否還仍看顧他們，結果他們雖然只吃素菜，他們的容貌還是一樣紅潤俊美，證實了上帝垂聽他們的禱告，祂還在看顧他們。第二個故事，是巴比倫的尼布甲尼撒王造了一座金像，要全國的人膜拜，凡有不俯伏敬拜的必被丟入烈火窯中，但以理的三個朋友在朝中做官，眾目睽睽要看他們的選擇和表現，他們三人就是站立不動，也不向金像跪拜，惹惱了王上，王說：『你們再不跪拜，有何神可以救你們脫離我的手？』那三個朋友堅定回答道：『王啊，這件事我們不必回答你！即便如此，我們所事奉的神能將我們從烈火窯中救出來，王啊！祂必救我們脫離你的手！即或不然，你當知道我們決不事奉你的神，也不敬拜你所立的金像！』這次是一個生死攸關的考驗，所要付出的信心代價更大，結果但以理的那三個朋友雖然被丟進火窯中，卻安然無損地出來。但以理說這個信心考驗的勝利不在於結果，當那三個朋友堅決拒拜金像的時候，他們已經得著了勝利。最後，就是但以理他個人的故事了，也是他自己所面對的一個嚴格的挑戰，王頒布禁令：『三十日內，不拘任何人，若在王以外，或向神或向人求什麼，就必扔在獅子坑中』但以理明知這禁令，還是一日三次跪在地上，向上帝禱告和感謝，結果就被扔進獅子坑中，上帝依

然保守了他的性命。」

「但以理和他的朋友真是為那些處在逆境中的人指出一條活路，我就是很欽佩他們不同流合污的決心；想一想！在我們的現代世界生活中，也充滿許多誘惑和挑戰，我們也常在不知不覺中沾染許多惡習，真是要學習像他們那樣有堅持真理的決心和信心。」我下定決心回去後要學習這樣的榜樣。

阿詮又說：「我問了但以理一個問題：『如果有人在面對同樣的挑戰中失敗，上帝還會愛他、幫助他嗎？』」

「那他怎麼回答？」我瞪大眼睛看著阿詮，覺得這問題也很重要。

「但以理說任何人都無法一步登天，信心的操練本來就不是一件容易的事，當然人不要故意去犯錯是很重要的。從他們以色列的歷史中，他們認識到上帝是有憐憫、有恩典、不輕易發怒且有豐盛的慈愛，上帝之所以對人類不斷忍耐，目的就是希望人能從失敗和錯誤中學會『信靠』，然後才能真正享有祂所賜的福氣。」阿詮說完，轉而對著我問：「對但以理而言，他的信仰所面對的挑戰是來自政治和不同宗教的壓迫，那你覺得在我們的現代世界裡，大多數人所面對的信仰挑戰是什麼？」

我想了一想：「這個嘛……」，屈指算著：「物質、金錢、名利，還有情慾的誘惑，以及一些我還沒想到的。」

「對以前的我來說，我缺乏的是一種對真理的渴慕，一方面也沒有意願要去認識，因為生活一直沒有目標，每天都過得渾渾噩噩，真是浪費生命！」阿詮搥胸自嘲說。

我趕緊坦白道：「其實不只是你，我在信心的學習上，也有許多的弱點，比如我花太多時間上網聊天，相對就少做許多有益的事；而且當一切都很順利的時候，我以為每件事都是理所

當然的，自然不會去信靠上帝，等到苦難一旦來臨，我才願意靠近上帝。沒關係！回到現代世界後，我們一起來努力，我們有信心面對生活的挑戰！」我一副越說越有把握的樣子。

「我們這樣立志，可真的要努力去實行喔！但以理說信心的實踐是要一步一步來的，剛開始人的信心會比較小，可是上帝容許人可以一步步去做嘗試和操練，以致當有一天真正生死攸關的事情來臨時，我們可以做出正確的抉擇。」阿詮篤定說。

「所以我們要趁著年輕，好好鍛鍊、預備自己！對了，但以理有沒有告訴你他所寫的那些非常難懂的預言，比如山羊、綿羊、七十個七等等。」

「什麼山羊、綿羊我也搞不懂，但以理說那些預言都是關於歷史的真相，主要是幫助寄居在外邦的上帝百姓認清真正的現實世界，那就是歷史的真相不能光憑眼見。」

「什麼意思？」我問。

阿詮吞一下口水說：「比如說我們看到歷史上一些強大的政權，有的兇惡無比，他們雖然能殺害人的性命，卻是暫時的，他們的勢力無法永遠得逞，因為真正在歷史中掌權的是上帝，祂才是最後的勝利者。所以上帝的百姓在逆境中不要灰心喪志，上帝仍然在眷顧，我們所要做的就是不斷操練自己的信心。」

聽完阿詮的經歷和他所說的話，我忍不住叫起來：「啊！你真是不虛此行呀！」

阿詮意猶未盡說：「我還記得但以理所說的最後一件事，那就是他看到一個異象，就是有一個像人子的，駕著天雲而來，被領到亙古常在者面前，得了權柄、榮耀、國度，使各方、各族、各國的人都事奉他，他的權柄是永遠的，不能廢去，他的

國必不敗壞，然而他的國度、權柄和天下諸國的大權，必賜給至高者的聖民，他的國度是永遠的，一切掌權的都必事奉他、順從他。」

　　夜深露重，阿詮說完最後一句話，不到一分鐘他就睡著了，我的眼皮也累得抬不起來，恍惚中我好像看見一個人駕著雲彩而來，之後他又騎上驢子，許許多多的人拿著樹枝鋪在地上迎接他說：「和散那！奉主名來的，是應當稱頌的！」之後，我也迷迷糊糊進入了夢鄉。

代求的勇氣

　　我心中切切盼望的是孩子完全健康，以致我的眼睛看不見那扭曲的腿。這似乎令人難以相信（因我是外科醫生，受過檢視出生嬰孩的訓練）。我看見的不是醜怪的曲腿，而是筆直的好腿。那時我不知道，是我的懼怕使我看不見孩子生來是瘸腿的事實。我竟看不清在我眼前的實情。

　　如果我們周圍的人將來的命運真正深入我們的心間，我們可能會恐懼得不能祈禱。有些基督徒不能看清他人的命運，原因就好像我看不見我兒子的壞腿一樣。我們的感情讓我們不能看見等在他們前頭的刑罰。我們不是否認這樣的事實，就是儘量防止自己去完全瞭解它；明知它是事實，卻避免去面對它的驚恐。我們的祈禱一點都不迫切。我們既逃避真相，禱告怎麼會迫切呢？

韋約翰
John White

　　那麼，我們又該如何？我們可向自己並向神承認真相，承認我們害怕面對真理的事實。我們可以讀有關審判的經文，讓聖靈使它活現在我們眼前。如果我們對神的審判仍感到懷疑，我們應把這困惑帶到神那裏，讓祂將自己更多啟示在我們心中。然後，我們才會像亞伯拉罕、摩西、但以理一樣，開始為別人代求。（韋約翰著，《親眼見祢》，74～75頁）

# 將來的榮耀

號角聲又傳進我耳朵中，好像在催促我們醒來，我們看到窗外豔陽高照，真是一個美好的日子。

「噹噹噹……」敲鈸、鼓瑟、彈琴的樂音，使得這天熱鬧非凡，許許多多的人四面八方從各城市和村莊而來，邊走邊唱，真是壯觀。這一天，城中的百姓要隆重地舉行城牆奉獻禮。

人們總共分成兩大隊，一隊由以斯拉帶頭以逆時鐘方向朝城牆上行；一隊由尼希米領導，以順時鐘方向而行，他們分別繞過許多城門後，終於會合，浩浩蕩蕩一起進入聖殿區，歌唱讚美、祈禱的人聲直達雲霄，環繞著整座聖殿。

在獻祭過後，百姓擊鼓跳舞，婦女、小孩們也大大歡樂，整座城裡面歡樂聲不絕於耳，他們百年來的憂苦歲月總算被喜悅的歌聲悄悄埋葬。

「我們總算在這塊自己的土地上重新站起來了！」許多城裡的耆老欣喜說著。

有許多人回應著：「可不是嗎！這裡的一磚一瓦，都留著百年來許多歸回者的血汗，我們同心合力建造了自己的家園！」

眾百姓站在聖殿外遙望著城牆，有歡喜也有眼淚；我和阿詮則在另一處注視著整個慶典和整座城市。遠遠看去整個城市被一道堅固的城牆圍繞著，可是當我們了解了這一段他們民族的興衰故事，多看久一點，就發現整個地區事實上是被兩道牆緊緊包圍著，一座是尼希米率領眾人敲敲打打所重建的有形城牆，為整個地區帶來安全保障；另一座是文士以斯拉教導百姓

認識上帝的律法，所形成的隱形城牆，使百姓的心靈與信仰得著穩固。總之，我和阿銓看見一個民族在跌倒後，重新站起來了。

慶典的結束，是百姓在城牆上開始刻字，他們要紀念被擄歸回以來所有人的名字，第一代的歸回者如所羅巴伯等人的名字尚未刻完，有人在某地方的瓦罐裡，找到與所羅巴伯同時代的先知撒迦利亞的書卷，眾人如獲至寶。

有一個人當眾讀起書卷，他唸道：「……看哪！那名稱為大衛苗裔的，他要在本處長起來，並要建造耶和華的殿；他要建造耶和華的殿並擔負尊榮，坐在位上掌王權，又必在位上作祭司，使兩職之間籌定和平。」

百姓聽了歡呼雷動：「耶和華神應許大衛家將要再出現一個王來領導我們！」

負責讀書卷的人還未唸完，百姓就高興紛相走告，人群散去，留下讀書卷的人猶自研究書卷的內容：「奇怪？那位將來的王竟然是騎著驢子謙謙和和來的，他是我們的牧人，卻會遭三十兩銀子出賣、受擊打；而我們必要仰望他，『因為他是我們所扎的；我們必為他悲哀愁苦如喪獨生子，那日耶路撒冷有大大的悲哀，而那日，他必給大衛家和耶路撒冷的居民開一個泉源，洗除罪惡與污穢……』，這些話到底是什麼意思？」

在讀書卷的人身旁尚留有幾位老者，他們聽完也面面相覷道：「難道大衛後裔的出現，不是要帶領我們國家在政治上復興？」

「在我們當中不是有兩個從別的世代來的年輕人，也許他們會知道一些事情。」於是他們來找我和阿詮。

除了這一小群在狂歡中仍保持清醒的老人外，沒有人真正

聽完撒迦利亞先知完整的預言。

對著這一小群渴慕了解先知預言的人，我據實以告：「我可不是什麼先知喔！就我所知，你們素來所盼望的彌賽亞，最後真的是道成肉身來到世界，按肉體說他的確是大衛的後裔，按聖靈說他以復活的大能顯明是真神；他的死亡是擔當我們的罪，他的復活是要賜給我們一個得勝的生命。」

「所以撒迦利亞所預言的那位，不是要率領我們復國，而是要拯救我們脫離罪惡的的君王嗎？」一位老者吃驚地說。

阿詮堅定回答道：「是的！我也因著他，脫去舊人的敗壞而成為一個新造的人！」

那一群老者聽到如此的答案，起初是無法置信，在他們彼此交頭接耳、談論一番後，向我們點點頭、心滿意足離去，不知道他們對我們所說的真能了解幾分。我和阿詮再度感到自己是何其幸運，生在耶穌基督降生以後的世代，可以看見上帝藉著先知所說的預言真的應驗在歷史之中。

 歸 家

就在我們沈浸於整座城市的歡樂時，一隻白鴿突然從我們眼前飛過，令我和阿詮感受到有一種靈感，因為白鴿的出現往往象徵著某種希望，其實我們相當渴望回家。那隻白鴿飛呀飛呀引導我們的視線停留在一處不為人所注意的城牆，不知是否施工未完全，那城牆上有一扇城門咿咿呀呀地發出聲響，不一會兒就掉落下來，出現一個穿著金色衣服的人，那人容光煥發、面帶微笑，從容地朝著我們走來，我和阿詮都看呆了。

那人逐漸走近我們的時候，有路人指指點點說：「這不就是

瑪拉基先知嗎？」「他這回要勸勉我們什麼呢？」

只見那人不理會眾人的指指點點，逕自對我和阿詮說：「你們兩位在我們這裡的旅程，到此應該要結束了，我是特地來送你們一程的！」

阿詮訝異地說：「是嗎？可是我的信心操練才剛要開始哩！」

我則想到舊約聖經最後一位登場的先知就是瑪拉基，或許我們的旅程真的是要結束了。我高興道：「真的嗎？我們真的要回家了？」

瑪拉基先知點頭說：「我是來帶你們回去的，時候到了！我們走吧。」

還來不及向民眾道別，我們就不由自主地邁開步伐，跟在瑪拉基的身後前行。我們依依不捨地走過一條條這些日子以來我們所熟悉的街道，直到瑪拉基出現的那道城門。他停下來指給我們看城門外的一片原野說：「你們要直入草原，之後會發現有一處森林，過了樹林，你們便能找到回家的路！」

我和阿詮十分不捨地回頭望著城門裡的景物，阿詮指一指城內的群眾，問瑪拉基說：「接下來他們會遭遇什麼？他們會得到最後的勝利嗎？」

瑪拉基先知以和善的口氣回答：「不，我們民族要走的路還很長，因為人性是很複雜的，雖然這一時的復興令人雀躍，但我們是活在現實的生活中，有許多考驗仍在等候我們去學習，目前在你們面前看似敬虔的百姓，不久之後他們的生活有可能又會鬆懈下來，我需要在他們當中工作，繼續傳遞上主的話語來幫助他們。」

「為什麼他們還會再軟弱呢？尼希米和以斯拉不是領導他們建立了一個穩固的基礎了？」我訝異地問。

「總歸來說，上主的百姓尚在世上受熬練，將來有一天，『那日子』要來，上主啟示我，那日的臨近如同燒著的火爐，要煉淨一切，凡狂傲和行惡的必如碎禾被燒盡，而那些真正敬畏神的人，必看見有公義的日頭出現，其光線有醫治之能！」瑪拉基先知注視著城裡的群眾，又轉向我們說：「看哪！耶和華大而可畏的日子未到以前，祂必差遣先知以利亞到你們那裡去，他必使父親的心轉向兒女，兒女的心轉向父親。」

　　「你說的是真的！以利亞真的是去到我們時代找過我喔！」阿詮瞪大眼睛說。

　　我領悟到瑪拉基的話，回應他說：「是的，在等候基督再來的日子，我們都要受熬煉！」

　　「小子！你們是有福的！願你們一生一世禁得住考驗！去吧，時候到了！」瑪拉基用力推了我們一把，我們全身不由自主地向前滑，滑向無邊無際的草原，在我們眼前真的出現一座森林。

　　我們的腳步顫危危地踏入那片神祕的樹林，起初從樹梢間仍透著明亮的光線，可是越走光線越黯淡，終至伸手不見五指，我和阿詮都聽到彼此重重的呼吸聲，也感到自己的心臟劇烈跳動著。「噗通！」一聲，我們倆好像跌進一個無底坑，身體快速地旋轉，耳邊依稀聽到從天外傳來一個堅強有力的聲音：

上主啊！你世世代代作我們的居所！諸山未曾生出，地與世界你未曾造成，從亙古到永遠你是神！

　　我感到自己的身體快四分五裂，我大喊著「救命啊！」，之後就失去了知覺。

23 歡 聚

「是的，我們要禁得起考驗！」口中喃喃唸著。有人用力在搖我的手臂，打擾我的清夢，令我十分火大，我張開惺忪的眼睛，看見阿詮在對我作鬼臉：「嘻嘻！晚起的鳥沒蟲吃！」他手上拿著一根冰棒邊舔邊說，我才發現自己原來是趴在外公書房的桌上睡著。

「你哪來的冰棒吃？咦⋯⋯？你比我先回來嗎？」

「是呀，我已經去公園跑一圈回來了，你還在睡！」阿詮快吃完冰棒了。

我覺得頭部有些脹痛，我慢慢思考著腦海中的東西，對著阿詮說：「我覺得自己好像去了一個非常遙遠的地方，當你搖醒我的時候，我好像是從一種黑暗裡面漸漸出來，然後才意識到自己的存在。」

「我也有同樣的感覺，我是聽到有人呼叫我的名字，那聲音聽來好熟悉，好像就是小莉的聲音，於是讓我想起了『自己』的存在，眼睛張開來，才發現自己是作了一個好長的夢，夢中的景象非常深刻，就像是在放錄影帶一樣，真是不可思議，我就去公園跑了一圈，看那些記憶會不會消失。」

「呵呵呵！來吃冰棒！」外公慈藹的聲音響起。

「來！來吃冰棒！外婆買了一大堆冰棒！」小莉手上拿著幾根冰棒走進來，看到阿詮手中的冰棒棍說：「你什麼時候又捷足先登了！」

「我一向眼明手快呀！」阿詮扮個鬼臉。

「你們呀！在一起就是會鬥來鬥去！」外公笑著說。

阿詮又拿起一根冰棒往嘴裡送，我想起他在舊約世界裡的吃相，忍不住笑起來，

大笑到肚子發痛。

「有什麼事這麼好笑？」外公、小莉莫名所以地看著我，阿詮一副悠哉的表情。

於是我把如何在舊約世界裡找到阿詮，我們又經歷了什麼事件說了一遍。

小莉不置可否地指著阿詮問：「真的？瘦皮猴變大胃王？那真是令人好奇！」

阿詮故意拍拍自己的肚子說：「能吃就是福嘛！」我們都大笑起來。

聽到我們的笑聲，連外婆都好奇地跑進來看看到底發生什麼事，「沒事！沒事！外婆你買的冰棒很好吃哩！」我們拍馬屁般把外婆支走，因為外公書房裡的祕密，只有我們祖孫四人才能共享。

我先止住笑聲說：「外公，我和阿詮是怎麼回來的？」

「這個嘛……多虧聰明的小莉，是她幫助你們回來的。」外公望著小莉說。

小莉清一清喉嚨，故意裝出一種低沈、巫婆般的聲音：「是嘛！我小變一下把戲就把你們召喚回來，你們該好好感謝我！」

「好啊！請妳吃一根冰棒！」阿詮拿起一根冰棒，卻是又往自己的嘴裡送。

「哼！小氣鬼喝涼水！」小莉瞪著阿詮說。

我則趕緊去廚房冰箱找到一顆蘋果，雙手捧到小莉面前說：「請笑納養顏美容的蘋果！」

「嗯，這還差不多！還是大哥比較識相！」小莉咬著一口蘋果，對我說：「當我們一起看著爸爸拿來的那一張藏書票，你說：『我去！』的時候，我發現你開始兩眼無力，接著睡眼惺忪就趴在外公的書桌上睡著了，我和外公看到那張藏書票的顏色突然變淡了，就知道你進去了舊約世界。」

　「後來呢？」阿詮湊過來問。

　「後來大哥的死黨李東打電話來，說大哥有一本筆記本還沒有還他，他過一些時間要來拿，我就很緊張，希望你們可以快點回來，我和外公嘗試一些方法，比如把所有藏書票再拼起來一次等等，都行不通，我們也不清楚你們到底在舊約的哪個時代，我們感到一籌莫展，後來我就亂想一通，想到一些關連性的方法，我想起阿詮是因為先知以利亞而進到舊約世界，而大哥又是去找阿詮，於是我翻遍整個舊約聖經，終於在舊約的最後一卷瑪拉基書上，發現最後有段話提到以利亞，就是那一句『看哪！耶和華大而可畏之日未到以前，我必差遣先知以利亞到你們那裡去』，我面對著五張一起拼起來的藏書票畫面，大聲唸那一句關於以利亞的話，唸一遍、兩遍、三遍還是沒反應，有點氣餒，我心想再唸最後一遍，若沒反應就放棄，沒想到唸完第四遍，我看見阿詮竟然就出現在外公書房的門口，他看見我和外公就大聲問：「喂！有沒有什麼可吃的？我肚子餓了，好像有聞到牛肉麵的香味，有牛肉麵可吃嗎？」看到阿詮出現，我和外公嚇了一大跳。阿詮伸了一個大懶腰又說：『吃完牛肉麵我要去公園跑一圈！睡了太久，作了一個好長的夢！我全身腰酸背痛！』」小莉說到這裡，看著阿詮，吃吃笑了起來。

　「妳笑什麼？」阿詮問小莉。

　「笑你睡得像一隻豬！」小莉想起先前阿詮尚未回到現代世

界，一副沈睡而叫不醒的滑稽模樣。

「好啊！妳敢嘲笑我！看我的！」阿詮作勢要搔小莉癢，我和外公想到阿詮之前的睡相也笑起來。

阿詮朝著我說：「你別笑！你還不是睡得口水都流在外公桌上！」

這回輪到我臉紅，我對阿詮說：「誰叫你看我流口水，我要把你眼睛挖出來！」阿銓俐落地閃過我的手勢。

我們三兄妹玩鬧成一片，很久以來，我們沒有像這樣熱絡過，或許是一起遊歷舊約世界以及共同擁有著藏書票的祕密吧，使我們三兄妹的感情成長了，我想這是一個重要的收穫。

「好啦！別鬧了！我的書房都快被你們翻過來了！」外公收拾著被我們弄翻的東西。

我也逐漸收起笑鬧，回復原來的一本正經，「外公，那現在我們要怎麼處理那幾張藏書票？」

外公拿出一個精美的餅乾盒子，裡面正躺著那五張藏書票，他神祕兮兮說：「既然你們都去過舊約世界了，我要把它們好好收藏起來，直到下次我知道應該再送給誰的時候。」外公將盒子蓋起來。

「等一等，讓我再看一下！」阿詮叫著，他拿起餅乾盒，專注地看那些藏書票說：「這幾張圖片真是精緻，雖然每一個都是獨立的圖片，卻又可以拼在一起。」

我也瞧著那幾張藏書票說：「這些藏書票實在相當神祕！到目前為止我們還不是那麼了解它們的用法，它們雖然是各自獨立的圖片，把它們拼起來就是整個舊約聖經的故事哩！」

「外公，你是說我們不再需要藏書票了？可是我還很多事情不太懂！」阿詮嘟著嘴說。

「嗯……藏書票裡的世界雖然有趣，但是如果……，我寧可把機會讓給別人！」我心中還是感到一種不安，因為「冒險」的事情，對我而言，實在是一件辛苦的事。

「膽小鬼！」小莉對我做了個鬼臉。

「孩子們，你們要學習好好讀上帝的話，藏書票裡面的經歷只是開啟你們對聖經的興趣，最重要還是要紮實地去了解整部聖經的信息，然後在生活中去經歷、揣摩聖經話語的價值。」外公慢條斯理說，他一邊收起放藏書票的餅乾盒。

阿詮拍了一下自己的大腿：「對喔！我記得在舊約世界裡，我曾立志回來要好好讀聖經，並且要操練自己對上帝的信心。」

看到阿詮如此立志，外公意味深長道：「阿詮哪！你要知道信心也是一種意志力的追尋，就是我們要盡其一生努力邁向聖潔、美善和真理的源頭。」外公轉而對我們三人說：「孩子們，經過這樣的遊歷，有沒有什麼讓你們覺得印象最深刻的事情？有沒有最使你們佩服的舊約人物？」

阿詮脫口而出：「我印象最深刻的是被推進獅子坑裡面，那些獅子都好大一隻！牙齒尖尖的，爪子也好銳利，牠們的吼叫聲也令人喪膽！可是牠們一遇到我就變成了縮頭縮尾的小貓，連我一根寒毛都不敢碰！」

「真的嗎？原來你那麼厲害呀？失敬、失敬！那我推薦你去應徵動物園管理員。」小莉故作驚訝狀。

聽到阿詮如此誇大，我暗自偷笑：「我記得誰跟我說過當他被丟進獅子坑裡面，嚇得眼睛不敢張開、心臟都快停止了！」

於是阿詮靦腆說：「嘿嘿！不是我厲害，是上帝讓那些獅子不敢靠近我！其實我說的也沒錯呀！那些獅子遇到我就真的沒輒了。」

「那是因為你和但以理在一起！是人家的信心救了你！」我說。

「是呀！所以我最佩服的是但以理！」阿詮故意挺直腰桿說。

「小莉，妳呢？」外公問。

「我最佩服的是耶利米，終於有一個人比我還會哭！而且是男生咧！」

「我也可以哭給妳看！」阿詮開始搗蛋，他去浴室拿一條毛巾，假裝一邊哭一邊擦眼淚。

「想不到你也會演歌仔戲？」我嘲笑著。阿詮卻不以為意，仍裝模作樣，逗得小莉呵呵笑。

「我佩服耶利米不只是他很會哭，人家很愛國呢！又對罪惡毫不妥協，堅持忠於使命到底，這樣的人在現代世界中恐怕是稀有動物！」小莉故意瞪著阿詮說。

「別瞪我！我也是一隻稀有動物哩！」阿詮嘻皮笑臉回應。

外公指著我們說：「你們呀！就是扯來扯去，一句話不知道要給你們扯多久！」外公真是又氣又好笑。

我故意清清喉嚨說：「輪到我了，你們要注意聽喔！我覺得最偉大的人物是摩西，他要領導那麼多人出埃及，真不是那麼容易的事呢！摩西曾帶我看他們在曠野裡面的人口、牲畜，真是多得不得了，光是每天應付那麼多人吃飯就很不容易！而且摩西非常有學問、見識，人又謙卑，希望我有他千分之一的優點就好了！」

阿詮又怪聲怪調說：「哥，我覺得你好像有謙卑一點了喔！」

「豈敢！豈敢！我不是一向都很謙卑嗎？」

「是喔！我覺得我們家最謙卑的是我！一天到晚被你們呼來喚去！」小莉雙手叉著腰說。

我和阿詮異口同聲：「妳啊！是母夜叉！」

「你們呀！鬧夠了沒？」外公打起哈欠來，我們趕緊裝作恢復正經的樣子。

先聖先賢之路

小莉不知想到什麼，她把椅子挪近外公：「這些舊約的人物都這麼偉大，可是在他們的時代裡，耶穌基督還沒有降生，到底他們有沒有得救？」

外公裝出一副吃驚的表情：「哎呀！沒想到小莉小姐這麼聰明！呵呵呵！」外公翻著聖經，邊翻邊說：「新約的希伯來書上寫著一句很重要的話，說到這些先聖先賢都是存著信心死的。」

我靈機一動，搶著說：「我知道是哪一句話！就是希伯來書十一章十三節：『這些人都是存著信心死的，並沒有得著所應許的；卻從遠處望見且歡喜迎接，又承認自己在世上是客旅，是寄居的。』」

外公稱許地說：「對了，就是這句話！雖然在舊約時代耶穌尚未降生，這些先聖先賢是憑著對上帝的認識和信靠，相信祂的應許必要成就，簡單來說，他們是以信心被上帝接納並得著救恩，所以在歷史的發展中，他們可說是以信心所生發的『盼望』向前看；而我們則何其有幸！生在耶穌降生以後的世代，可以看見這些先聖先賢想看卻未看到的，對現代的我們而言，也是要憑著信心繼續往前看，等候上帝救恩的最後完成。所以我認為，不論舊約或新約時代的人都要憑著『信心』得著上帝

的救恩。」

　　我們三兄妹中，在舊約世界的經歷可以說是我最完整，有一種看遍人生百態的感觸從心中油然而生，我對著外公說：「我發現整部舊約雖然講的是以色列歷史，其實也可以說是所有人類生命史的縮影，充分表達了人性，也十足反映上帝對世人的心意，可以這樣說，我們個人的行為是包含在民族或國家裡面，而一個民族或國家的行為又被包含在上帝的創造和救恩計畫裡面。」

　　阿詮和小莉幾乎是異口同聲說：「哥，你在說什麼？我聽不懂！」

　　外公笑一笑回答：「我知道信輝的意思，不過我們實在很難把舊約中複雜的思想用一句話全面的表達出來。大抵說來，我們從舊約中看到許多人性的反應，比如從出埃及到曠野事件，我們看見人性的無知和貪婪，這種種人性的表現就在提供我們鑒戒，使我們知道一個敬虔、公義與聖潔的生活應該是怎樣；另一方面，我們會發現到舊約社會中個人和群體的關係密不可分，國家整體的敗壞會影響到個人，個人的生活敬虔與否也會影響國家，簡單說，上帝關心個人的得救也同時關心群體的得救，在現代來說就是所謂的個人和整體教會的關係。」

　　「喔，我懂了！我也是從舊約的經歷中看見原來的自己是那樣頑梗和敗壞，一方面也使我看見真正的敬虔人是什麼樣子，原來這都是因為上帝關心我，也關心這個社會，才使我有醒悟的機會！」阿詮認真地說。

　　「對呀！從前的我對信仰也沒那麼認真，原來上帝也關心我，使我有這樣的機會可以認識祂。」接著小莉又問：「可是對我們現代人來說，到底我們與舊約有什麼關係？」

外公對小莉點頭：「這是一個好問題！我想從上帝救恩歷史的角度來看，這對我們在新約中的人是很重要的，首先從舊約以色列人的歷史發展中，讓我們看見上帝在歷史中的作為，許多先知預言的應驗不是憑空的，乃是有上帝的救恩計畫作根據；再者我們從整個舊約中可以認識上帝，祂的聖潔、良善、公義、慈愛等等的本質是什麼，使我們知道當以什麼樣的態度和品格來敬拜祂；並且整部舊約也可以說是上帝與人類互動的歷史，我們看見上帝真實地介入個人生命也介入整個民族、世界的歷史運作，讓我們知道祂是又真、又活的神；最後，我們可以從整個舊約主題的一個簡單架構和對比，如罪和聖潔、審判與慈愛、苦難與盼望，來審視我們今世的生活，使我們可以活出上帝所喜悅的一個正確的人生態度。」

　　對外公的話我頗有同感：「我越來越覺得整個舊約歷史其實也是我們個人的生命史，我們原來也是不認識上帝，從悔改重生到信心的建立，也真是經歷了出埃及、進迦南、被擄、歸回等的生命旅程。」

　　外公贊同說：「是的，從我年輕到老年，能深刻體會當中的歷程，我對上帝的信心，在現實生活中也是起起伏伏的，就好像以色列人的出埃及到被擄歸回，從整個舊約歷史裡，我看到人性真實的一面，儘管我們是那麼不完全並且常常失敗，上帝卻是永不失敗，祂向我們不斷發出永遠不止息的恩典，使我們學會依靠祂而活。」

　　阿詮不知也想到什麼，他眉頭一皺說：「我想到我在舊約世界看到的一件事，就是以色列人被擄歸回以後，在以斯拉的教導下，他們重新過著守律法的生活，這是不是說我們也要那樣過生活？如果是那樣的話，我會覺得很不自由！」

「你啊！就愛作一匹脫韁的野馬！」聽到阿詮的話，我再次感到他性格中一種豪放不羈的可愛。

　　「阿詮，我想你誤解了其中的意思，如今我們活在新約的時代，不需要靠守律法來生活，在以斯拉的時代裡，以色列人重新恢復守律法的生活，是有特殊含意的，因為被擄前他們拒絕與上帝之間的『約』，經過被擄後的痛定思痛，他們願意遵行律法的生活，有幾點含意：一是表示他們願意回到他們列祖與上帝所立的『約』，希望上帝重新接納他們；二是表示他們的願意重新學習順服上帝；第三，那也是一種對自己民族信仰的挑戰，要看他們是否能在生活中真實活出上帝選民的生活。所以，那時以色列人守律法的生活，是有其時代背景和意義的，目的也是在重建他們被擄回歸後的一個新社會和民族。」外公說完後，伸了一個懶腰。

　　「想一想，以色列人被擄歸回後的反省也蠻有意思的，他們是從過去的歷史中反省自己的信仰。我記得曾經看過一個報導影片，說到第二次世界大戰後德國整個社會的反省，德國人在前首都波昂有個歷史博物館，專門展覽第二次世界大戰所有戰爭的歷史資料和物件，目的是提醒人民不要忘記在第二次世界大戰中所犯的錯誤，他們又蓋了一座使用透明玻璃建材的議會大廳，讓人民可以看見民主立法討論的過程，提醒人民獨裁統治的錯誤，建立真正的民主思考與反省，他們簡直是用盡各種方式來提醒人民不要忘記過去的錯誤。我想……只有真的切實的反省才能帶來一番更新吧！」

　　「這例子真的很有意思！告訴我們有一個正確的歷史觀，才能帶來真正的反省。因此，整部舊約聖經也可說是在提供我們，人與上帝關係的歷史反省。」

這時小莉裝出打哈欠的樣子來提醒我們的注意，她從天外飛來一筆說：「別以為我聽不懂你們的話，我可是很注意聽喔！外公剛剛不是說到舊約的人都是存著信心死的、在他們的時代並沒有得著所應許的那段話，現在我知道『因信稱義』是什麼意思了！」

聽到小莉的話我暗自好笑，陶侃地說：「那妳倒說說看是什麼意思？」

阿詮搶先一步說：「我知道！我知道！就是『義人必因信得生』，就是義人在等候上帝的作為中，要忍耐等候，憑著信靠上帝的信心而生活。」

小莉瞪著阿詮說：「喔！原來你開竅了！」

外公看著阿詮和小莉的樣子，忍不住笑道：「阿詮能開竅也真是不虛此行了！」他看著小莉又說：「妳要不要也說說看？」

小莉理直氣壯說：「『因信稱義』就是我們因為相信耶穌基督而被稱為義人」。

「太好了！我很高興你們有這些領悟，你們說得都沒錯！一個是舊約的思想，一個是新約的思想。」

阿詮搔著頭：「是什麼意思？」

看外公那麼高興，我也搶著說：「我來說說看，『義人必因信得生』是哈巴谷書上的話，因為舊約時代耶穌還沒有降生，所以義人要憑著信靠上帝的心，忍耐等候祂的救贖工作；而『因信稱義』，是新約時代耶穌已來到，我們透過信靠耶穌的死和復活，得到罪的赦免和成為上帝的兒女。」

「其實阿銓和小莉所說的那兩句話的意思，在我們目前的時代都很適用。對我們而言，就如同以色列人的被擄歸回時代，他們看見被擄七十年後歸回的預言實現，可是他們的國家仍是

百廢待舉，他們不時要面對現實的困境和各種艱難，會疑惑上帝所應許的繁榮昌盛為何遲遲未來臨；這就好比現在的我們，耶穌基督已經復活昇天完成救贖的工作，祂應許要再來，當祂再來時，上帝的國度要至終實現，可是到現在為止，祂遲遲尚未來臨，我們也在等候的過程中。因此這兩句話的意思，結合的思想是：我們既因信耶穌基督而被赦免、接納，就要憑著對祂的信靠，忍耐等候祂再來。」

「哇！是這樣的意思！」我們三兄妹忍不住拍手起來。

阿詮佩服地說：「外公，希望我老的時候，能像你這樣有智慧和見識！」

「我還有未說完的話哩！」外公吞一下口水說：「我們在等候耶穌基督再來的這個時代中，也等於在寫我們個人和民族、整體世界教會的救恩歷史，也就是說我們不僅承接舊約的歷史，上帝的救恩工作，仍然在我們的歷史中繼續發展著，直到最後的完工，因此我們目前在生活中，無論任何事奉和善行，都是在預備基督再來時，那最後救贖工作的完成。」

「你是說……我們個人的信心過程，也包含在整個上帝救恩歷史的工作裡面？」我推敲外公的說法。

「是的，上帝的救恩歷史從我們的身上還在延續下去。」外公篤定說。

「我不懂呀！上帝的救恩歷史如何從我們身上延續下去？」小莉瞪大眼睛問。

「是呀！我也不懂！」阿詮附和說。

「簡單來說，上帝救恩的歷史工作，是從我們人類一代一代延續下去的，所以，除了我們個人的敬虔生活外，我們還要成為一個耶穌福音的傳人，使上帝的救恩從我們身上不斷傳揚下

去。」

　　「原來是這樣！那我要第一個加入這個寫歷史的隊伍！」阿詮自告奮勇。

　　「你鐵定沒辦法成為第一！因為我比你早出生，早就排在你前面了！」我俏皮說。

　　「沒關係！只要還跟得上，我第三也沒關係！」小莉舉起右手說。

　　外公滿足地看著我們，眼眶中竟然濕潤一片。

藏書票的最後祕密

夕陽西下，天色在一片暈紅中透著些許的湛藍，籃球場上仍是一番喧鬧，來來回回球員們彼此衝鋒陷陣，數次打成平手，就在終場即將結束，出其不意，我來個縱身飛躍射籃，「進了！進了！」隊友們熱烈歡呼著，我的這一球結束了比賽，沒想到我成了這場小比賽的英雄。

身上的汗如雨直下，我驚訝地看到英英走至我面前，她笑臉盈盈說：「我今天是你的觀眾哩！我以前怎麼沒有發現你的球技這麼好？」

我謙虛說：「謝謝觀賞！你們的系隊也很拼命哩！我們只險勝一分而已。」我低聲補了一句：「其實妳不知道的事才多呢！」

「聽說你最近心情都很好，有什麼新鮮事發生嗎？還是你也有新的女朋友？」她問。

我知道英英的好奇，故意心平靜氣地說：「我心情好不是因為感情的問題，而是找到了生命的目標，使我可以努力過每一天的生活，除了感情外，我發現人生中還有許多更重要的事情值得我去做。」

英英眨著大眼睛問：「是這樣嗎？我還聽說你決定不考研究所了！這樣不是很可惜嗎？」

「不會吧！我只是不想人云亦云，一窩風跟著別人趕潮流，讀研究所也好，不讀也沒什麼不好，我要等自己想清楚之後再作選擇。」

「嗯……你好像比較有主張了，跟以前老是猶豫不決的樣子

差很多！」

「哦，是嗎？我還是我呀！或許是我不再需要從別人的評價來肯定自己了。」我信心十足地說。

「對嘛！我覺得你真的改變了！」

「那麼……多謝誇獎！」我彎腰作揖說。

「不過還是建議你考研究所，因為我也要考喔！」英英轉身離開時丟下一句話。

「那我就祝福妳吧！」我揮手道別，對著她的背影說。

離開球場後，我騎著鐵馬去接小莉，她在補習班的門口等著我，看起來一副神情興奮的樣子，「妳今天怎麼這麼高興？」我好奇地問。

「我終於跟沈艾美和好了！」她眉飛色舞地說。

「恭喜妳囉！」

「想不到聖經的話這麼好用！我昨天讀到箴言書說：『恨能挑起爭端，愛能遮掩一切過錯』，今天又讀到一句話：『口吐真言，永遠堅立；舌說謊話，只存片時』，使我想到和沈艾美之間，並沒有什麼深仇大恨，只不過是一個小誤會罷了，我為什麼要失去這個朋友呢？只要我願意拉下自己的臉，用愛心和誠實與她溝通，應該可以化解我們之間的誤會，於是我求上帝給我勇氣去嘗試，沒想到沈艾美看我那麼誠懇，竟然願意給我解釋的機會，我們就和好了！」

我為小莉的收穫感到高興，不知不覺我們已經回到家門口，看到阿詮的鞋子已經比我們先到家，他看到我們，舉起勝利的手勢說：「今天是我第一名！」

「我看你絕對不是考試第一名！」我笑著說。

「答對了！今天我是第一個到家的！」

「難道你今天破天荒沒去網咖電玩店報到啊？」小莉挖苦著。

阿詮照樣嘻皮笑臉說：「我已經改過自新，並且開始日行一善！」

「喔！那麼請問你做了什麼大事？」媽媽聽到我們的聲音，也玩笑似地問阿詮。

「我呀……今天看到一個老公公過馬路，真是險象環生，我就趕緊去扶他過馬路，他不斷向我道謝！我頭一次發現原來幫助人可以這麼快樂！」阿詮口沫橫飛。

我發現阿詮的個性原來蠻善良的，真是覺得他越來越可愛。

「我要給你們看一件東西！」阿詮從他鼓鼓的背袋裡拿出一雙直排輪鞋來，顏色新潮、亮麗，不知他花多少錢買來的。

「哇！好帥！」小莉叫著。

「嘿嘿！既然不打電玩了，總要培養一點正當嗜好吧！溜直排輪鞋是不錯的運動，何況這雙鞋是我用勞力賺來的喔！我先向媽媽借錢買的，因為我下星期就要去麥當勞打工了！」

「真是江山易改，本性難移！」我和小莉異口同聲說。

媽媽的奇遇

晚飯開動，我們三兄妹一邊吃飯，一邊七嘴八舌地扯來扯去，真是熱鬧，經過一同遊歷舊約世界後，我們的情誼增長許多，媽媽驚訝地對著我們說：「你們三個什麼時候感情變得這麼好？」而爸爸嚼著最後一口飯，瞪著我們說：「我可不知道什麼時候養了一窩麻雀？真是吵死人！」

「爸爸，沒關係！你這窩麻雀再過不多久可要飛走了！你現在要多看我們幾眼喔！」小莉不知道從哪兒借來的膽子，竟敢對爸爸如此說。

「是喔！你們飛走，我也老了！只剩下你媽和我。」爸爸看媽媽一眼，有一種惺惺相惜的味道。

媽媽不好意思起來，趕緊轉移話題說：「今天誰要洗碗？」

「我！」阿詮捲起袖子，小莉和我立刻舉雙手鼓掌。

「你要洗碗？」媽媽訝異地對阿詮說：「你會洗嗎？」

「是啊！我要學習作個新好男人嘛！」阿詮故意裝出怪腔怪調，我們又大笑起來，連一向嚴肅的爸爸也笑了。

我有一種強烈的感覺，那就是我們家長久以來所失去的「歡樂」回來了，透過彼此的成長，這個家庭重新充滿了活力與溫馨。

飯後，回到臥房，打開電腦，我已經下定決心不再浪費時間上網和朋友閒聊了，我開始用電腦寫日記，我寫著：「經過這一番的經歷，我們三兄妹好像長大了一些，連爸爸、媽媽的關係也開始有一些改變，我想好的開始，就是成功的一半……」。

「信輝，你在做什麼？又在玩電腦呀！」媽媽突然走進來。

我趕緊把日記關掉說：「我沒有在上網喔！我保證以後我們家會很省電費！」

媽媽笑盈盈說：「別緊張！我可不是來罵你的！我要請教你關於電腦的問題哩。」

「什麼問題？」我好奇媽媽竟然對電腦有興趣。

「有一次你不在家，我進來打掃房間，發現你的電腦沒有關，螢幕還亮著，我擦著電腦上的灰塵，看見螢幕上出現一些字，先是一行大字『道路、真理、生命』，接著又出現一行小

字，要我隨便按任何一個鍵就可以得到進一步指示，我沒想到你的電腦這麼有趣！難怪你們常常黏在電腦前面！那次我一時興起，就照著指示亂按一通，沒想到……」

哈哈！哼！一向電腦白痴的媽媽，竟然趁我不在，偷偷玩我的電腦！可是她的話，引出我全身的好奇細胞：「什麼？妳會使用電腦？接下來有發生什麼事嗎？」

媽媽露出得意的表情：「別緊張！我可沒弄壞你的電腦！接下來我就看到電腦螢幕上出現了一條魚，它游來游去，嘴巴忽大忽小好像在和我說話，不一會兒它搖搖尾巴，又有一行字跑出來，我覺得非常神奇，那一行字是『脫去舊人，穿上新人』，我又照著指示隨便敲了一下鍵盤，緊接著是出現幾個圖片和一行字，那些圖片看起來非常特別，好像是有故事性的，它們看起來有關連卻又是各自獨立．那一行字也很奇怪，意思是『只要找到與此相符的條件，就是開啟過去、未來的鑰匙，人生的答案盡在其中，妳將煥然一新！』當時你的電腦就好像在和我說話一樣，真是不可思議極了！那時在我心裡面有一種撥雲見日的感覺，開始有一種新念頭。」

媽媽的話緊扣著我的心弦，她竟然也會遭遇這樣的事情！我趕緊問：「妳看到的圖片是不是一共有五張？每一張圖片裡是不是都各自寫著幾個字，比如『新生命』、『路得的抉擇』、『同心建造』等。」我稍微描述那些圖案。

媽媽訝異地猛點頭：「沒錯！沒錯！就是那樣！你怎麼會知道？」

我的心臟真是差點蹦出來：「這樣說來……它們就是外公藏書票上的圖案！」

「藏書票？是什麼東西？你們外公哪裡有什麼藏書票我會不

知道？」媽媽困惑著。

「有啊！外公有一些祕密，我們也是後來才知道哩！」我全身的神經又緊繃起來，緊接問：「媽！當妳看到那些圖案之後，有沒有發生什麼事情？」

媽媽看我一副緊張兮兮的樣子，竟然呵呵笑起來，我大聲追問：「妳到底有沒有遇到什麼事情嘛！」

「你為什麼這麼緊張？我又不是小孩子，你看我是不是跟以前不太一樣了！我這把年紀了也有自己的奇遇哩！」

注視著媽媽的臉，她的眼睛洋溢著一種興奮光彩，從小到大我從未看過，她那樣充滿神祕又自信的表情，她到底有什麼奇遇呢？藏書票的神祕事件，果真也會發生在媽媽身上嗎？那就太奇妙了！

「唉！」媽媽突然嘆了一口氣：「如果時光能倒流該有多好！許多事情可以重新來過，然而矛盾的是，如果不走這一遭怎會有不同的領悟？對現在的我而言，懂得珍惜和把握現在才是最重要的。」從未聽過媽媽如此講話，隱約透露出我從未了解過的她內心中的世界。

看著滿臉寫著問號的我，媽媽微笑了一下，坦然說：「難道你沒發現？因為我的改變，你爸爸開始也有一些改變了！」

「真的耶！這樣的事情怎會發生呢？」想起爸媽從前不時冷戰的情景，真是不堪回首！

「你外公老愛把聖經的話掛在嘴上，從前的我認為只要聽聽就算了，從來沒有認真去思考過，更不覺得要有所改變，直到那次負氣離家出走，居然是一個我多年來真正獨自面對自己的機會，我好好想了一些事情，發現對自己的後半生是一片茫然，開始心慌起來，內心中出現一個聲音，催促我要認真面對

自己的問題，我就決定回家，沒想到一回到家裡就發現有些事情改變了，而且我這把年紀了，居然也能有奇妙的經歷！」

「對了！妳回來之後為什麼和爸爸的關係就變好了？」我想到有一次小莉居然看見爸爸送花給媽媽。

媽媽有些羞澀起來，臉色微紅說：「唉呀！老夫老妻了！我們老是吵來吵去，對你們幾個小孩也不好吧？以前和你爸爸的關係時常處得不大好，是我們的溝通一直有問題，誰也不肯退讓和改變，直到我被上帝的話語觸動。你知道嗎？當我終於了解聖經的創世記所說的，男人與女人在上帝的創造中是那樣獨特，他們的溝通原來是沒有障礙的，那是因為上帝在人的身上原來有那麼美好的心意……，唉！我和你爸爸實在浪費太多的時間在意氣之爭上面，人的生命是很短暫哩！我們也該好好珍惜剩下的人生歲月·」

「這麼說來，妳也進去過藏書票裡的世界？」此刻我的眼睛瞪得像銅鈴般，因為我非常好奇媽媽的改變，若沒有奇遇，一向粗線條又性急的她怎會說出這樣的話？

媽媽大概看我一副很滑稽的樣子，笑著說：「『藏書票』？你電腦裡面的那五個圖案就叫作藏書票嗎？當我開始讀聖經，發現那每一幅圖畫都是在描述舊約的故事，真是有趣極了！」

「妳真……真的進去過？」我又重複問一次。

媽媽再度看著我不可思議的表情，恍然大悟：「難道你也知道關於那些圖案的事情？」

「唉呀！真是帥呆了！媽，今天很高興聽到妳的這些話，不過我想到要先去外公家一趟，去問清楚真相再說！真是不好意思，等一下我就回來！」媽媽看我匆匆要出門，丟給我一件外衣，一定要我穿上免得感冒。

我一路上納悶著到底是怎麼一回事？真是給弄糊塗了，我明明記得外公把那些藏書票收藏在餅乾盒裡面，難道媽媽是透過電腦裡的藏書票直接進入舊約世界的？外公的藏書票還有我不知道的祕密嗎？

　　「哈哈哈！妳媽媽竟然也有這樣的奇遇？」外公聽完我的敘述，滿意地笑著，我不小心也瞧見他眼角裡有些濕潤，他假裝揉眼睛。

　　「怎麼會這樣呢？如果真是這樣的話，為什麼媽媽不需要拿到藏書票就可以進去舊約世界？」

　　「來！讓我們來看看！」外公拿出放著藏書票的餅乾盒。

　　我和外公小心翼翼地端詳每張藏書票，他再度把藏書票拼起來，我暗自希望那些藏書票不要再發生任何奇怪的事。『有了！』外公大聲叫道，害我以為藏書票又有什麼動靜，令我嚇出一把冷汗，但卻是外公的新發現，當他把那五張藏書票拼起來對著燈光看，從光線的透視中，我們發現五張藏書票的背面，竟然浮現幾個小字：「信，就是所望之事的實底，是未見之事的確據。」

　　對於這新發現，外公也滿臉的驚奇，他動作迅速地把藏書票趕緊放進餅乾盒裡面，我立刻會意他的舉動，我們祖孫倆都有些神情緊張地注視著那餅乾盒，好在它只是靜靜地躺在桌上，我們默然相視了一會兒，外公哈哈大笑起來：「哦，我終於明白了！原來『藏書票』就在我們的心裡面。」

　　「什麼意思？我不懂。」我摸不著頭緒說。

　　「呵呵呵！是這樣的，我認為藏書票所藏的最大祕密就是『信心』，真正使我們進入舊約世界的，是我們的信心，也就是透過信心，我們才能明白上帝的話。」

「信心？」我瞪大眼睛。

外公慈祥地看著我：「孩子，『信心』是一件奇妙的禮物，我們常以為要藉著一些外在的事才能尋覓真理，其實我們內在的信心才是打開真理的鑰匙！我想妳媽媽就是因為開始對上帝有信心了，所以不需直接透過藏書票也能進到聖經的世界裡，而你自己經驗過藏書票的經歷後，現在比較能讀懂聖經，不也是不再需要那些藏書票了！」

「是啊！原來是這樣！」我恍然明白外公的話，剎那間感到奇妙莫名，看著外公，一時說不出話來。

外公那充滿智慧的臉，也洋溢著幾許激動：「這麼多年來，我越來越了解到『信心』雖然是上帝所賜，從人的角度而言，它也是人面對上帝話語的態度，可以說是一種信賴和順服。就像亞伯拉罕和許多舊約人物的美好見證，他們也都歷經過人生中各樣逆境和艱辛，但因著『信』，他們能被上帝使用，也因著『信』，他們在盼望中得著上帝所應許的確據，這樣的信心是可以超越時空的，因此到如今，他們透過聖經仍舊在對我們說話。」

「『信心』原來是這麼奇妙的事！難怪現在我不需要藏書票也能讀懂聖經了！」我還是瞄了一下那個放著藏書票的餅乾盒，它依然沒有任何動靜，我逐漸放下心中的不安說：「這麼說來，媽媽的改變是她對上帝的話，開始願意信賴和順服了！不過⋯⋯我還是認為她一定也有奇遇！」我回想自己的奇特經歷，還是歷歷在目，屬於媽媽的又是怎樣的一番風景呢？我想到一件重要的事：「外公，既然不需要藏書票也可以進入舊約世界，那你打算要如何處理那些藏書票？」

只見外公故作神祕，抱著放藏書票的餅乾盒說：「別多管閒

事！接下來會發生什麼事情，我們都不知道哩！」

聽外公這樣一說，我開始又有點緊張起來，深怕那幾張神祕的藏書票會立刻從餅乾盒裡跳出來，趕緊向外公道別說：「今天的事情真是太妙了！我要趕緊回家告訴阿詮和小莉，讓他們也驚奇一下。」

外公好像早已透視我的膽小，他開玩笑似地露出詭異表情：「呵呵呵！你也該回去了！不然我可不知道接下來你會不會又跑到哪一個世界裡去喔！」

給好友的祝福

我拔腿飛奔，在半路上，被一個熟悉的人影攔了下來，原來是好友李東。

他劈頭就問：「幹嘛？這麼趕著回家呀！我這幾天一直想找你呢！」

「有什麼事嗎？」我上氣不接下氣地問。

「我最近找到一張郵票，很有價值哩！怎麼樣？你最近有沒有什麼特別的東西可以跟我交換？」李東揚起眉毛說。

「我嘛……」，我想了一下說：「有了！我有一個很特別的東西，雖然我很喜歡集郵，可是這件東西是不能和你交換的！」

「哇塞！難道你又有什麼傳家之寶？」李東露出羨慕神色。

「哦，不是的，不是你所想的東西，我所說的是『信心』。」我解釋道。

「信心？這有什麼特別？每個人應該都有吧？」李東不置可否。

「我所說的『信心』是指對上帝的確信，這不僅是上帝賜給

我的禮物，也是我願意更深刻認識這位創造生命的主，我越來越體會到有上帝同在的生活真好！所以！這樣東西是無法和你交換的！不過，我認為如果你願意的話，也可以得到喔！」

李東認真地看著我說：「聽起來好像不錯！不過我還是要想想看！」

望著李東離去的背影，想著我們的友誼，也想到我們不時的信仰辯論，對於我的信仰，李東的看法是，未看見怎能確知所信？從前的我實在不知如何回答，但經過這一番經歷，以及我們全家真實的遭遇和改變，我確實知道那位創造宇宙萬物的主不但在過去對古人說話，也活在現在之中，雖然祂是超越的上帝，以我們有限的肉眼無法看見祂，但是透過信心的眼睛，我知道祂正邀請我們每一個人去經歷祂。我心裡面響起藏書票背面的那句話：「信，是所望之事的實底，是未見之事的確據。」一邊為好友李東默默祈禱著，希望有朝一日他也可以得著「信心」。

以祢的律例為詩歌
Your statutes⋯⋯ my songs

我在世寄居，
素來以祢的律例為詩歌。
（詩篇一百一十九篇54節）

這位詩人將神的誡命編成詩歌，
不知為之配上多麼歡快的曲調！
不知有多少人欣然加入他的頌唱！
陶醉於神的誡命，真是莫過於此了。

禱告：
神啊，讚美祢偉大的名！
祢使我在順服中如此喜樂，
讓我行在公義中如此快活。
祢的言語使我的心歡暢，
我走在祢的道路上，就不自禁地湧出頌讚。
阿們。
（畢德生著，《詩情禱語》，10月08日）

畢德生
Eugene H. Peterson

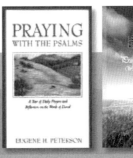

跋：擁抱舊約深情的上帝

　　本書原書名《藏書票的祕密——這一代人與舊約的相遇》，於2001年四月出版，在2002年底得到香港湯清基督教文藝獎文藝創作組年獎，對我而言是意想不到的恩典。之後在校園福音團契的大學事工中，為了推動大學生熟讀聖經，我以三年的時間，主持編寫《靈命三二一：聖經熟讀手冊》（主題為「三年、兩約、走一回」），也在校園團契訓練部教導實習傳道同工舊約概論課程。沒想到從寫作《藏書票的祕密》開始，上帝引領我一路跨進舊約研讀的領域，令我對舊約聖經所蘊含「取之不盡，用之不絕」的屬靈寶藏，感到無比讚嘆！「深哉！上帝奧妙的智慧和工作！」

　　整部舊約聖經雖然歷時久遠，但是用心細讀和體會它，是一點都不過時的，它永遠深具普世與超越各世代的價值。舊約充滿著上帝與人類緊密相連的情感，可以用「愛恨情仇」、「血淚交織」來形容，在這樣的情感背後，我們可明白舊約的信息，終究是在呈現上帝對人類的深情和大愛。

　　上帝的本質就是「愛」（約翰一書四8），正因為「愛」，祂也承受了「憂傷」和「痛苦」，這是任何體會「愛」之箇中滋味的人，才能瞭解的複雜情感！

舊約真實性與背景

　　舊約聖經包含口傳歷史、經卷作者被聖靈引導感動的第一

手文稿，以及許多不知名的編者選取、審核的資料，透過嚴謹的編輯而成書，絕非虛構故事，而是真實的歷史記載。

開始閱讀舊約前我們必須先瞭解舊約大致的史地背景，以及核心信息。

1. 舊約的地理位置：

世界的心臟——美索不達米亞平原（肥沃月灣），現代中東的「巴勒斯坦」。

2. 舊約的歷史舞台：

交織著希伯來人（以色列）與世界強權帝國，如亞蘭、埃及、亞述、巴比倫、波斯、羅馬等國家的興衰故事。

3. 舊約核心信息：

上帝的百姓如何過以耶和華神為中心的生活。（例如，以色列人面對迦南人的神明時，如何理解與經歷耶和華神才是掌管風雨的真神？）

4. 舊約歷史的真實性：

舊約聖經是真實的歷史記載，它的焦點和歷史評論觀點，集中於「上帝對全人類的救恩」的啟示，所以舊約是新約的重要基礎。

5. 舊約與現代人的關係：

舊約雖然是希伯來民族史，但它更是呈現上帝與人類互動的歷程，這也是新約聖經的關注焦點，因此現代人必須藉著舊約學習與真神同行。

如何開始讀舊約

1. 固定進度的速讀

　　養成固定進度的閱讀習慣，按照建議順序（參第2點），持之以恆。比如：每天讀三或五章（閱讀分量視每個人不同的需求與狀況），遇到不懂的地方，先略過去。

2. 按照順序，掌握歷史發展脈絡

　　讀完第一遍，大致掌握舊約歷史事件的脈絡，有機會再查考其中的細節問題，當一讀再讀之後，就能讀出其中引人入勝的滋味了。按照中文和合本的目錄，建議閱讀順序如下：

(1) 創世記～申命記

這第一部份是舊約的核心，是以上帝與人類立約為焦點，是基督徒生活的倫理觀、世界觀，理解這部分，才能知道後續的歷史中，上帝審判人的根據是什麼。

(2) 約書亞記～列王紀下

這個部分是以色列人在應許之地的生活發展與掙扎，探討人類背逆的問題，以及以色列人因為違逆與上帝的約，而導致受審判與管教。這當中的路得記算是士師記的補述，表達即使在人類道德墮落的黑暗時代，上帝仍在進行祂自己救恩的計畫。

(3) 以賽亞書、耶利米書、以斯拉記、尼希米記

以賽亞書、耶利米書都是南國猶大面臨滅亡時期的先知書，透過這兩卷先知書，使我們進一步瞭解南國猶大亡國的原因。以斯拉記記載耶利米書預言的應驗（猶大將在被擄七十年後歸回），並與尼希米記共同記錄了以色列人歸

回耶路撒冷後，重建信仰與社會生活的過程。

(4) 何西阿書、約珥書、阿摩司書、彌迦書、哈巴谷書、西番雅書

探討以色列人為何會受審判的先知書，當我們讀完列王紀時，就能明白這一系列的先知信息。

(5) 以西結書、但以理書、以斯帖記、耶利米哀歌

呈現以色列人亡國，被擄到外邦，上帝仍持續眷顧他們的情形。其中耶利米哀歌表達深沈的亡國之痛、求主垂憐的祈禱。

(6) 哈該書、撒迦利亞書、瑪拉基書

這三卷書是以色列人被擄歸回後，幫助他們重建信仰的先知書。其中表明以色列人重建殘破家園的動力，在於將來的「盼望」，也就是「彌賽亞」救贖主的盼望。

(7) 俄巴底亞書、約拿書、那鴻書

論到上帝對其他國家的審判與救贖的書卷。這三卷書信息的發出時間，與其他先知書的時間同時，表達出上帝是審判全地的主。其中約拿書的信息表達出，即使再邪惡的民族或國家，如果他們願意真誠悔改，上帝還是願意接納他們，上帝顧念全人類的靈魂與生命在此書中表達無遺。

(8) 約伯記、詩篇、箴言、傳道書、雅歌

這五卷是「詩歌智慧書」，是培養基督徒靈性很好的資源。約伯記探討苦難與信仰的問題；詩篇是人性的種種掙扎，人「主動」向上帝的呼籲和禱告，上帝垂聽和瞭解人類的各種受苦的情緒；箴言提供基督徒「智慧生活之道」；傳道書是告訴我們，在人生種種現象的背後，只有敬畏上帝才能過真正知足、喜樂的生活；雅歌則是探討何

為「真愛」，從人世間的愛情，直指上帝對子民堅貞的深情。

(9) 歷代志上、下

與列王紀一樣是記載以色列的歷史，但是它的歷史觀著重於「彌賽亞」的盼望，可以作為「總結」舊約聖經閱讀的最後一卷書。

3. 注意「連貫性」，掌握信息原意

舊約經卷經過嚴謹的選編而成，每一個資料細節，都很重要。閱讀時，必須先從故事或事件的整體性入手，多留意經文的上、下文和故事的連貫性，再去查考一再重複出現的重要字詞，以及語句或事件中出現的特殊技巧，如「對比」形式。

例如：出埃及記第七章到第十二章這個事件段落，是上帝要摩西、亞倫與法老王談判的經過，在第三章19節，上帝已經向摩西「預告」法老王的心剛硬，必不容以色列人出去，在這大段落的整體事件，上帝是差遣摩西與亞倫去與法老王「談判」，表達上帝的寬容與尊重，在接著出現一連串的災禍中，其實只要一個災禍，就可輕易使埃及全國覆亡了，每一個災禍最後都是上帝自己止住毀滅的嚴重性，一次又一次地給法老王悔改的機會。在這大段落中，我們不斷看到一句：「法老的心剛硬，不肯聽從摩西、亞倫，正如耶和華所說的」的記載，這句不斷重複的話，顯示出法老內心的真正狀況，在第九章14～16節，揭示法老硬心的真相，原來他是企圖要與上帝的權柄抗衡，因此最後上帝要與「黑暗之災」、「滅長子之災」，直接挑戰法老王背後所依恃的太陽神權柄。十一次的災禍「對比」出上帝的「寬容」和法老的「硬心」，

這就呈現出這段經文的重要的信息了。

4. 了解時代背景，體會經文深意

　　完整了解整段敘事段落的思想，並蒐集歷史背景資訊，例如年代、地理環境（讀經時一定要留意參照聖經中所附的地圖！）、政治、經濟、宗教等發展脈絡，建立立體時空概念，對照敘事，體會經文深意。

5. 參考希伯來聖經目錄分類，瞭解書卷性質

(1) 律法（訓誨 *Torah*）：創、出、利、民、申

(2) 先知書（信息）

⊙ 前先知書（信息上）：書、士、撒、王

⊙ 後先知書（信息下）：賽、耶、結、十二小先知書

(3) 著作

⊙ 詩歌、祈禱：詩

⊙ 智慧文學：箴、伯

⊙ 五節期頌讚（此五卷「神的說話」與重要節期文化有分不開的關係）：

歌（紀念救恩之逾越節）

得（慶收割之五旬節）

傳（紀念曠野漂流之住棚節）

哀（紀念聖殿被毀）

斯（在普珥日紀念神之救恩）

⊙ 回歸、重建、復興：拉、尼、代上、代下

⊙ 啟示文學（在被擄、受壓迫時期用象徵語彙表達信仰）：但

跨越千年歷史鴻溝，一起進入舊約奇妙的世界！

　　整部舊約之所以能傳遞三千多年，至今不衰，不斷成為西方文學、繪畫藝術、電影以及神學的創作靈感與素材，這是因為舊約聖經本身使用多元的「文學」形式來作為傳遞「信息」的媒介，以高度技巧性的敘述文體、詩歌、小說（如：路得記、以斯帖記就是非常優秀的短篇小說）等，來表達深邃的神學信息內涵。在漫長歷史的發展過程中，作者與編者並沒有企圖呈現歷史發展的細節，他們著重的是紀錄與呈現「上帝的啟示與救恩」。奇妙的是，跨越一千五百年的收集成書過程，經過先後不同時代的眾多作者與編者，舊約居然從頭到尾表現出它自己的一貫性，前後文或經卷，沒有任何謬誤或矛盾之處，特別是對於「耶穌基督道成肉身」的預言，表達出卓越的準確性。

　　「認識耶和華是智慧的開端」，當我們閱讀舊約聖經，會對「人性」與自己有更多體認，引領我們學習如何愛神，使我們對人生的方向有準確的抉擇。讓我們跨越閱讀的鴻溝，克服心裡的成見與障礙，一起來進入奇妙的舊約世界吧！

程亦君

二○○八年十月

小組分享討論指引

（以下問題的設計，偏重聖經經文本身的應用問題。）

第一部　天地的來歷

閱讀聖經經文範圍：創世記、出埃及記、利未記、申命記、約書亞記

第一章

思想與討論：在你生活中，曾經遭遇過什麼事情或事件，使你走（跳）出自己原來的人生框框或方向？

第二章

思想與討論：「巴別塔」原來是象徵著人類力量與智慧的連結，人類藉由此力量的連結，展現可與上帝抗衡的力量。透過「巴別塔」的故事，你對於人與上帝之間、人與人之間的關係，有何體認？

第三章

思想與討論：在「亞伯拉罕奉獻以撒」的事件中，為何年老的亞伯拉罕願意聽從上帝的吩咐，獻上自己心愛的兒子？此事件使我們對自己的「信心」學習有何啟發？對於亞伯拉罕所信任的對象，從此事件中，我們可以發現祂是一位良善的神嗎？

第四章

思想與討論：根據舊約聖經創世記第一、二章的記載，上帝創造一切美好萬物。上帝有創造「苦痛」嗎？人類

的「苦痛」是如何產生的？上帝賜給人類自由意
志去做選擇，這是「真愛」的表現嗎？人類該如
何為自己所做的選擇負責任？

第五章

思想與討論：「出埃及」事件是以色列民族蒙恩的歷史記憶，使
以色列人脫離原本為奴的地位，成為上帝子民，
他們透過此一歷史記載向我們訴說上帝的奇妙作
為。在現代，類似這樣奇妙的經歷也持續在我們
的生命中發生嗎？你如何向人分享這樣的經歷？

第六章

思想與討論：摩西原本是埃及王子，他在曠野被訓練四十年；
以色列人過紅海後原本可以很快抵達迦南地，卻
在曠野漂流了四十年。「曠野生活」會暴露出什麼
樣的真實人性？「曠野生活」的訓練可以為人帶
來什麼益處？你有類似身處「曠野」的生活經歷
嗎？

第七章

思想與討論：在約書亞的率領下，以色列人終於進入迦南得地
為業。到目前為止的故事發展，使你對上帝「信
實」的本質有何認識？

第二部　推動歷史的手

閱讀聖經經文範圍：士師記、路得記、撒母耳記上下、列
王紀上下、詩篇、箴言、傳道書

第八章

思想與討論：一個人能真正認識自己、接納自己的關鍵為何？你能接受「人要先認識上帝，才能真正認識自己」的說法嗎？

第九章

思想與討論：在充斥著不法、各種黑暗、痛苦的世界與社會上，「敬虔的人」可以如何在時代中發光？你願意在艱困的時代中，仍堅持你信仰的道德原則嗎？對上帝的信心，如何能激發你生命的勇氣？

第十章

思想與討論：聖經對於撒母耳、掃羅、大衛等偉大的英雄，完整地呈現其成功與失敗的一面，凸顯人性的真實面，這顯示聖經是怎樣的一本書？從其中使我們對自己不可靠的人性有何瞭解？因此我們可以較多體認：上帝藉著耶穌代贖的救恩有何等的必要性和意義。

第十一章

思想與討論：所羅門王從大衛王手中承接信仰與政權，當他完成聖殿的建造後，他的智慧與政權強盛一時，但後來卻失落榮耀。根據聖經列王紀上十一章，請找出他的失敗原因。

第十二章

思想與討論：根據列王紀十九章9～14節的記載，當以利亞心志崩潰時，向上帝傾訴與質疑，上帝寧可用溫柔的聲音（火後有微小的聲音）向他回應，這對於一向以激進手段從事先知工作的以利亞有何啟

發？在這段故事中，上帝寧可用溫柔的聲音呼喚世人悔改的心意（耶穌以自己的犧牲來呼喚世人悔改，轉離惡道），使我們對上帝的愛有何體會？

第三部　真知灼見

閱讀聖經經文範圍：何西阿書、彌迦書、以賽亞書、耶利米書

第十三章

思想與討論：從聖經何西阿書中的信息，我們可以較深刻思考「愛」到底是什麼？

當一個人有「愛」的對象，他就失去了自由，比如：父母愛兒女、男人愛女人、女人愛男人，甚至是上帝對人類的愛，愛到極致，上帝也失去了自己的自由（上帝以「約」來約束自己，祂的容忍與等候，成為祂對人類的責任）。若沒有「愛」，可能就沒有所謂的「痛苦」與「責任」，但因此生命也失去喜樂與甜蜜，一切變得毫無意義。

第十四章

思想與討論：從彌迦先知的信息，我們瞭解社會道德的腐敗，是跟宗教信仰的腐敗相關的。彌迦先知提出「行公義、好憐憫、存謙卑的心與上帝同行」的呼籲，對此呼籲，你認為它包含什麼內在、外在的真信仰質素？你認為自己可以實踐出來嗎？

第十五章

思想與討論：以賽亞書非常強調上帝「聖潔」的獨特本質，這個本質，是從創世記開始的摩西五經、歷史書、先知書等都不斷在重複強調的。這個「聖潔」的本質，對於我們認識上帝、過一個上帝子民的蒙召生活，為何是非常重要的？

第十六章

思想與討論：當世人都如羊走迷、偏行己路的時候，耶穌基督「道成肉身」來到這個世界，「他誠然擔當我們的憂患，背負我們的痛苦……」。你認為這樣的救贖方式，世人是否能理解？上帝以耶穌的受苦參與在人類的苦難中，對於這樣的行動，你有何感動或想法？

第十七章

思想與討論：個人與社會、國家的命運是無法分開的，整個國家、社會因領導人或百姓罪惡所造成的苦果，連好人都必須被牽連而受苦。身為基督徒，我們是社會中的一盞小燭光，除了應當活出我們該有的義行外，要如何關懷我們的社會和國家？

第四部　復和與盼望

閱讀聖經經文範圍：耶利米哀歌、以西結書、但以理書、哈巴谷書、哈該書、撒迦利亞書、瑪拉基書

第十八章

思想與討論：尼希米在外邦的王朝身居要位，原本可以安舒地

過一輩子，但是故土與神國事業激動他的心，使他放下安舒的生活，歸回故土、建造城牆，若不是他的獻身領導，克服一切艱難，以色列人很難在短期之內重建城牆。對於這樣的典範，你有何看法？你願意效法這樣的典範，投入在有需要你的地方嗎？

第十九章

思想與討論：以斯拉所領導的以色列人的心靈改革，是重新認識上帝的律法（話語）；新約提摩太後書提到：「聖經都是神所默示的，於教訓、督責、使人歸正、教導人學義，都是有益的，叫屬神的人得以完全，預備行各樣的善事。」我們知道熟讀聖經的重要，但是在生活中，有什麼樣的事物，妨礙我們把讀經生活放在優先的地位？你是否有這樣的經驗：當自己少有讀經、默想的時間，便發覺心靈裡面極其乾渴，以致覺察自己面目可憎？這情況該如何改善呢？

第二十章

思想與討論：在時代的洪流與艱困的環境中，是考驗「真信仰」的時候。我們可以如何持守對上帝、人、事物的信心？俗語說：「團結力量大」，就像那些被擄後的敬虔人一樣，與其人單力薄，不如盡量去找一群同伴，在基督徒團契生活中共同分享、分擔，彼此勸勉、鼓勵，同時也讓自己可以成為帶給別人安慰與勇氣的人。

第二十一章

思想與討論：從但以理的故事，以至於整部舊約聖經的人物故事，都在告訴我們一件事：有限的人類對上帝的認識和信心不能一步登天，都要在生活中操練和學習，才能有所成長。請回想或與人分享到目前為止，你在學習信心的路上，有什麼心得和故事？

第二十二章

思想與討論：舊約的預言是指向耶穌基督的誕生，和祂被釘死在十架上所完成的工作。如果上帝救恩的故事只停留在舊約，你想會有何結果？因為耶穌道成肉身的救恩為整個人類開展了一個新局，你能數算這兩千多年來因為祂的降生，這世界發生了什麼改革嗎？

第二十三章

思想與討論：你同意「有正確的歷史觀」才能帶來真正的反省嗎？舊約聖經作為一部上帝對人類的救恩歷史，對現代的你而言有何意義？你瞭解自己也在上帝的救恩歷史計畫中嗎？該如何思考自己人生道路的走法？

第二十四章

思想與討論：為上帝賜給我們美好的生命，與得以認識祂的救恩獻上感恩。也為過往生活中的順利或不順利的遭遇獻上感恩，因為上帝能使「萬事都互相效力，叫愛神的人得益處。」（羅馬書八章28節）

讀經，要在哪裡讀？

是主日崇拜的高堂
是闃無人聲的夜裡
是神學院的大教室
是查經小組的課桌
是舒爽乾淨的清晨
還是主日學的課程

讀經生活化要告訴你

在柴米油鹽的廚房
在鬧聲隆隆的街道
在步調匆忙的市井
在尿布奶瓶的家庭
在壓力沉重的工作
在烏煙瘴氣的人際

你一樣可以與神親近，一樣可以讀懂聖經。

《聖經好好吃》
Eat This Book

畢德生（Eugene Peterson）著

《舊約會說話》
The New Generation in Contact with the Old Testament

程亦君 著

讀經生活化系列

傅士德談讀經

《讀經力量大》（暫譯）
Life with God: Reading the Bible for Spiritual Transformation

傅士德（Richard Foster）著

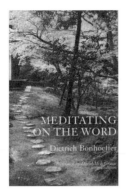

潘霍華談讀經

《默想神的話》（暫譯）

Meditating on the Word

潘霍華（Dietrich Bonhoeffer）著

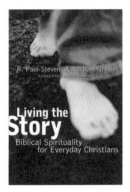

聖經是本靈修大全

《聖經故事靈修法》（暫譯）

Living the Story: Biblical Spirituality for Everyday Christians

史蒂文斯、邁可・格林（Paul Stevens、Michael Green）著

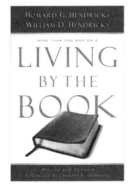

歸納法查經生活化

《活出神的話》（暫譯）

Living by the Book

韓君時（Howard Hendricks）著

畢德生聖經靈修學系列

《基督翺翔千百場合間》 _(暫譯)
Christ Plays in Ten Thousand Places

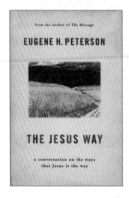

《耶穌的道路》 _(暫譯)
The Jesus Way

《直話不要直說》 _(暫譯)
Tell it Slant

《復活的操練》 _(暫譯)
Practice Resurrection

校園書房出版社 *Move* 系列
生命需要移動，活著需要感動。

書名	作者	譯者	建議售價
上帝的聲音	魏樂德	鄔錫芬	320元
醫治之路	艾倫德	何醇麗、傅雲仙	320元
聖潔讓你想得不一樣	畢哲思	許惠珺	200元
靈性操練眞諦	魏樂德	文子梁、應仁祥	360元
勇氣與謙卑──祁克果談作基督徒	祁克果	林梓鳳	280元
編織靈魂的話語	克萊布	林智娟	290元
一生的聖召（增修版）	葛尼斯	林以舜 等	330元
樂在敬拜的生活	唐慕華	林秀娟	230元
不簡單的門徒	馬克倫	王娟娟	200元
聰明讀經法	理查‧布里吉	白陳毓華	210元
作個眞門徒	斯托得	江蕙蓮	160元
僕人的操練	薛玉光		250元
聆聽：神學言說的開端	余達心		350元

校園書房出版社 *Living* 生活館

我們靠「獲取」以謀生，卻因「付出」而生活。

書名	作者	譯者	建議售價
起死回生	艾傑奇	平 山	260元
活著就是基督	貝思‧穆爾	曾話晴	340元
褥子團契	奧伯格	屈貝琴	320元
上帝出難題	史特博	黃玉琴	320元
交換明天	葛尼斯	吳 品	250元
愛的撲滿	路卡杜	林智娟	280元
新品種的基督徒	麥拉倫	凌琪翔	310元
毫不留情的信任	曼 寧	吳蔓玲	220元
我的上帝 無限可能	海波斯	陸慕汐	250元
神要開道路	克勞德、湯森德	譚達峰	300元
我的鄰居叫耶穌	路卡杜	張悅、郭秀娟	250元
麻雀變鳳凰	艾傑奇夫婦	平 山	280元
以神為樂	路卡杜	吳 品	170元
無語問上帝（修訂版）	楊腓力	白陳毓華	260元
暴風雨中的耶穌	路卡杜	吳蔓玲	250元
神與你同在	奧伯格	林鳳英	240元
饒恕原理	柯恩德	朱麗文	240元
溫柔的智慧	曼 寧	沈眉綺	170元
給盼望一個理由	貝碧琦	嚴彩琇	250元
微笑工作論	丹尼斯‧貝克	盧筱芸	360元
工作靈修學——微笑工作的十堂課（附DVD光碟）	雷蒙‧貝克等	盧筱芸	380元
希望數字3:16	路卡杜	張玉如	250元
靈性壓力OFF學	克萊布	田耀龍、田玲玲	350元
聖經領導學	貝克特	顧瓊華	240元
馬鈴薯湯教會	梁炳武	張雅惠、劉永愛	280元

訂購辦法

●校園網路書房
網址：http://shop.campus.org.tw

●信用卡或郵遞訂購
可直接利用傳真電話：02-2918-2248
或者直接郵寄：231台北縣新店市民權路50號6樓
如已傳真，請勿再投郵，以免重複訂購

●郵政劃撥訂購
劃撥帳號：19922014
戶名：校園書房出版社

●書目價格為台幣建議售價，但會依當時物價調整，敬請到校園網路書房或致電本社查詢。

●一律掛號郵寄訂書。郵購金額滿1500元免郵費，500元（含）以上郵費80元，500元以下郵費55元；國外郵購金額1000元以上，郵費以金額20%計；1000元（含）以下，郵費以金額25%計；400元（含）以下，郵費一律100元。

●如果您有任何疑問，請洽詢本社服務電話或使用電子郵件接洽
(02)2918-2460分機240～244或E-mail：sales@campus.org.tw
服務時間：週一至週五9：00am～5：30pm

國家圖書館出版品預行編目資料

舊約會說話 / 程亦君著. -- 二版. -- 臺北縣新店
市：校園書房，民98.01
面；公分

ISBN　978-986-198-090-4（平裝）

857.7　　　　　　　　　　　　97022752

Bible
Reading

讀經生活化

Bible
Reading

讀經生活化

Bible
Reading

讀經生活化

讀 經 生 活 化 ， 生 命 力 量 大 。